Roman Kmenta

Die letzten Geheimnisse im Verkauf

roman kmenta

# die letzten geheimnisse im verkauf

## Vom Profi zum Star bei den Kunden

SIGNUM

Schutzumschlag: Wolfgang Heinzel
Grafiken: VBC, Wien
Satz: Fotosatz Völkl, Türkenfeld
Druck und Binden: GGP Media GmbH, Pößneck
Printed in Germany
ISBN 3-7766-8009-1

# Inhalt

## März – Pacing/Leading/Rapport – Teil 2



## April – Sinnesspezifische Sprache



## Mai – Augenbewegungsmuster und Körpersprache

## Juni – Metaprogramme – Teil 1



## Juli – Metaprogramme – Teil 2



## August – Metaprogramme üben



## September – Suggestion

## Oktober – Strategien



## November – Ankern



## Dezember – Ziele visualisieren



## Anhang

# Vorwort

Liebe Leserin, lieber Leser,

schön, dass Sie dieses Buch gekauft haben. Damit gehören Sie bereits zu der Minderheit, die Fachbücher liest. Wenn Sie das Buch auch tatsächlich fertig lesen, dann gehören Sie zu dem einen beinahe erlesenen (im wahrsten Sinne des Wortes) Kreis. Wenn Sie es auch noch schaffen, das, was Sie hier lesen, auch zu üben und umzusetzen, dann werden Sie nicht nur zur Bildungselite zählen (wenn Sie das immer so machen), sondern werden auch Schritt für Schritt Ihre Fähigkeiten in Kommunikation und Verkauf steigern. Möglicherweise kommen Sie ja darauf, dass es Dinge gibt, selbst für die erfahrenen Verkäuferinnen und Verkäufer unter Ihnen, von denen Sie noch gar nichts wussten.

Vielleicht entdecken Sie ja auch das eine oder andere, das Sie schon mal gehört oder gelesen haben, nur um sich die Frage zu stellen: »Setze ich es auch um?« Möglicherweise stellen Sie ja auch fest, dass Sie im Verkauf Schritt für Schritt erfolgreicher werden, wenn Sie die Dinge, die Sie hier lesen, auch tun und so mehr Anerkennung erhalten, mehr Geld verdienen oder was immer Sie sonst erreichen wollen. Sollten Sie nicht wissen, was Sie erreichen wollen, dann könnte es eine gute Idee sein, auf jeden Fall weiterzulesen.

Natürlich könnte Ihnen beim Lesen auch der eine oder andere Einwand gegen das Gelesene kommen. Um Ihnen die Arbeit in diesem Punkt zu erleichtern, habe ich die wichtigsten schon für Sie aufgelistet:

- »Das funktioniert doch in der Praxis nicht!«
- »Diese Methoden sind ja höchst manipulativ und unmoralisch!«

- »Das kann ich nie umsetzen!«
- »Der Autor hat ja keine Ahnung, wie anders und schwierig mein Geschäft und meine Kunden sind!«
- »Eigentlich habe ich gar keine Zeit zu lesen, ich habe zu viel zu tun!«
- »Das ist ja ein Märchen für Erwachsene. Im wirklichen Leben läuft das nicht so glatt.«

Wenn Sie angestrengt nachdenken, fallen Ihnen sicher noch weitere Einwände ein. Ich will sie jetzt auch nicht entkräften. Behalten Sie sie ruhig. Sie werden feststellen, dass Sie Recht haben, und können dann Ihren Triumph auskosten, eine Zeit lang zumindest.

Sie müssen allerdings jetzt eine Entscheidung treffen, ob Sie Recht behalten oder Neues lernen wollen. Im zweiteren Fall lade ich Sie ein, mit mir eine kurze Zeitreise zu machen. Stellen Sie sich vor, Sie sind jetzt am Ende des Buches angelangt und blicken zurück auf all die interessanten, neuen, praxisnahen Inhalte, die Sie gelesen haben, und auf all die Dinge, die Sie zwischenzeitlich schon ausprobiert haben, und auf die kleinen oder größeren Erfolge, die Sie damit gefeiert haben. Jetzt, wo Sie zurückblicken, wissen Sie auch, mit welchen Fragen und welcher Einstellung Sie an dieses Buch hätten herangehen sollen und um wie viel leichter Ihnen die Lektüre gefallen wäre, wenn Sie das schon gewusst hätten, als Sie zu lesen begonnen haben. Und von da in der Zukunft, wo Sie das wissen, können Sie jetzt dieses Wissen, diese Fragen und diese Einstellungen mitnehmen in die Gegenwart und dieses Buch nochmals lesen, diesmal von vorne nach hinten, wie es sich gehört.

Es versteht sich von selbst, dass der Inhalt dieses Buches sowie die handelnden Personen vollkommen frei erfunden sind und mit dem wirklichen Leben, geschweige denn genau mit Ihrer Praxis, überhaupt nichts zu tun hat – aber überzeugen Sie sich selbst. Viel Spaß dabei.

Ihr Roman Kmenta

## Donnerstag, 29. Dezember 2011

Froh, dass der große Trubel der Weihnachtsfeiertage wieder vorbei war, stand er vor der großen Schiebetür, die zur Terrasse hinausführte. Seit langem hatte es wieder einmal weiße Weihnachten gegeben. Der Blick auf die verschneite Winterlandschaft hatte etwas Beruhigendes. Dieses Haus war echt ein Glücksgriff gewesen. Nah bei der Stadt und doch im Grünen. Die Renovierung war zwar einige Arbeit, aber das Ergebnis stand dafür. Vor allem für die Kinder war es eine großartige Umgebung zum Aufwachsen, und seine Frau, Susanne, liebte es.

Das war auch die Zeit des Jahres, wo er Vergangenes Revue passieren ließ und seine Pläne für die Zukunft machte. Dafür nahm er sich üblicherweise einen ganzen Tag Zeit, zuerst ganz für sich allein und dann mit seiner Frau, was die gemeinsamen Ziele anging. Das war ein fixer Bestandteil in seinem Jahresablauf geworden, seit diesem denkwürdigen Jahr 2006, in dem alles begann.

So vieles, was er vorher nicht zu träumen gewagt hatte, war Wirklichkeit geworden. Abgesehen von seiner wundervollen Frau, der glücklichen Familie, dem Haus, seinem geschäftlichen Aufstieg in die Firmenleitung waren noch ein paar andere, wichtigere Dinge geschehen. Er hatte begriffen, dass er die Ursache für die Umstände seines Lebens war und was er daraus machte. Das war nicht einfach und hatte einige Zeit gedauert. Lächelnd denkt er manchmal zurück an die Zeit, wo er seine Zeit mit der Suche nach Ausreden für sich selbst und Schuldzuweisungen verbrachte, wenn etwas nicht so toll war, anstatt zu akzeptieren, was war, das Beste daraus zu machen und bei sich selbst zu beginnen. »Be Cause«, diese Worte, die er vor Jahren im Büro seines damaligen Chefs gelesen hatte, hatten sich fest in sein Gedächtnis eingeprägt. Sie waren der Anfang.

*Donnerstag, 29. Dezember 2011*

Dass die meisten Grenzen wirklich nur in seinem Kopf existierten, hatte er so richtig begriffen, als er 2006 alle bisher da gewesenen Umsatzrekorde sprengte und mehr als 250 Neuwagen verkaufte. Es war ein unglaubliches Jahr, das etwas eigenartig begonnen hatte …

# Januar – Zielplanung

»Als wir unser Ziel aus den Augen verloren hatten, verdoppelten wir unsere Anstrengungen.«

*Mark Twain*

## Donnerstag, 12. Januar 2006

Er war nervös, ein wenig. Obwohl es eigentlich lächerlich war. Er hatte nichts zu befürchten, seine Geschäfte liefen gut, im letzten Monat hatte er acht Neuwagen und drei Gebrauchte verkauft, was gerade für Dezember ein toller Wert war. Damit lag er im Jahresschnitt unter den Top drei der zehn Verkäufer dieser Filiale.

Seit drei Jahren ungeschlagen an erster Stelle lag Urs, der ungefähr doppelt so viel verkaufte wie er. Aber das war ja kein Wunder. Urs hatte die besten Kunden, darunter auch ein paar größere Firmenkunden, und war schon seit 15 Jahren hier, der Platzhirsch sozusagen, da kann man natürlich leicht viel verkaufen.

Jochen dachte kurz daran, was Urs allein an Provisionen verdiente, und überlegte, was er wohl mit so viel Geld anfangen würde, als er von Eveline Mittermüller, der Sekretärin des Chefs, jäh aus seinen Tagträumen geholt wurde. »Der Chef wäre jetzt so weit!«

Jochen stand auf und betrat das Büro von Horst Bayer. Als er die Klinke drückte, merkte er, dass er ganz schwitzige Hände hatte, sonst gar nicht seine Art. Horst Bayer war der neue Niederlassungsleiter und seit einer Woche im Amt. Er hatte ihn schon kennen gelernt, ganz kurz nur, da der neue Chef die letzten Tage hauptsächlich in der Zentrale unterwegs war. Der erste Eindruck war recht positiv. Schien ein netter Mensch zu sein, der neue Chef, und er hatte laut eigener Auskunft 15 Jahre Erfahrung im Autohandel. Und jetzt wollte er alle Verkäufer einzeln sprechen. Da er der Erste an der Reihe war, wusste er nicht so recht, was er von dem Gespräch zu erwarten hatte.

»Guten Morgen, Herr Berger, schön, dass Sie da sind. Wollen Sie Kaffee?« Horst Bayer streckte ihm seine Rechte hin und drückte seine Hand kräftig, wie es auch seine Art war, und lächelte ihn dabei an.

»Gerne Kaffee, am liebsten klein, schwarz, stark mit Zucker, ohne Milch.« – »Frau Mittermüller, seien Sie so nett und bringen Sie uns zwei Espresso und Zucker. Nehmen Sie Platz, Herr Berger.« Der Chef wies auf den kleinen, runden Besprechungstisch. Seine Stimme war eher tief und kräftig, und er sprach eher langsam, irgendwie vertrauenswürdig. Jochen merkte, dass seine Nervosität zumindest nicht mehr gestiegen war, und seine Handflächen waren wieder trockener.

»Ist das nicht ein tolles Fahrzeug?«, fragte Horst Bayer und wies durch die Glasscheiben seines Büros auf das neue Oberklassemodell ZR 300, das seit dem Vortag mitten im Schauraum stand.

»Ja, schon, sieht super aus! Ist halt kein Produkt, von dem wir Mengen verkaufen werden.« – »Schauen wir mal«, antwortete der Chef, und ein hintergründiges Lächeln schien dabei für einen Moment lang seine Lippen zu umspielen.

Eveline Mittermüller sorgte für eine kurze Unterbrechung, als sie den Kaffee brachte.

»Nun, der Grund dieses Gesprächs ist, dass ich alle Verkäufer persönlich besser kennen lernen möchte, um mir zum Start einen Überblick zu verschaffen. Ich würde Ihnen gerne ein paar Fragen stellen und bin offen für alle Fragen Ihrerseits. Ich dachte mir, dass wir uns so eine Stunde Zeit nehmen. Ist das okay für Sie?«

»Ja, natürlich.« – »Na, dann legen wir mal los. Ist es okay, wenn ich mir ein paar Notizen mache?« – »Natürlich, gerne.«

Sie sprachen zuerst über Privates. Jochen erzählte seinem Chef, dass er seit kurzem geschieden war. Seine Frau und er hatten sich in gutem Einvernehmen getrennt, obwohl es, wie er dachte, ihre Schuld war, da sie ihn vor einem Jahr mit der Mitteilung überrascht hatte, dass es einen neuen Mann in ihrem Leben gab. Jochen war aus allen Wolken gefallen. Die Beziehung war zwar etwas eingeschlafen, woran sie sicher beide beteiligt waren, aber das hatte er nun auch nicht vermutet. Nach einer schwierigen Phase hatten sie sich zusammengerauft und eine vernünftige Trennung hingekriegt. Jetzt war er darüber hinweg und ganz glücklich so, wieder mehr damit beschäftigt, neue Frauen kennen zu lernen. Das Singledasein hatte seine Vorteile, aber wenn er ehrlich war, wollte er doch wieder eine feste Beziehung. Aber irgendwie war er aus der Übung, und meist kam er über ein erstes Treffen nicht hinaus.

»Der muss ja eine schöne Meinung haben von mir«, dachte sich Jochen im Nachhinein und wunderte sich, was er dem neuen Chef, den er ja kaum kannte, alles anvertraut hatte. Aber irgendwie hatte dieser eine Art zu fragen, die all das nur so aus ihm heraussprudeln ließ.

Horst Bayer, so erfuhr Jochen, war 42, verheiratet und hatte eine Tochter mit 15 Jahren. Ein spezielles Alter, wie dieser meinte, und er gab ein paar amüsante Beispiele zum Besten. Er war zuvor bei einem anderen Händler derselben Marke als Verkaufsleiter tätig. Seine Frau hatte aber ein tolles Jobangebot erhalten, was sie dazu veranlasst hatte zu übersiedeln und ihn, sich eine neue Stelle zu suchen.

»Lassen Sie uns mal über das Geschäft sprechen«, meinte der Chef, nachdem sie die privaten Informationen ausgetauscht hatten. Jochen merkte, dass sich seine Nervosität inzwischen ganz gelegt hatte. »Ich habe mir die Zahlen angesehen. Sie machen ja einen guten Job. Immer unter den Top drei während der letzten Jahre. 80 Neuwagen im Jahr ist ganz beachtlich und zusätzlich noch 50 Gebrauchte. Sie führen Ihre Kundendatenbank gewissenhaft. Ich habe mir natürlich auch die Zahlen der anderen angesehen. Was ich mich frage, ist: ›Wie macht das der Urs Hausich, dass er Jahr für Jahr Spitzenreiter ist und 160 Neuwagen und 100 Gebrauchte verkauft?‹ Insgesamt gesehen, bin ich froh, Sie mit an Bord zu haben.«

»Danke, Herr Bayer. Wissen Sie, das mit dem Urs ist so eine Sache. Der ist schon so lange dabei und hat natürlich die besseren Kunden, auch ein paar der größeren Firmenkunden. Da kann unsereins nicht mit.«

»Aha, verstehe.« Horst Bayer fasste sich nachdenklich ans Kinn. »Und abgesehen davon: Was genau macht Urs Hausich anders als die anderen?« Er deutete mit der Hand auf ein Schild, das hinter seinem Schreibtisch hing.

**BE CAUSE**

»Wissen Sie, ich habe so ein paar Grundideen. Eine davon ist der feste Glaube, dass wir alle zu wesentlich mehr fähig sind, als wir glauben. Wir haben alles in uns, was wir brauchen, um deutlich über die Grenzen hinauszuwachsen, die wir glaubten zu haben. Die Grenzen sind in unseren Köpfen. Wir schaffen Sie uns selbst. Das Schöne daran ist, dass wir, da wir sie ja selbst geschaffen haben, auch selbst ändern können. Manche Umstände, andere Menschen, unsere Kunden, die Regierung, die wirtschaftlichen Rahmenbedingungen usw. können wir nicht ändern. Was wir aber immer ändern können, ist uns selbst, was wir wahrnehmen, wie wir das interpretieren und wie wir uns verhalten. Dieses ›Be Cause‹ steht für ›Sei Ursache‹ und drückt das genau auf den Punkt gebracht aus. Heißt das, jeder kann alles erreichen? Natürlich nicht, das wäre vermessen. Aber jeder kann die Potenziale nutzen, die in ihm stecken, und das ist schon eine ganze Menge.«

Jochen war etwas verwirrt von dem kurzen Monolog des Chefs. »Ja, schon, aber ...« – »Was ich damit sagen will, Herr Berger, ist Folgendes: Ich halte Sie für einen sehr guten Verkäufer, einen der besten, die ich hier habe, und ich denke, dass Sie wesentlich mehr können, als Sie bewusst für möglich halten. Ich würde Sie gerne dabei unterstützen, Ihre Potenziale auszuschöpfen, wenn Sie das auch wollen.«

»Ja, natürlich«, antwortete Jochen immer noch etwas verwirrt, damit hatte er nicht gerechnet. »Und wie genau meinen Sie das mit dem ›unterstützen, die Potenziale auszuschöpfen‹?«

»Nun, ich sehe meine Aufgabe weniger darin, Ihnen zu sagen, wo es langgeht und was Sie am besten zu tun haben, von Ausnahmen abgesehen. Ich vertraue darauf, dass Sie es wissen, auch wenn es Ihnen nicht bewusst ist. Ich habe ein Programm zusammengestellt, an dem Sie arbeiten können.«

»Ah, ja, und wie sieht dieses Programm aus?« – »Ich stelle es Ihnen gerne vor. Darf ich Ihnen vorab noch ein paar Fragen stellen?« – »Ja, gerne.« – »Sie sind seit sechs Jahren im Verkauf. Wo haben Sie Verkaufen gelernt?« – »Ich habe es einfach gemacht. Mein erster Chef hat mich eine Woche zu einem erfahrenen Verkäufer dazugespannt, und dann war ich auf mich allein gestellt.« – »Und seither, wie haben Sie an Ihren verkäuferischen Fähigkeiten gearbeitet?« – »Nun, da gab es ein Training, ein Tag vor zirka drei Jahren. Das war recht nett, und ich war auch motiviert, gleich danach, aber Sie wissen ja, wie das ist, der Effekt lässt dann schnell nach.« – »Verstehe. Und Bücher?« – »Sie meinen Fachbücher? Nun, ehrlich gesagt komme ich nur im Urlaub zum Lesen, und da will ich ausspannen und keine trockenen Fachbücher lesen. Und außerdem ist ja vieles davon ohnehin nicht in meinem Berufsalltag einsetzbar. Hier ist ja doch alles anders als in den Büchern.« – »Da haben Sie natürlich Recht. Die Frage, die ich mir immer stelle, wenn ich Fachliteratur lese, ist: ›Was davon ist interessant für mich und wie kann ich es in meinem Job einsetzen?‹«

»Nun, bei dem Programm müssten Sie ein paar Dinge tun, etwas lesen, nachdenken, ein paar Dinge aufschreiben und ein paar neue Dinge in Ihrem Job ausprobieren und umsetzen. Einiges davon können Sie in Ihre Arbeit integrieren, und einiges bedeutet zusätzliche Zeitinvestition. Wie klingt das für Sie?«

»Wie lange würde das dauern?«, fragte Jochen nicht ohne Skepsis.

»Zwölf Monate«, antwortete Host Bayer knapp und blickte ihn fordernd an. »Sie fragen sich vielleicht, was für Sie dabei herausschaut.« Jochen nickte leicht, und der Chef lächelte. »Nun, Sie kriegen nicht mehr Fixgehalt, obwohl es ein Mehraufwand sein wird. Aber Sie werden feststellen, dass es gut investierte Zeit ist. Sie werden die Möglichkeit haben, beruflich, aber auch privat (der Chef zwinkerte kurz) davon zu profitieren. Wenn Sie nicht mitmachen wollen, ist das auch okay für mich, Sie sind ja auch so einer meiner besten Verkäufer. Sie haben daraus keine Nachteile zu erwarten, außer vielleicht dem Wissen, Ihre Potenziale nicht voll zu nutzen. Ich kann Ihnen nichts versprechen, aber es würde mich nicht wundern, wenn wir in einem Jahr genau hier zusammensitzen und zurückblicken auf ein Jahr, in dem Sie vieles gelernt, eine Menge Neues ausprobiert und Ihre bisherigen Grenzen mit einer Leichtigkeit überschritten haben, die Sie nicht für möglich gehalten hätten. Sie wissen selbst, wie viel Provision Sie verdient haben werden und was Sie mit dem Geld alles anfangen können, vor allem aber auch, wie viel Spaß es macht, so erfolgreich zu sein.«

Während der letzten Worte des Chefs begannen in Jochens Kopf Bilder zu entstehen, als ob sie jemand dort hineingezaubert hätte. Es waren schöne Bilder. Er sah sich, wie er bei der Weihnachtsfeier als bester Verkäufer gelobt wurde, weil er seinen Umsatz verdoppelt und 160 Neuwagen verkauft hatte. Er sah auch die Eigentumswohnung mit Dachterrasse, die er mit den verdienten Provisionen finanzieren konnte, er sah …

»Nun? Sie können es sich gerne bis Montag überlegen oder auch gleich eine Entscheidung treffen, jetzt«, riss ihn die Stimme seines Chefs aus seinen Tagträumen.

»Ich mache es«, sagte er nach kurzem Überlegen und hatte dabei immer noch das Bild der Weihnachtsfeier vor Augen. Dazu kam, dass er auch ein wenig Angst davor hatte, ausgeschlossen zu sein, wenn er nicht mitmachte. Irgendwie hatte dieser Mann etwas sehr Überzeugendes in dem, was er sagte, und in seiner Art, wie er sprach. »Dadurch, dass ich im Moment Single bin und ich meinen Sohn alle zwei Wochen übers Wochenende habe, denke ich auch, dass ich die nötige Zeit dafür erübrigen kann.«

»Nun denn, gratuliere Ihnen. Sie werden möglicherweise schon sehr bald feststellen, dass es nicht nur eine gute, sondern eine der wichtigeren Entscheidungen in Ihrem Leben war.« Horst Bayer lächelte wissend. »Dann lassen Sie mich erklären, wie das Programm funktioniert. Es nennt sich ›Programm 12‹, da es zwölf Monate dauert. Im Grunde ist es ganz einfach.« Der Chef zog ein dickes orangefarbenes Buch aus dem Regal und drückte es ihm in die Hand. »Die letzten Geheimnisse im Verkauf«, verkündete der Titel etwas geheimnisvoll.

»Dieses Buch ist sozusagen der Leitfaden für das Programm 12. Es geht um Themen, die Ihnen zum großen Teil recht neu vorkommen können. Ich warne Sie gleich vor, ein paar der Inhalte wirken im ersten Moment recht eigenartig, und man kann sich nicht gleich vorstellen, dass das tatsächlich funktioniert, nur um nach einer Weile festzustellen, dass es eigentlich etwas ganz Natürliches ist und Ihre Beziehungen zu anderen Menschen sehr positiv beeinflussen wird.« Horst Bayer schwieg kurz.

»Ich möchte, dass Sie jeden Monat ein Kapitel lesen. Manchmal haben Sie ein Kapitel für zwei Monate. Sie werden in jedem Kapitel etliche Anregungen finden. Im Anhang finden Sie dann zu den meisten Kapiteln spezifische Übungen. Damit Sie davon profitieren, ist Folgendes wichtig: Fragen Sie sich dabei ständig: ›Wie kann ich das in meinem Umfeld anwenden und umsetzen?‹ Horst Bayer ging zum Regal und zog ein zweites orangefarbenes Buch heraus, das er ihm in die Hand drückte.

»Dieses Buch ist leer, wie Sie feststellen. Es ist Ihr Erfolgstagebuch, das Sie ab nun zwölf Monate lang begleiten wird. Schreiben Sie darin jeden Abend die Antworten auf folgende Fragen auf: Was ist mir heute gut gelungen? Was kann ich anders machen? Was habe ich gelernt? Wir beide werden uns einmal pro Monat für eine Stunde zusammensetzen, und Sie berichten mir von den Antworten auf diese Fragen zusammengefasst für den ganzen Monat. Ist das so weit klar?« Jochen nickte.

»Der wichtigste Teil ist aber natürlich der, dass Sie die neuen Erkenntnisse in die Tat umsetzen, und zwar täglich. Sie finden in dem Buch immer wieder auch konkrete Übungen und Anleitungen zur Umsetzung. Führen Sie sie durch. Ich verspreche Ihnen, sie werden sich manchmal denken: ›Wie soll ich denn das alles umsetzen?‹ Wissen Sie übrigens, wie man einen Elefanten isst?« Jochen schüttelte den Kopf. »Stück für Stück!«, grinste der Chef.

»Wenn Sie Fragen haben oder Unterstützung brauchen, so bin ich gerne für Sie da. Welche Fragen haben Sie im Moment noch?«, meinte Horst Bayer und lächelte.

»Ich glaube, keine, ich muss das alles erst auf mich wirken lassen.« Jochen lächelte zurück, er konnte gar nicht anders.

»Ist mir klar. Und wie gesagt, wenn es Fragen gibt, ich bin da. Dann wünsche ich Ihnen gutes Gelingen und danke noch für Ihre Zeit.« Horst Bayer streckte ihm seine Hand entgegen.

Ein bisschen wie in Trance verließ Jochen das Büro des Chefs und fand sich wieder an seinem Schreibtisch im Schauraum mit den beiden Büchern in der Hand. Vieles ging ihm durch den Kopf, seine Gedanken schwirrten herum, von den orangefarbenen Büchern zu den 160 verkauften Neuwagen. Plötzlich stand ein Kunde vor seinem Schreibtisch und riss ihn aus seinen Gedanken.

»Sind Sie hier zuständig?« – »Ja, Jochen Berger mein Name, was kann ich für Sie tun?« Jochen sprang dabei auf und lächelte den Kunden an.

»Nun, ich interessiere mich für ein Auto …«

Jochen war am Nachhauseweg noch kurz im Supermarkt ein paar Dinge besorgen, damit der Kühlschrank wenigstens eine gewisse Existenzberechtigung hatte, und saß nun auf dem kleinen Essplatz in seiner Küche und aß die Pizza, die er beim Pizza-Point an der Ecke mitgenommen hatte. Sie war gut, und ein Glas Rotwein dazu ließ es fast wie ein richtiges Essen wirken.

Die Umstellung war ihm am Anfang schwer gefallen, hatte er doch mit seiner Familie in einem Haus gewohnt, das sie die Jahre zuvor gebaut hatten – nun, seine Familie wohnte noch immer dort. Inzwischen hatte er es sich aber recht gemütlich gemacht in seiner kleinen Mietwohnung. Sie lag nahe an seinem Arbeitsplatz und war okay für den Moment.

Schon den ganzen Tag über, seit dem Gespräch mit seinem neuen Chef, kreisten seine Gedanken im Kopf herum. Irgendwie konnte er sie nicht zu fassen kriegen, kaum hatte er einen Gedanken begonnen, kam schon der nächste und löste ihn ab. Obwohl etwas verwirrend, war es aber doch ein angenehmes Gefühl, eine Art Hochstimmung.

Instinktiv fühlte er, dass das ein besonderer Tag war, der Beginn von etwas Neuem, genau das, was er in seiner Situation jetzt brauchte. Er wusste nicht genau, warum und wo es ihn hinführen würde, aber er wusste, dass es so war. Irgendwie hatte das auch mit dem neuen Chef zu tun. Dieser Horst Bayer hatte etwas ganz Besonderes an sich. Seine Kollegen hatten ihn dann noch nach seinem Gespräch mit dem Chef bestürmt. Sie löcherten ihn mit ihren Fragen. »Wie ist das Gespräch gelaufen?«, »Was wollte er wissen?«, »Worauf muss ich mich vorbereiten?«, »Wie ist er so?« Aber Jochen hatte nur gelächelt und gemeint: »Ihr werdet es schon selbst herausfinden!«

Und er fühlte sich gut, so gut wie schon lange nicht. Gleich nach dem Essen setzte er sich auf die Couch und nahm das Buch zur Hand, um darin zu blättern. Er las das Inhaltsverzeichnis.

✦ ✦ ✦



✦ ✦ ✦

Tatsächlich war es so, wie sein Chef gesagt hatte. Mit vielen der Begriffe konnte er vorerst nichts anfangen, er hatte die meisten noch nie gehört. Er schenkte sich noch ein Glas Wein ein, begann zu lesen und vergaß ganz, dass der Fernseher heute mal nicht lief.

## Einleitung

Sie sind Profi im Verkauf und haben möglicherweise schon jahrelange Erfahrung in Ihrem Beruf. Sie kennen alle herkömmlichen Verkaufstechniken und wenden Sie an. Warum ist dieses Buch »Die letzten Geheimnisse im Verkauf« für Sie interessant? – Weil Sie dabei etwas Neues lernen und so in Ihrer Tätigkeit als Verkäufer, aber auch in vielen anderen Lebensbereichen noch erfolgreicher werden können. Sie werden sich möglicherweise noch wundern, wie sehr.

Es geht nicht bloß um eine weitere Technik, sondern um viel grundlegendere Dinge – wie Vertrauen und eine gute Beziehungsebene. Sie werden dabei neue Dinge entdecken, die schon immer da waren. Und dennoch sehen, hören oder fühlen Sie sie jetzt zum ersten Mal. Der Großteil der hier vorgestellten Inhalte stammt aus dem Gebiet der neurolinguistischen Programmierung (NLP). NLP wurde in den 1970er-Jahren von Richard Bandler und John Grinder entwickelt. Mehr dazu finden Sie im Literaturverzeichnis.

Sie werden lernen, auf eine neue Art mit Ihren Sinnen umzugehen, und es könnte sein, dass es Ihnen vorkommt, als wären Sie vorher blind oder taub gewesen. Auch die Sprache erhält ganz neue Dimensionen, und Sie werden feststellen, dass noch sehr viel Potenzial in Ihren Worten steckt, das Sie bis jetzt noch nicht genutzt haben.

Bei der anschließenden Umsetzung des Gelernten in Ihrer täglichen Praxis werden Sie rasch merken, um wie viel einfacher, effizienter, rascher, verständlicher, angenehmer und effektiver die Kommunikation mit Ihren Kunden, Mitarbeitern, Vorgesetzten, Kollegen, aber auch in Ihrem privaten Umfeld sein kann. Dabei wünsche ich Ihnen jetzt schon viel Spaß.
Was Sie dafür benötigen, ist:

- Offenheit für Neues und »Ungewöhnliches«,
- den Willen, dazuzulernen und sich ständig zu verbessern,
- Konzentration,
- Ausdauer,
- Übung.

✦ ✦ ✦

»Na, das klingt ja viel versprechend. Mal sehen, ob es hält, was es verspricht«, dachte Jochen und las weiter.

# Grundlagen der Kommunikation

## Sach- und Beziehungsebene

Wir kommunizieren auf zwei Ebenen, der Sachebene und der Beziehungsebene (oder emotionalen Ebene).

Auf der Sachebene werden Informationen wie Preis, Lieferzeit, Bestellmenge, Konditionen, Namen, Adressen etc. ausgetauscht. Auf der Beziehungsebene geht es um Gefühle, die mit dem Produkt, der Dienstleistung, dem Lieferanten und vor allem auch der Person des Verkäufers verbunden sind.

Wir Menschen sind oft stolz auf unser logisches Denken und halten uns selbst für rational handelnde Wesen. Das ist einer der am weitesten verbreiteten Irrtümer. Untersuchungen zeigen eine extreme Dominanz der emotionalen Ebene in Bezug auf unser Handeln. So werden etwa 93 Prozent aller Kaufentscheidungen aufgrund emotionaler Faktoren getroffen. Nur in etwa fünf Prozent der Fälle ändern die Geschworenen bei amerikanischen Gerichtsprozessen ihre Meinung, die sie schon in den ersten fünf Minuten eines Prozesses gefasst hatten, bis zum Ende.

Beim direkten Kontakt zwischen Kunden und Verkäufer ist die Beziehungsebene insofern von grundlegender Bedeutung, als dass der Verkäufer gar nicht zur Sachebene vordringen kann, wenn die Beziehungsebene nicht stimmt.

Je besser Sie auf der Beziehungsebene mit Ihrem Partner »können«, desto leichter ist es auf der Sachebene, denn »Kunden kaufen von Menschen, die sie mögen«.

Im Grunde geht es im vorliegenden Buch darum, wie Sie es schaffen, innerhalb sehr kurzer Zeit mit Ihren Gesprächspartnern eine sehr stabile und gute Beziehungsebene aufzubauen. Ist das wichtig für Sie?

# Kommunikationskanäle

Wenn wir kommunizieren – so auch im Verkaufsgespräch –, verwenden wir verschiedene Kommunikationskanäle.

- Inhalt
- Körpersprache
- Sprache/Stimme

Wie wichtig sind die einzelnen Kanäle?

Ein Experiment, das der Sozialpsychologe Alfred Mehrabian 1972 durchführte, brachte recht erstaunliche Ergebnisse:

## Inhalt

Der von uns sehr geschätzte Inhalt der Botschaft, die Sachebene also, macht nur etwa sieben Prozent der Wirkung aus. Wir tun aber gerne so, als ob der Inhalt 80 oder 90 Prozent der Wirkung ausmacht.

## Körpersprache

Die Körpersprache macht mit einem Anteil von zirka 55 Prozent den Hauptteil der Wirkung aus. Wir vertrauen der Körpersprache unseres Gegenübers wesentlich mehr als seinen Worten. Warum? – Es ist fast unmöglich, körpersprachlich zu lügen. Wenn daher Worte und Körpersprache nicht zusammenpassen, halten wir uns instinktiv an die Körpersprache.

Beispiel:

Verkäufer: Dieses Angebot ist optimal auf Ihre Bedürfnisse zugeschnitten.
*(und schüttelt dabei den Kopf)*

Wie würde das wohl auf Sie wirken?

## Sprache/Stimme

Mit zirka 38 Prozent machen unsere Stimme und unsere Sprechweise einen gewaltigen Anteil der Wirkung unserer Botschaften aus. Speziell dort, wo wir kein Bild haben, am Telefon, ist dieser Anteil noch wesentlich höher.

## Schlussfolgerungen für die Praxis

Was sind die Schlussfolgerungen aus dieser Studie?

- Die Form ist wichtiger als der Inhalt (kommt aber ganz ohne diesen nicht aus).
- Wir müssen der Körpersprache und der Stimme/Sprache wesentlich mehr Beachtung schenken. Der Inhalt hat ohnehin schon genügend Beachtung.
- Es ist daher wichtig, kongruent zu sein. Die Botschaften auf allen Kanälen müssen zusammenpassen.
- Wenn sich die Botschaften auf den einzelnen Kanälen widersprechen, vertrauen wir den nonverbalen Signalen.

Doch bevor wir zu den einzelnen Techniken kommen, brauchen Sie erst einmal die Basis. Sie müssen für sich wissen, wo die Reise, die Sie nun begonnen haben, hingehen soll. Damit werden Sie sich im nächsten Abschnitt »Zielbildung« sehr ausführlich beschäftigen.

✦ ✦ ✦

Das hatte er schon mal gelesen oder gehört. Er blätterte um.

# Zielbildung

»I was zwoa ned, wo i hifoa,
aber dafia bin i g'schwinda durt!« (wienerisch)

»Ich weiß zwar nicht, wohin ich fahre,
aber dafür bin ich rascher dort!« (hochdeutsch)

*Helmut Qualtinger im Lied*
*»Der Wilde mit seiner Maschin'«*

Ohne ein bestimmtes Ziel zu haben, ist jede Richtung, die Sie einschlagen, und jeder Weg, den Sie wählen, gleich gut oder schlecht, da es ja egal ist, wohin er Sie führt. Daher ist es wichtig, Ihr Ziel zu kennen, bevor Sie den ersten Schritt tun.

Ziele, wirklich gute Ziele, veranlassen uns dazu, aktiv zu sein. Sie sind die treibenden Kräfte hinter unserem Handeln.

Dies ist auch wissenschaftlich belegt. Es gibt Langzeitstudien mit Absolventen der Harvard-Universität, die gezeigt haben, dass diejenigen drei Prozent, die bei Beendigung des Studiums schriftlich fixierte berufliche Ziele hatten, nach zehn Jahren in finanzieller Hinsicht wesentlich erfolgreicher waren als die 97 Prozent ohne oder mit nur vagen Zielen. Sie verdienten mehr als die restlichen 97 Prozent zusammen. Es lohnt sich also, sich mit Zielen zu beschäftigen.

Der Zielbildungsprozess ist eine Abfolge von mehreren Schritten, das Ziel selbst ist einer davon:

1. Ausgangszustand definieren
2. Ziele bilden
3. Aktivitäten festlegen
4. Rahmenbedingungen und Konsequenzen überdenken
5. Los geht's!
6. Selbstkontrolle einrichten

## Zielbildungsprozess

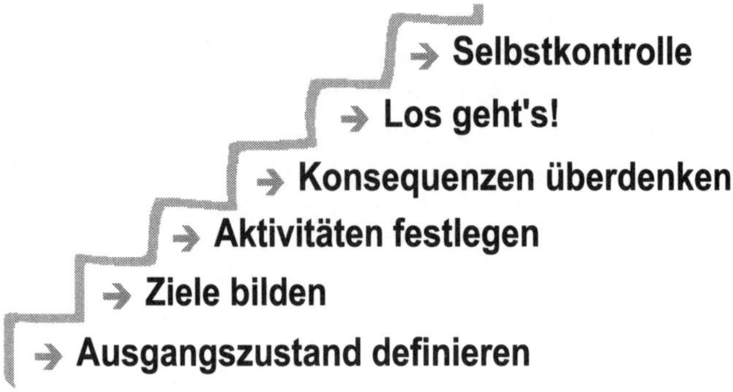


### 1. Ausgangszustand definieren

Beginnen Sie den Prozess, indem Sie beschreiben, wie die Ausgangssituation aussieht. Er ist wichtig als Basis für die nächsten Schritte. Es hilft zu wissen, wo man im Moment steht, wenn man irgendwo anders hin möchte.

### 2. Ziele bilden

Wenn Sie noch nie einen Zielbildungsprozess durchgemacht haben, dann nehmen Sie sich Zeit und gehen Sie in folgenden Schritten vor:

- Brainstorming
- Ordnen der Ideen
- Konkretisierung der Ziele

*Brainstorming*

Beginnen Sie am besten, damit all das, was Ihnen an Zielen, Wünschen, Träumen, Phantasien, Visionen einfällt, zu Papier zu bringen. Schreiben Sie einfach drauflos. Kümmern Sie sich in diesem ersten Schritt noch nicht um Machbarkeit, schreiben Sie einfach alles auf.

*Ordnen der Ideen*

Im nächsten Schritt ordnen Sie Ihre Ideen und sortieren Sie das eine oder andere aus (gemäß den folgenden Zielkriterien), denken Sie aber groß und langfristig. Machen Sie zumindest drei zeitliche Kategorien (kurz-, mittel- und langfristige Ziele) sowie verschiedene inhaltliche (im Verkauf zum Beispiel: Umsatz, Profit, Neukundengewinnung, Produktplatzierung, Qualität der Leistung, Preise etc.).

*Konkretisierung der Ziele*

Damit Ziele dieser »Anforderung« auch wirklich entsprechen, müssen Sie bestimmte formale Kriterien erfüllen:

1. Positive Formulierung
2. Genaue Definition
   - Inhalt (Was?)
   - Ausmaß (Wie viel? Wie sehr?)
   - Zeitbezug (Wann? Bis wann?)
3. Kriterien für Zielerreichung
4. Realistisch, aber groß
5. Im eigenen Handlungsspielraum
6. Schriftlichkeit

zu 1.) Positive Formulierung:

Formulieren Sie Ihre Ziele positiv. Legen Sie fest, was Sie erreichen wollen, und nicht, was Sie nicht erreichen oder vermeiden wollen.
Anstatt »Ich will nicht weniger Umsatz machen wie im letzten Jahr« besser »Ich will eine Million Euro Umsatz machen«.

Der Grund ist, dass das Unterbewusstsein negative Ausdrücke (wie »kein«, »nicht« »nie« etc.) gewissermaßen »ignoriert«. Zum Beispiel: »Versuchen Sie sich jetzt bitte KEINEN rosa Elefanten vorzustellen!« – Na, ist Ihnen das gelungen?

zu 2.) Genaue Definition:

- Inhalt (Was?)

Bestimmen Sie den Inhalt Ihres Zieles. Worum geht es? Um den Umsatz, den Gewinn, einen bestimmten Kunden, den Sie zu dem Ihren machen wollen ...?

- Ausmaß (Wie viel? Wie sehr?)

Bestimmen Sie genau, »wie viel« oder »wie sehr«, keine ungefähren Werte oder Allgemeinplätze, sondern exakte Werte. Konkrete Zahlen sind übrigens besser als Steigerungen (Steigerung um x Prozent) oder Vergleiche (mehr als Mitbewerber Y). Manchmal ist es schwer, ein Ausmaß zu definieren (oft bei qualitativen Zielen), tun Sie Ihr Möglichstes.

- Zeitbezug (Wann? Bis wann?)

Ohne Zeitbezug kein Ziel. Wann oder bis wann wollen Sie Ihr Ziel erreichen?
Setzen Sie sich

- kurzfristige (ein bis zwölf Monate),
- mittelfristige (ein bis fünf Jahre) und
- langfristige Ziele (ab fünf Jahre).

Es macht Sinn, Ziele für alle Zeiträume zu haben, vor allem auch für die ganz langen. Wo wollen Sie in zehn, 20 oder 30 Jahren stehen? Natürlich können Sie auch eigene Zeiträume definieren.

zu 3.) Kriterien für Zielerreichung:

Legen Sie fest, woran und wie Sie merken, ob und wann Sie das Ziel erreichen. Was werden Sie sehen, hören oder fühlen, wenn Sie das Ziel erreicht haben?

zu 4.) Realistisch, aber groß:

Bleiben Sie realistisch in der optimistischsten Auslegung des Begriffes und stecken Sie sich große Ziele. Beachten Sie dabei den

Zeitraum. Wir neigen dazu zu überschätzen, was wir in einem Jahr erreichen können, aber zu unterschätzen, was in zehn Jahren zu schaffen ist.

zu 5.) Im eigenen Handlungsspielraum:

Achten Sie darauf, dass es ein Ziel ist, dessen Erreichung Sie selbst in der Hand haben (auch wenn es enorm schwierig erscheint). Die Frage lautet »Was kann ich machen, um X zu erreichen?« und nicht »Was müssen die anderen tun, damit ich mein Ziel erreiche?«.

Ein Ziel wie »Ich möchte, dass 365 Tage im Jahr die Sonne scheint« ist unter diesem Aspekt nicht sinnvoll. Denken Sie aber dennoch groß, auch Handlungsspielräume sind erweiterbar.

zu 6.) Schriftlichkeit:

Schreiben Sie Ihr Ziel auf. Nur wenn Sie Ihr Ziel schriftlich fixiert haben, können Sie auch kontrollieren, ob Sie es erreicht haben. Ansonsten ist die Gefahr zu groß, dass Sie am Jahresende nicht mehr genau wissen, was Sie erreichen wollten (es gibt ja nicht nur das Ziel selbst, sondern, wie Sie sehen werden, auch noch einigen »Beitext«, und das nicht nur für ein Ziel, sondern für mehrere oder viele).

Durch den Prozess des Aufschreibens sind Sie auch viel mehr motiviert, sich die Ziele in allen Punkten genau zu durchdenken.

Außerdem hat die Schriftlichkeit auch eine psychologische Wirkung. Es ist wie »ein Vertrag mit sich selbst« – man verpflichtet sich schriftlich, was schwerer wiegt als ein Gedanke oder ein schnell gesprochenes Wort.

## 3. Aktivitäten festlegen

Legen Sie nun für jedes Ziel konkrete Aktivitäten fest, die Sie der Zielerreichung näher bringen. WANN tun Sie WAS konkret?

Die Aktivitäten sind es, die dem Ziel Leben einhauchen. Ohne sie bleibt das Ziel nur ein Wunsch. Sie müssen etwas tun und sich auf den Weg begeben. Dieser ist das eigentliche Ziel. An dem Weg, den Sie beschreiten wollen, können Sie auch messen, wie gut das Ziel ist. Macht der Weg Spaß? Beschreiten Sie ihn gerne? Ist ein Ziel einen bestimmten, möglicherweise sehr mühsamen Weg wert?

Manche Leute mühen sich ein Leben lang mit einer Arbeit ab, die sie hassen, tun sie nur des guten Gehalts wegen, um sich irgendwann (im Ruhestand) eine Ferienwohnung im Süden leisten zu können! Beurteilen Sie selbst, wie sinnvoll das ist.

Machen Sie nur solche Ziele zu den Ihren, bei denen Sie auch den Weg genießen können. Um das sicherzustellen, beantworten Sie für sich folgende Fragen:

- Wie kann ich sicherstellen, dass ich den Weg genieße?
- Was werde ich auf dem Weg genießen?

## 4. Rahmenbedingungen und Konsequenzen überdenken

Überdenken Sie die Konsequenzen Ihres Zieles und der damit verknüpften Aktivitäten.

Beantworten Sie zu jedem Ziel folgende Fragen:

- Was ist das Gute am jetzigen Zustand? Worauf muss ich unter Umständen verzichten?
- Was ist das Schlechte am Zielzustand (meinem Zielzustand)? Was muss ich in Kauf nehmen?
- Was ist das Schlechte am jetzigen Zustand?
- Was ist das Gute am Zielzustand?

Für manche Ziele sind diese Fragen klar und somit rasch beantwortet. Bei anderen werden Sie Überraschungen erleben. Betrachten Sie nach Beantwortung dieser Fragen Ihr Ziel nochmals und entscheiden Sie dann, ob es nach wie vor ein Ziel ist, das Sie umsetzen wollen.

Um Ihr Ziel zu erreichen, benötigen Sie Ressourcen. Eine Ressource kann alles Mögliche sein – Zeit, Geld, Unterstützung von anderen, Wissen, gewisse Fähigkeiten, hilfreiche Einstellung und vieles mehr. Einige dieser Ressourcen haben Sie bereits, andere brauchen Sie noch. Beantworten Sie daher beide Fragen für Ihr Ziel:

- Welche Ressourcen habe ich bereits?
- Welche Ressourcen benötige ich noch?

## 5. Los geht's!

Wenn Sie das alles gemacht haben, dann ist es jetzt an der Zeit, die ersten Schritte zu setzen und zu beginnen, Ihren Aktivitätenplan umzusetzen.

> Erfolg buchstabiert sich so: »T U N«.
>
> *Johann Wolfgang von Goethe*

oder auch

> »Just do it!«
>
> *NIKE*

## 6. Selbstkontrolle einrichten

Sobald Sie sich auf dem Weg befinden, heißt es dranbleiben. Sorgen Sie dafür, dass Sie sich regelmäßig mit Ihren Zielen beschäftigen. Tragen Sie das als Jour-fixe-Termin in Ihren Kalender ein. Zum Beispiel: einmal pro Woche für kurzfristige Ziele, einmal pro Halbjahr für mittelfristige und einmal pro Jahr für langfristige Ziele. Der wöchentliche Zeitaufwand ist gering (zehn Minuten).

Analysieren Sie, wo Sie stehen, und leiten Sie, wenn nötig, Korrekturen ein. Es kann auch sein, dass Sie von Zeit zu Zeit feststellen, dass ein Ziel nicht mehr interessant erscheint. Dinge und Menschen ändern sich – passen Sie das Ziel an oder suchen Sie sich ein neues.

Jochen war so in das Buch vertieft, dass er gar nicht merkte, dass es beinahe Mitternacht war, als er das Buch zuklappte. Er hatte das Kapitel in einem durchgelesen, war aber zwischendurch immer wieder in Gedanken gewesen, was seine Ziele anging, und hatte sich ein paar Notizen gemacht. Er blätterte zum Anhang.

## Übungen Monat 1 – Zielbildung

- Erstellen Sie Ihren eigenen Zielplan gemäß dem Kapitel über die Zielplanung.

✦ ✦ ✦

Morgen war Freitag, und er hatte am Wochenende ohnehin nichts Bestimmtes vor, außer abends wie immer mit ein paar Freunden durch die Bars zu ziehen auf der Suche nach Frauen. Daher beschloss er kurzerhand, sich den Samstag freizuhalten und sich seinen Zielen zu widmen. Ihm war während der letzten Stunden klar geworden, dass er im Moment ohne wirkliche Ziele durchs Leben irrte. Zumindest beruflich dennoch erstaunlich erfolgreich. Er konnte es plötzlich gar nicht mehr erwarten, über seine Ziele nachzudenken, vor allem auch die langfristigen. Was wollte er im Leben noch erreichen? Wie wird sein Leben mit 50 sein?

Er merkte erst jetzt, dass er sehr müde war. Es war ein voller Tag gewesen, und beinahe hätte er nicht an sein Erfolgstagebuch gedacht. Er nahm es zur Hand und schlug die erste Seite auf. Beinahe ehrfürchtig setzte er seinen Namen auf die zarten, blauen Zeilen der ersten Seite, blätterte um und begann dann zu schreiben.

## Donnerstag, 12. Januar 2006

Er hielt kurz inne und dachte an die Fragen, die er täglich beantworten sollte.

- Was ist mir heute gut gelungen?
- Was kann ich anders machen?
- Was habe ich heute gelernt?

Der Einfachheit halber beschloss er, seinen Einträgen Symbole zuzuordnen, die zu den jeweiligen Fragen gehören:

+ für »Was ist mir heute gut gelungen?«
! für »Was kann ich anders machen?«
✓ für »Was habe ich heute gelernt?«

»Was ist mir heute gut gelungen?«, sprach er halblaut vor sich hin. Es war gar nicht so einfach, diese Frage zu beantworten. Wenn er ehrlich war zu sich selbst, dann hatte er sie sich noch nie gestellt. Vielmehr waren es die Dinge, die ihm nicht gelungen waren, die ihn abends beim Einschlafen beschäftigten und manchmal sogar darüber hinaus. Nach einigem Überlegen schrieb er:

+ **Eine Reklamation eines Kunden zu dessen vollster Zufriedenheit aufgelöst**
+ **Zwei Probefahrtstermine mit Stammkunden vereinbart**
+ **Einen Neuwagenverkauf abgeschlossen**
+ **Mir Zeit genommen und 30 Minuten Mittagspause gemacht, obwohl viel los war**

»Was kann ich anders machen?«, murmelte er und kratzte sich am Kinn, als ob das beim Nachdenken helfen würde, und schrieb dann …

! **Alle meine Aufgaben in mein Outlook eintragen und dafür auf die gelben Spickzettel verzichten**

»Was habe ich heute gelernt?« An einem so ereignisreichen Tag wie heute fiel ihm die Beantwortung dieser Frage nicht schwer.

✓ **Es ist wichtig, schriftlich fixierte Ziele zu haben. Diese müssen folgendermaßen formuliert sein:**
- **Positiv**
- **Genau definiert (Was? Wie viel? Wann?)**
- **Realistisch, aber groß**
- **Im eigenen Handlungsspielraum**
- **Und ich muss merken, wann ich sie erreicht habe**

Nach kurzer Überlegung fügte er dann noch hinzu:

✓ **Wer nicht über seine Zukunft nachdenkt, hat keine.**

Zufrieden betrachtete er nochmals seine Einträge und wartete, bis die Tinte trocken war. Er hatte es sich in letzter Zeit angewöhnt, mit Tinte zu schreiben. Irgendwie hatte er den Eindruck, dass die Ideen und Worte mit Tinte besser flossen als mit Kugelschreiber. Der Beginn war gemacht, und das war ein gutes Gefühl.

Er klappte sein Erfolgstagebuch zu und ging schlafen. Zuerst dachte er, gar nicht einschlafen zu können bei den vielen Dingen, die ihm im Kopf umherschwirrten, aber dann fiel er dennoch sehr rasch in einen tiefen Schlaf und träumte die ganze Nacht über wirres Zeug von Vergangenem und Zukünftigem.

## Freitag, 13. Januar 2006

Er wachte früh auf, früher als sonst. Üblicherweise nutzte er jede Minute, um noch im Bett zu bleiben und dann auf den letzten Drücker in die Firma zu kommen. Aber heute war es irgendwie anders. Da war etwas, das ihn aus dem Bett trieb, eine Art innere Unruhe. Schnell ging er den kommenden Tag in Gedanken durch und sprang dann aus dem Bett. Er musste etwas tun und beschloss, die Zeit zu nutzen und laufen zu gehen, etwas, das er sonst nur fallweise am Wochenende machte und in Anbetracht seines wachsenden Schwimmreifens definitiv öfter machen sollte. Aber es war ja nie Zeit dafür.

Es gab einen größeren Park in der Nähe seiner Wohnung, der sich sehr gut zum Laufen eignete. Das Wetter war kalt, aber schön, und die Sonne war gerade im Begriff aufzugehen. Der Horizont färbte sich schon ganz rosa. Ein Hochgefühl überkam ihn, während die kalte Luft durch seine Nase ein- und durch seinen Mund ausströmte. Er wusste gar nicht, dass die Welt um sieben Uhr morgens so schön sein konnte, und stellte fest, dass er diesbezüglich einiges versäumt hatte in seinem bisherigen Leben.

Voller Energie und gut gelaunt erschien er schon um 8.30 Uhr im Geschäft, eine halbe Stunde früher als sonst, was ihm einige erstaunte Blicke und die Frage eines Kollegen »Was machst du denn schon hier?« bescherte. Er war nicht gerade als Frühaufsteher und Morgenmensch bekannt.

Er erinnerte sich an seinen Eintrag im Erfolgstagebuch am vorigen Abend und begann alle Notizen und To-Dos von den gelben Post-its, die den Rand seines Bildschirms säumten, in sein Outlook zu übertragen. Zehn Minuten Arbeit, und er fühlte sich besser danach. Er war vorbereitet, der Tag konnte kommen.

Es war ziemlich viel los den ganzen Tag über, und er hatte kaum Zeit nachzudenken, aber jedes Mal, wenn er seinen Chef sah, erinnerte ihn das an das Programm, das er begonnen hatte.

Abends war er geschafft, aber er raffte sich trotzdem auf und ging mit einem Freund noch auf ein Bier in eine neue Bar im Zentrum. Das Lokal war interessant. Es war ein altes Ziegelgewölbe, sehr modern eingerichtet. Dieser Kontrast machte es spannend und sehr stylisch. Die Leute dort waren dementsprechend, fand Jochen, speziell die Frauen, alle ziemlich toll gekleidet, das eine oder andere schöne Gesicht, aber irgendwie nur Fassade.

»Und, die da?« Robert, sein Freund, deutete mit den Augen zu einer der Frauen. »Ja, ganz hübsch, aber hohl«, entgegnete Jochen. Das sagte er des Öfteren, und wenn er ehrlich zu sich selbst war, dann war es manchmal auch eine gute Ausrede, sie nicht ansprechen zu müssen. Obwohl er es als Verkäufer von Beruf gewohnt war, auf fremde Menschen zuzugehen, war das im privaten Bereich, was Frauen anging, ganz anders. Beim Anblick einer hübschen Frau verließ ihn mit einem Schlag jegliche Selbstsicherheit, und er hasste sich dafür.

»Na, hübsch ist doch immerhin ein Anfang«, grinste Robert, der zwar »in festen Händen« war, was ihn aber nicht davon abhielt, ständig auf der Jagd zu sein. »Man(n) muss ja in Form bleiben«, war dann sein Kommentar dazu. Das war mit ein Grund, warum Jochen gern mit ihm wegging. Robert fand fast immer Kontakt, und Jochen profitierte auch davon. Er hatte Robert schon einmal gefragt, wie er das mache. Dieser hatte nur mit den Schultern gezuckt und lapidar gemeint: »Du, ich weiß nicht, ich mach halt einfach.«

Irgendwie lief aber nichts diesen Abend, und ein paar Biere später ging er nach Hause, wieder einmal frustriert von einem weiteren erfolglosen Abend, was die Kontakte zum weiblichen Geschlecht anging. Als er gerade dabei war, die Frauen generell zu verdammen und sich in die tollsten Selbstvorwürfe zu stürzen, fielen ihm die Worte ein, die er im Büro seines Chefs gelesen hatte: »Be Cause«. Und obwohl es ihm nicht leicht fiel, den frustrierten Teil in ihm zum Schweigen zu bringen, begann er sich zu fragen, wie er denn wohl »Ursache« sein konnte in diesem Zusammenhang. Das, was er bisher gemacht hatte, hatte ihn nicht zum Erfolg geführt, daher sollte er etwas anderes machen, ansonsten würde er die nächsten Monate und Jahre noch Abende in Bars verbringen, um dann frustriert nach Hause zu gehen, keine motivierende Aussicht.

Die kalte Nachtluft und das Gehen vertrieben den Alkoholnebel von seinem Verstand, und er begann, klarer zu denken. Im Prinzip ist das mit den Frauen wie im Verkauf. Um im Verkauf ans Ziel zu gelangen, konnte er die Quantität erhöhen, das heißt mehr Kundengespräche führen, als auch die Qualität verbessern, was meint, an seiner Einstellung und seinem Kommunikationsgeschick zu arbeiten. Das bedeutete, er musste einen Weg finden, mehr Frauen kennen zu lernen, und seine Fähigkeiten im Umgang mit ihnen verbessern, speziell in den ersten, sehr heiklen Phasen des Kennenlernens.

Da fiel ihm ein, dass ein Kollege kürzlich erzählt hatte, dass er sich jetzt im Internet auf einer Singleplattform registrieren hatte lassen. Er war ganz begeistert, da er binnen kurzer Zeit Dates mit etlichen Frauen hatte und durchaus ein paar interessante dabei waren. Jochen hatte das Internet für Zwecke der Partnersuche bis dato abgelehnt, es erschien ihm zu technisch, jegliche Romantik ging da seiner Ansicht nach verloren. Andererseits gestand er sich ein, dass das Herumhängen in Bars auch nichts Romantisches hatte, und er beschloss, es einfach zu testen, gleich jetzt am Wochenende.

## Samstag, 14. Januar 2006

Nach einem morgendlichen Lauf durch den Park und einem ausgiebigen Frühstück saß er nun an seinem Schreibtisch zu Hause. Papier und Stifte lagen vor ihm, bereit für seinen Zielplanungstag. Er hatte das Kapitel über die Ziele aufgeschlagen.

### 1. Ausgangszustand definieren

... stand da. Das war ihm relativ leicht gefallen. Er hatte eine ganze DIN-A4-Seite voll geschrieben. Während des Schreibens war ihm die Idee gekommen, die Ziele doch nicht nur für seine berufliche Entwicklung zu formulieren, sondern es schien ihm sinnvoll, auch sein Privatleben mit einzubeziehen. Da Jochen recht gut dabei war, strukturiert vorzugehen, hatte er sechs Kategorien gebildet:

- Familie
- Beruf
- Finanzen
- Körper/Gesundheit
- Persönliche Entwicklung
- Ort/Lebensstil

Und zu jeder Kategorie hatte er etwas dazugeschrieben.

✦✦✦

## 2. Ziele bilden

Wenn Sie noch nie einen Zielbildungsprozess durchgemacht haben, dann nehmen Sie sich Zeit und gehen Sie in folgenden Schritten vor:

- Brainstorming
- Ordnen der Ideen
- Konkretisierung der Ziele

✦ ✦ ✦

Da saß er nun und grübelte, und es fiel ihm nicht wirklich etwas ein. Okay, ein paar materielle Dinge waren schnell parat, aber bei den langfristigen Zielen, wo es darum ging, was er im Leben erreichen wollte, hatte er keine Ahnung. Er hatte nicht gedacht, dass es so schwierig sein würde. Möglicherweise war es ja gerade deshalb höchste Zeit, dass er sich darüber den Kopf zerbrach.

Plötzlich hatte er eine Idee. »Irgendwo muss ich ja noch diese Rolle Flipchartpapier haben«, dachte er und fand sie nach kurzem Suchen. Er riss ein Blatt ab und breitete es im Querformat vor sich aus. Dann machte er sechs Zeilen und schrieb an den Zeilenanfängen seine Kategorien mit einem Filzstift. Danach malte er am unteren Rand eine Zeitachse. Er überlegte sich kurz, wie alt er beabsichtigte zu werden, und schrieb dann mit einem Schmunzeln »120« ans rechte Ende der Zeitachse und ans linke sein jetziges Alter, 31. Er hatte vor kurzem in irgendeiner Zeitschrift gelesen, dass 120 ein biologisch gesehen durchaus erreichbares Alter für Menschen sei.

Danach setzte er Markierungen und beschriftete diese mit dem Kalenderjahr und seinem jeweiligen Alter. Anfangs ließ er fünf Kästchen Platz für ein Jahr, am Ende zwei Kästchen für zehn Jahre, damit es sich gut ausging auf einem Blatt. Stolz betrachtete er sein Werk und versah die Zeilenbeschriftungen noch mit Symbolen, die zu den Kategorien passten.

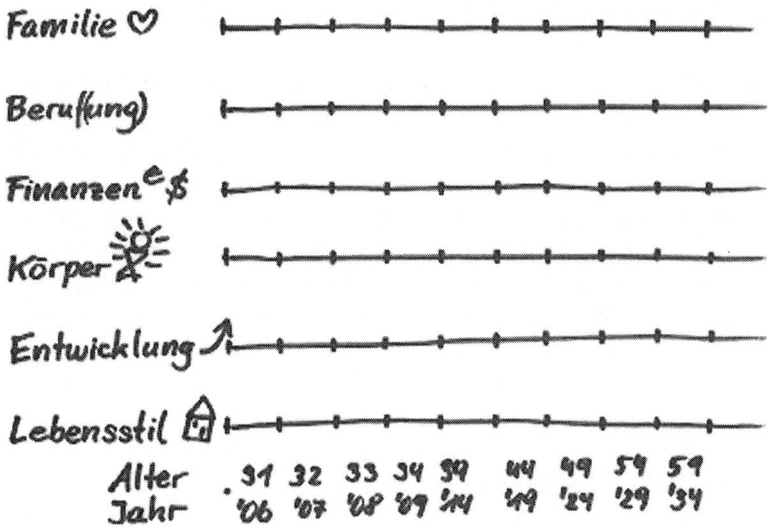


Dann nahm er sich einen Block mit kleinen Post-its und schrieb die Ziele, die er schon hatte, auf, jedes auf einen Zettel, und klebte sie auf die jeweils passende Stelle.

Irgendwie hatte er das Gefühl, dass ihm mit dieser Übersicht vor Augen das Nachdenken über seine Ziele leichter fiel. Mehr und mehr Ideen schrieb er auf, und das Flipchart begann sich zu füllen. Nach einiger Zeit stellte er fest, dass er bis zu einem Alter von 60 schon einiges an Zielen angesammelt hatte, darüber hinaus war das Blatt zum Teil noch leer. Er beschloss aber, dass er es vorerst dabei belassen wollte. Er konnte es ja später immer noch ergänzen.

**Konkretisierung der Ziele**

… war der nächste Schritt laut dem Buch. Jochen nahm sich sein erstes Ziel her im Bereich Beruf.

**Mehr Umsatz**

stand da. Das war natürlich nicht genau genug formuliert. Wie viel mehr wollte er? Nach einigem Überlegen schrieb er auf ein Blatt Papier:

**Ich verkaufe im Jahr 2006 120 Neuwagen und 70 Gebrauchte.**

So formuliert, erfüllte es alle Ansprüche an die Zieldefinition. Es war auch groß, denn immerhin hieße das eine 20-prozentige Steigerung zum Vorjahr. Sein von seinem alten Chef noch vorgegebenes Ziel für 2006 war eine fünfprozentige Steigerung, und auch das schien schon schwierig, da die Branche nicht gerade boomte und die Neuwagenzulassungen in den letzten Jahren eher rückläufig waren. Und dennoch wollte er es probieren, und 20 Prozent waren, wenn er kühn zu träumen wagte, erreichbar. Damit würde er zwar an Urs nicht herankommen, wäre aber mit ziemlicher Sicherheit zweitbester Verkäufer.

### 3. Aktivitäten festlegen

Er begann nun darüber nachzudenken, welche Aktivitäten er setzen konnte, um dieses Ziel zu erreichen, und schrieb in einer Brainstormingphase alles auf, was ihm einfiel. Grundsätzlich wusste er, dass er entweder mehr tun und so die Quantität steigern konnte, und natürlich konnte er auch an der Qualität seiner Verkaufsgespräche arbeiten.

- **Verkaufstraining besuchen – mindestens drei Tage**
- **Fünf Bücher zum Thema Verkauf lesen (zusätzlich zu »Die letzten Geheimnisse im Verkauf«)**
- **Pro Tag drei potenzielle Kunden mit dem Ziel, eine Probefahrt zu vereinbaren, anrufen**
- **Mit Urs Hausich sprechen, um herauszufinden, wie er so viel verkauft**
- **Firmenkunden akquirieren**
- **Alle offenen Angebote regelmäßig nachfassen**
- **Direct Mailings an spezielle Kundengruppen machen**
- **Programm 12 durchführen**

... fügte er dann noch hinzu. Das war ja eine ganze Menge, offen gesagt mehr, als er die letzten drei Jahre zusammen gemacht hatte.

Jetzt versah er die einzelnen Aktivitäten noch mit einem Zeitplan, wann oder ab wann er sie erledigen wollte. Langsam meldete sich der Hunger zu Wort, und als er auf die Uhr blickte, sah er, dass es 14 Uhr war. Er beschloss, eine kurze Pause zu machen, eine Runde um den Block zu spazieren und sich eine Pizza an der Ecke zu holen, Thunfisch mit Zwiebel mochte er am liebsten.

Eine Stunde später setzte er sich gestärkt wieder an seine Zielplanung. Die grobe Struktur stand, aber die Detailarbeit, jedes Ziel genau auszuformulieren, speziell die kurzfristigen und konkreten Maßnahmen dafür festzulegen, war eine Menge Arbeit, die ihn noch bis zum Abend beschäftigte. Am Ende hatte er dann einen kompletten Maßnahmenplan für das gesamte Jahr, aufgeteilt nach Monaten. Es war fast 20 Uhr, als er sein Werk betrachtete und die Ziele in den einzelnen Kategorien nochmals durchlas.

Er hatte auch die Rahmenbedingungen und die möglichen Konsequenzen, die an die Erreichung der einzelnen Ziele geknüpft sein konnten, durchdacht und war zu dem Schluss gekommen, dass seine Ziele, so wie er sie niedergeschrieben hatte, Sinn machten.

Um die Erreichung der Ziele zu kontrollieren, hatte er sich in seinen elektronischen Kalender drei Einträge gemacht. Einen wöchentlich am Sonntag wiederkehrenden, der ihn an die monatlichen Ziele und Aufgaben erinnerte, einen monatlichen, um die jährlichen Ziele und Aufgaben durchzusehen und gegebenenfalls anzupassen, und einen ganztägigen Fixtermin nach Weihnachten, um das jeweils nächste Jahr zu planen und die langfristigen Ziele zu überarbeiten.

Er war zufrieden mit sich. Irgendwie hatte er das Gefühl, einen wichtigen Schritt getan zu haben. In dem Bewusstsein, genau zu wissen, wo er hinwollte, konnte er es kaum erwarten, die ersten Schritte zu tun. Und, wer weiß, vielleicht boten sich heute Abend ja noch Gelegenheiten, was die Ziele im Bereich Partnerschaft und Familie anging.

Um 22 Uhr traf er sich wieder mit Robert, dessen Freundin gerade irgendwelche entfernt lebenden Verwandten besuchte und ihn als Strohwitwer zurückgelassen hatte, worüber dieser nicht besonders traurig schien.

»Hör mal, was hältst du davon, wenn wir heute aufs Clubbing gehen? Ich war schon einmal auf diesem. Die Musik ist gut, und es gibt eine Menge Frauen genau im richtigen Alter, das heißt, der Altersdurchschnitt ist deutlich über 20.«

»Meinetwegen.« Jochen wusste noch nicht so recht, ob er von der Idee begeistert sein sollte. Seine Erfahrungen mit solchen Veranstaltungen waren nicht die besten. Meist war es unerträglich laut, und das Bier war viel zu teuer. Bei diesem Lärm eine Frau anzureden, geschweige denn ein vernünftiges Gespräch zu führen, war fast ein Ding der Unmöglichkeit. Aber er hatte keinen besseren Vorschlag, und Tanzen war okay, nachdem er den ganzen Tag über seiner Zielplanung gesessen war.

Sie gingen vorher noch auf ein Bier, da die Veranstaltung um 22 Uhr begann, aber erst gegen Mitternacht so richtig was los war. Als sie kurz nach elf hinkamen, begann sich der Club gerade zu füllen.

Die beiden ergatterten noch einen der letzten Plätze an der Bar. Gleich daneben standen zwei Frauen so um die 25, eine in einem schwarzen »Etwas«, das mehr Ähnlichkeit mit einem Bikini als mit einem Kleid hatte. Es dauerte keine Minute, bis Robert, der näher bei den beiden Frauen lehnte, sie auch schon ansprach und eiskalt abserviert wurde. Jochen grinste schadenfroh. Robert zuckte nur mit den Schultern. »Wer nicht will, der hat schon.«

»Sag mal, geht dir das nicht auf die Nerven, diese Abfuhren?«, fragte ihn Jochen.

»Nein, wieso? Ich weiß aus Erfahrung, dass ich etwa mit jeder Zweiten ins Gespräch kommen und bei jeder Fünften landen kann. Eine Abfuhr erhöht also die Chance, dass der nächste

Kontakt zielführend ist. Dranbleiben lautet die Devise. Ist wie bei dir, wenn du Autos verkaufst. Du kriegst doch auch Abfuhren von Kunden, oder?«

»Ja schon, aber ...« – »Na siehst du«, meinte er und wandte seinen Blick suchend in die Menge auf Ausschau nach dem nächsten potenziellen Opfer. Und da war sie auch schon auf der Tanzfläche. Jochen beobachtete seinen Freund amüsiert. »Unglaublich, der Typ.« Insgeheim hoffte er, von ihm zu lernen, was diese Sache anging.

Robert näherte sich seiner Auserwählten unauffällig tanzenderweise und tanzte auf der zunehmend voller werdenden Tanzfläche direkt neben ihr, in genau dem gleichen Tempo und mit denselben Bewegungen. Das ging so ein paar Minuten lang, ohne dass irgendetwas sonst passierte. Ab und an begannen sich nun ihre Blicke zu treffen, nur ganz kurz, und ihrer glitt dann immer nach unten seitlich weg. Ein Bewegungsmuster, das Jochen zuvor noch nie so aufgefallen war. Als sich ihre Blicke das nächste Mal trafen, huschte ein kurzes Lächeln über ihr Gesicht. Robert begann nun seinen Tanzstil zu ändern und ihm einen Schuss mehr Erotik zu verleihen, wie Jochen fand. Interessanterweise tat die Frau nach kurzer Zeit dasselbe.

»Entschuldige bitte, darf ich hier mal ran?« Er hatte sie gar nicht gesehen, so vertieft war er in seiner Beobachtung von Roberts Balzverhalten. »An die Bar meine ich«, ergänzte sie mit einem Lächeln.

»Äh, ja, natürlich«, stammelte Jochen überrascht und starrte sie völlig entgeistert an. Sie sah nicht nur absolut phantastisch aus, da war mehr, er konnte nicht sagen, was. Während er überlegte, wie er sie ansprechen sollte, und die wenigen Varianten, die ihm einfielen, auch gleich wieder als absolut schwachsinnig verwarf, verschwand sie auch schon wieder in der Menge, nicht ohne ihm noch ein Lächeln zuzuwerfen, als sie sich an ihm vorbeidrängte.

Es sollte eine Weile dauern, bevor er sie wiedersah. »Was ist denn mit dir los?«, fragte ihn Robert. Jochen musste ziemlich blöd Löcher in die Luft gestarrt haben, noch immer verwirrt von der kurzen Begegnung. »Was? Nichts, da war nur so ein …«

»Darf ich dir Maria vorstellen?« Robert wies auf seine Tanzpartnerin, die daneben stand. »Hallo, Maria.« Jochen reichte ihr die Hand. »Jochen«, sagte er mit wenig Enthusiasmus und dachte dabei: »Kategorie hübsch, aber hohl.« Er wusste, dass Robert das nicht störte.

»Hör mal«, Robert hielt seinen Mund an Jochens Ohr, »kann gut sein, dass ich heute hier ohne dich abhaue, wenn du verstehst, was ich meine«, und verdrehte dabei die Augen in Richtung Maria. »Schon okay«, antwortete Jochen. Hohl oder nicht hohl, insgeheim beneidete er seinen Freund, der mit Maria wieder auf die Tanzfläche verschwunden war. Das, was sie da abhielten, war ganz eindeutig die vertikale Umsetzung horizontaler Gedanken. Jochen fand das absolut nicht okay im Hinblick darauf, dass Robert eine Freundin hatte, eine nette noch dazu.

Er machte ein paar Runden durch den Club auf der Suche nach der Frau von der Bar, fand sie aber nicht. »Wie kann man nur so blöd sein, sie nicht anzusprechen? Idiot!«, sagte er zu sich selbst, während er vergeblich nach ihr Ausschau hielt. Als er Robert dann auch nicht wiederfand, war das ein deutliches Zeichen für ihn, nach Hause zu gehen. »Gleich morgen früh check ich das mit den Singleplattformen im Internet. So kann es nicht weitergehen«, war sein letzter Gedanke vor dem Einschlafen.

## Sonntag, 15. Januar 2006

Als er aufwachte, war es 7.30 Uhr, sehr früh für einen Sonntag. Ihm fiel ein, dass er gestern Abend sein Erfolgstagebuch ganz vergessen hatte. Das wollte er gleich nachholen, aber zuerst laufen gehen. Eines seiner Ziele, was Körper und Gesundheit betraf, war, fünfmal pro Woche 45 Minuten zu laufen, ein anderes, sein Idealgewicht von 80 Kilo zu erreichen. Das bedeutete, fünf Kilo abzunehmen.

Nach dem Frühstück nahm er sein Erfolgstagebuch zur Hand, um den Nachtrag vom Vorabend zu machen.

**+ Einen kompletten Tag Zeit investiert und Zielplanung gemacht**
**+ Einen konkreten Maßnahmenplan erstellt**
**+ Eine Runde laufen gewesen**
**! Strategie bei Partnersuche ändern**

**✓ Wenn ich mache, was ich bisher gemacht habe, erhalte ich genau das, was ich schon habe. Wenn ich etwas anderes will, muss ich etwas anderes tun.**

Dann setzte er sich an seinen PC und registrierte sich auf zwei der zahllosen Internet-Sites für Partnersuchende.

## Dienstag, 31. Januar 2006

Der Januar war wie im Flug vergangen, die Geschäfte waren zäh, und so war Jochen ganz froh, dass er sechs Neuwagen und vier Gebrauchte verkauft hatte. Das war zwar nicht viel, aber er war sozusagen der Einäugige unter den Blinden. Eine Klasse für sich war wieder mal Urs Hausich, der 15 Neuzulassungen hatte.

»Wie macht der das bloß?«, dachte Jochen in Anbetracht solch beeindruckender Zahlen zum wiederholten Male und erinnerte sich daran, dass er ohnehin vorhatte, mit Urs ein ausführliches Gespräch diesbezüglich zu führen. Sie hatten auch schon einen Termin ausgemacht, diesen Freitag nach der Arbeit wollten sie etwas trinken gehen.

Er hatte auch mit den anderen Verkäufern gesprochen. Horst Bayer hatte allen angeboten, das Programm 12 durchzuführen, doch die meisten hatten unter irgendwelchen Vorwänden abgelehnt. »Aber wirklich nicht! Ich bin doch nicht blöd! Jetzt stehe ich ohnehin die ganze Woche im Geschäft, und dann soll ich meine Freizeit auch noch opfern für so etwas! Bücher lesen, z-z-z, ich lese lieber die Zeitung, das muss reichen!« So oder so ähnlich äußerten sich die Verkäufer, wenn sie untereinander waren. Nur einer außer Jochen hatte mitgemacht und war aber, soweit Jochen das beurteilen konnte, nur sehr halbherzig bei der Sache. Jochen war es fast peinlich, und er wollte nicht als »Streber« unangenehm auffallen. Daher hielt er sich ziemlich bedeckt, was das anging.

Abgesehen vom Januarumsatz war er ganz zufrieden mit sich, was seine Ziele und seinen Maßnahmenplan anging, er hatte recht konsequent daran gearbeitet. In »Die letzten Geheimnissen, im Verkauf« hatte er nicht weitergelesen. Er wollte wie geplant jeden Monat ein Kapitel lesen. Stattdessen hatte er sich ein paar andere Bücher zum Thema Verkauf besorgt und eines davon begonnen. Es war etwas trocken, aber die eine oder andere interessante Anregung war doch dabei.

Die drei Telefonate mit Personen aus der Kundendatei waren nach wie vor nicht einfach. Es kostete ihn jedes Mal Überwindung, zum Hörer zu greifen, wobei er merkte, dass es ihm nach ein paar Telefonaten immer leichter fiel. Das Schwierigste war sehr oft, die Zielpersonen überhaupt zu erreichen. Er musste oft zehnmal oder öfter anrufen, bis er die richtige Person dranhatte, vor allem bei Berufstätigen. Doch es waren auch schon die ersten Erfolge zu verbuchen. Er hatte ungefähr doppelt so viele Probefahrten mit Kunden als sonst im Monatsschnitt.

Heute war auch sein erstes Monatsgespräch mit seinem Chef Horst Bayer. Zwar hatte er den inzwischen fast täglich gesehen, aber über das Programm 12 hatten sie nicht gesprochen. Pünktlich zum Termin klopfte er an der Bürotür des Chefs.

»Herein!« Jochen trat ein. »Ah, Herr Berger, kommen Sie weiter, nehmen Sie Platz. Kaffee?«

Jochen setzte sich, und die Sekretärin brachte zwei Tassen Kaffee.

»Konnten Sie den einen Auftrag von dem Herrn, wie hieß er doch gleich?, der sich für den neuen ZR 300 interessiert hatte, abschließen?« – »Der kommt morgen noch einmal und will wahrscheinlich nochmals über den Preis verhandeln.« – »Was haben Sie ihm angeboten?« – »Die üblichen sechs Prozent Maximum.« – »Verstehe. Wer ist der Mitbewerber, eine andere Marke oder ein anderer Händler unserer Marke?« – »Ich fürchte beides.« – »Und wie werden Sie vorgehen?« – »Ich weiß nicht, mehr als sechs Prozent kann ich ja nicht geben, oder?« – »Ich fürchte, dann legen wir beim Deckungsbeitrag zwei schon drauf.« – »Vielleicht kann ich ihm bei der Zusatzausstattung noch entgegenkommen.« – »Denken Sie, dass das Geld wirklich das Problem ist bei dem Kunden?« – »Sicher nicht«, meinte Jochen und lächelte. – »Wenn es nicht seines ist, könnte es sein, dass es Ihres ist?« Jochen war etwas verwirrt und wusste keine Antwort auf die Frage. »Denken Sie mal darüber nach und holen Sie sich den Auftrag.«

»Wie geht es Ihnen mit dem Programm 12?«, wechselte der Chef das Thema.

»Nun, sehr gut. Ich habe das erste Kapitel gelesen und meine Zielplanung gemacht. Wollen Sie sie sehen?«

Horst Bayer winkte ab. »Nicht unbedingt, es sind Ihre Ziele. Wenn Sie Fragen dazu haben, können wir aber gerne im Detail darüber sprechen. Zeigen und erzählen Sie mir einfach das, was Ihnen wichtig erscheint.« Und Jochen erzählte ihm davon, wie er vorgegangen war.

»Tolle Idee, die Aufteilung in die verschiedenen Lebensbereiche und Ziele für alle Bereiche zu planen«, meinte der Chef anerkennend.

Die beruflichen Ziele zeigte Jochen seinem Chef im Detail und erklärte ihm, was er sich dabei gedacht hatte. Er wusste, dass er damit ein gewisses Risiko einging, da seine persönlichen Umsatzziele deutlich höher lagen als die offiziellen. Sein Chef konnte auf die Idee kommen, diese zu erhöhen.

»Da haben Sie sich ja einiges vorgenommen. Wie kann ich Sie dabei unterstützen?«

»Nun, ich würde gerne ein Verkaufstraining besuchen. Es gibt da so ein dreitägiges Seminar ›Acht Stufen zum Verkaufserfolg‹.« Jochen hielt seinem Chef die Broschüre hin, die er sich hatte schicken lassen.

Horst Bayer studierte sie kurz. »Den Anbieter kenne ich, die machen sehr gute Trainings. Was schlagen Sie vor?«

»Das Training geht von Freitag bis Sonntag. Ich habe mir gedacht, ich investiere meine Freizeit am Wochenende, und die Firma zahlt das Training.«

»Klingt vernünftig. Okay, melden Sie sich an und geben Sie mir dann die Rechnung.«

»Wie geht es Ihnen mit dem Erfolgstagebuch?«, wechselte Horst Bayer abermals das Thema.

»Im Großen und Ganzen gut. Ab und an vergesse ich, den Eintrag zu machen, und hole den dann aber meistens am nächsten Tag nach. Manchmal ist es sehr einfach, Dinge zu finden, die ich reinschreiben kann; manchmal fällt mir gar nichts ein.«

»Das geht mir auch so.«

»Sie führen auch eines?« Jochen war merkbar erstaunt.

»Seit zehn Jahren. Mein damaliger Chef hatte es mir gegeben. Es hat mir gute Dienste geleistet seither.«

»Was ist Ihrer Meinung nach Ihre Hauptlernerfahrung aus dem ersten Monat und Kapitel?«

Jochen überlegte kurz. »Nun, ich denke, es sind mehrere. Seit unserem ersten Gespräch geht mir dieser Ausdruck nicht aus dem Kopf«, Jochen deutete dabei auf das »BE CAUSE«-Schild. »Mir ist außerdem bewusst geworden, wie wichtig es ist, Ziele zu haben. Ich fühle, dass mein Leben eine ganz andere Dynamik bekommt, seit ich genau aufgeschrieben habe, was ich erreichen will.«

»Sehr gut. Damit haben Sie eine gute Basis gelegt. Leider schaffen es die meisten Menschen nicht einmal bis hierhin.«

Jochen fragte sich, ob das eine Anspielung auf seine Kollegen war, die beim Programm 12 entweder gar nicht mitgemacht hatten oder schon wieder dabei waren auszusteigen. Er wollte es durchziehen, bis zum Ende. Was hatte er zu verlieren?

»Was gibt es von Ihrer Seite sonst noch zu besprechen?«, fragte der Chef.

»Nun, ich denke, das war es für heute.«

»Gut, dann wünsche ich Ihnen viel Erfolg und viel Spaß mit dem Thema des nächsten Monats. Sie werden feststellen, dass es ein sehr interessantes ist. Vor allem, weil Sie es auch im privaten Bereich sehr gut verwenden werden können.« Horst Bayer lächelte hintergründig.

# Februar – Pacing/Leading/Rapport Teil 1

»Das Leben ist wie ein Echo: Was wir aussenden, erhalten wir zurück.«

## Mittwoch, 1. Februar 2006

Der Februar begann sehr gut. Der Interessent für den ZR 300 unterschrieb den Kaufvertrag. Jochen hatte am Vorabend noch über die Frage seines Chefs nachgedacht, ob er denn selbst ein Problem mit dem Preis hätte, und war darauf gekommen, dass das tatsächlich so war. Der Wagen kostete etwa das, was er in zwei Jahren verdiente, und das schien ihm sehr viel Geld zu sein. Es viel ihm schwer, sich überhaupt vorzustellen, so viel Geld für ein Auto auszugeben.

Doch dann führte er sich vor Augen, dass sein Kunde Geschäftsführer eines Unternehmens war, das Milliardenumsätze machte. Es war ein Firmenwagen, das hieß, dass er ihn nicht einmal aus eigener Tasche bezahlen musste. Das Geld war fast egal. Er hoffte, dass die anderen Händler ihrer Marke auch nicht mehr als sechs Prozent gaben, und merkte, dass es dieser Wagen war, den der Kunde wollte, und er blieb hart bei seinem Preis. Und siehe da, der Kunde kaufte. Er wollte einfach nur nochmals verhandeln, um den bestmöglichen Preis zu kriegen. Als er merkte, dass er ihn bereits hatte, unterschrieb er. Alles, was Jochen an zusätzlichen Nachlässen oder Zugaben gegeben hätte, wäre verschenktes Geld gewesen. Da seine Provision seit diesem Jahr am Deckungsbeitrag gemessen wurde, hätte auch er Provision verschenkt. Das war eine wichtige Lernerfahrung, die er auch abends in sein Erfolgstagebuch eintrug.

Es war der erste ZR 300, der in dieser Filiale verkauft wurde, und Jochen ging für den Rest des Tages mit stolz geschwellter Brust umher und nahm die anerkennenden Worte seines Chefs und seiner Kollegen entgegen, in denen auch der eine oder andere neidische Unterton mitschwang.

Er hatte sich noch die Nachrichten angesehen, bevor er »Die letzten Geheimnisse im Verkauf« aufschlug und das nächste Kapitel zu lesen begann.

## Pacing – Leading – Rapport

Menschen kaufen lieber von Menschen, die sie mögen und von denen sie gemocht werden – und wenn das so ist, dann stellt sich die Frage:

- Was kann ich tun, um die Beziehungsebene zu verbessern? Was kann ich tun, damit mein Kunde mich mag und damit ich meinen Kunden mag?

Manchmal brauchen wir bewusst nichts dazutun, es funkt gleich beim ersten Gespräch – aber eben nur manchmal.

*»We are like the ones we like – we like the ones we are like.«*

Wer kennt das Sprichwort »Gegensätze ziehen sich an«? Ich nehme an, alle. Dies bedeutet allerdings nicht, dass sich Gegensätze auch sympathisch sind und mögen. Vielmehr haben Untersuchungen gezeigt, dass das Sprichwort »Gleich und gleich gesellt sich gern« viel eher der zwischenmenschlichen Realität entspricht. Oder mit anderen Worten: »Wir mögen Personen, die uns ähnlich sind.«

Diese Sympathie bedeutet auch Vertrauen, und gegenseitiges Vertrauen ist eine wichtige Basis im Verkauf. Daher kann es für Sie im Verkauf sehr wichtig sein, sich Fähigkeiten anzueignen, die Sie für mehr Gesprächspartner sympathischer machen. Genauso wichtig ist es, dass Sie möglichst viele Ihrer Gesprächspartner sympathisch finden können, wenn Sie das wollen. Wenn Sie die Mechanismen kennen, die dahinter stecken, und die Methoden, mit denen Sie darauf einwirken können, wird beides für Sie eine leichte Übung sein.

Wie kommt Sympathie zustande?

Zugrunde liegen unsere Einstellungen, Überzeugungen und unsere Werte, also Dinge, die teilweise sehr tief in unserem Innersten verwurzelt und oft auch verborgen sind. Das bedeutet, dass sie ein Außenstehender nicht kennt, manchmal kennen wir sie sogar selbst nicht.

Allerdings spiegeln sich diese Einstellungen, Überzeugungen und Werte in unserem Aussehen, der Sprechweise, unserer Körpersprache und unseren Verhaltensweisen. Diese sind beobachtbar und erkennbar.

Nachdem wir »mögen, was uns ähnlich ist«, ist es guter Kommunikation förderlich, möglichst viele Ähnlichkeiten zu schaffen – es kommuniziert sich dann viel einfacher und besser.

Das Konzept – wenn Personen, die miteinander kommunizieren, sich auf derselben »Wellenlänge« befinden – heißt Rapport. Rapport ist etwas, das sich im Alltag sehr oft automatisch einstellt, ohne dass es uns auffällt.

Um einen möglichst guten Rapport zu erreichen, hilft es, sich dem Gegenüber zum Beispiel in Aussehen, Sprechweise und Körpersprache anzugleichen. Dieser Vorgang des Angleichens wird auch Spiegeln (oder Pacing) genannt.

Wie wird es gemacht? Worauf ist zu achten?

Bei der praktischen Anwendung von Pacing ist auf ein paar Dinge zu achten:

- Spiegeln ist ein natürlicher Vorgang.
- Wahrnehmungsgenauigkeit ist wichtig.
- Möglichkeiten ausschöpfen, aber nicht übertreiben.

Spiegeln/Pacing ist ein natürlicher Vorgang, der sehr oft automatisch passiert. Wir können ihn tagtäglich überall beobachten. Zwei Kollegen, die über ein Projekt fachsimpeln, ein verliebtes Pärchen, das in einem Café sitzt, oder auch die Besucher in einem Kino. Überall werden Sie deutliches Spiegeln beobachten können – ähnliche Kleidung, ähnliches Verhalten, ähnliche Körperhaltung, ähnliche Aussagen und Meinungen –, die ganze Palette der Möglichkeiten, zu spiegeln.

Es geht also darum, etwas, das wir ohnehin unbewusst tun, bewusst zu machen, um es zu verbessern und gezielter einzusetzen, um es letztendlich in der verbesserten Version wieder unbewusst zu tun.

Was dabei vonnöten ist, ist eine höhere Wahrnehmungsgenauigkeit, als wir sie gewohnt sind zu verwenden. Es geht darum, die Sinne, über die wir alle verfügen, zu schärfen und bewusster einzusetzen.

Spiegeln ist nicht »Nachäffen«. Wenn es vom Gegenüber so empfunden würde, hätten Sie es falsch gemacht oder übertrieben. Spiegeln erfordert Sensibilität und Einfühlungsvermögen. Nutzen Sie die zur Verfügung stehenden Möglichkeiten des Spiegelns, ohne es zu übertreiben – die Messlatte ist einzig der Kommunikationspartner. Solange es ihm nicht auffällt, ist es okay.

Niemals spiegeln:

- Sprachfehler
- Körperliche Gebrechen (zum Beispiel: Hinken)

Was genau können wir nun spiegeln?

Folgende Verhaltensweisen und geistige Prozesse können wir spiegeln:

- Aussehen (Kleidung, Frisur etc.)
- Körperbewegungen/Körpersprache
- Händedruck
- Atmung

- Stimme/Sprechweise
- Sprache
- Meinungen/Überzeugungen
- Stimmungen

**Aussehen**

Das Pacing beim Aussehen und der Kleidung ist im Verkauf schon lange bekannt. Es empfiehlt sich zum Beispiel, als Landmaschinenverkäufer, nicht im dunklen Nadelstreifenanzug zu einem Bauern zu kommen. Es fördert den Rapport, dem Kunden angepasste Kleidung zu tragen.

**Körperbewegungen/Körpersprache**

Folgende Körperbewegungen (und viele mehr) können wir pacen:

- Kopfhaltung und -bewegung
- Gesichtsausdruck
- Stellung der Schultern
- Position der Arme
- Position der Hände
- Gestiken mit Armen und Händen
- Beinstellung

**Händedruck**

Dem Händedruck kommt in unseren Breiten eine besondere Bedeutung zu. Es heißt, man solle einen »kräftigen« Händedruck haben. Das ist nicht grundsätzlich zu empfehlen. Auch beim Händedruck ist Pacing angebracht. Passen Sie Ihren Händedruck an den des Kunden an – Stärke, Dauer, Haltung der Finger und Art der Bewegung.

**Atmung**

Die Atmung ist direkt mit unserem emotionalen Zustand verbunden. Daher ist die effektivste Art zu pacen, die Atmung dem Gegenüber anzupassen. Es kommt dadurch eine sehr enge Verbindung zustande.

Die Atmung kann durch das Heben und Senken des Brustkorbs sowie an Bewegungen der Schultern und des Bauches beobachtet werden. Man kann hoch in der Brust oder auch im Bauch atmen. Die Atmung kann unterschiedlich in Tiefe und Frequenz sein.

Die Atmung kann auch über Kreuz gespiegelt werden. Das bedeutet, dass der Atemrhythmus mit einer anderen Bewegung (etwa einem Fußwippen) gespiegelt wird.

**Stimme/Sprechweise**

Was das Pacing der Stimme und der Sprechweise angeht, so kann dies in folgenden Faktoren erfolgen:

- Höhe (hoch – tief)
- Klangfarbe (schrill – voll – rund – sonor …)
- Sprechtempo (schnell – langsam)
- Sprechrhythmus (variantenreich – rhythmisch – monoton)
- Lautstärke (laut – leise)
- Sprechpausen (wenige – viele; lange – kurze)
- Akzent

Achten Sie zuerst auf die speziellen Charakteristika der Stimme. Diese sind wichtig für das Pacing. Sie müssen nicht in allen Faktoren spiegeln. Wenn also jemand besonders laut, leise, rhythmisch, mit langen Pausen etc. spricht, dann gilt es, sich vom Gesamteindruck her dieser Stimme und Sprechweise anzupassen.

Akzente zu spiegeln ist im Normalfall nicht zu empfehlen, es sei denn, man stammt aus der Gegend und beherrscht den Akzent entsprechend gut. Ansonsten kann es sehr rasch aufgesetzt und unglaubwürdig wirken.

Männer und Frauen haben von Natur aus ein unterschiedliches Stimmspektrum. Eine Frau wird daher kaum die tiefen Töne eines Mannes erreichen, und sie sollte das auch nicht tun. Es reicht, wenn sie am unteren Ende ihres eigenen Spektrums spricht, um sich einem tief sprechenden Mann anzupassen.

## Sprache

Abgesehen von der Stimme und der Sprechweise können auch die Worte zum Pacing verwendet werden. Im Speziellen betrifft das

- Lieblingswörter,
- Fachausdrücke und
- Hauptsinneskanäle (Repräsentationssysteme).

*Lieblingswörter*

Jeder von uns hat so seine Lieblingswörter. Das können Hauptwörter, Zeitwörter, Eigenschaftswörter etc. sein. Manche Leute sagen gerne »phänomenal« oder »exorbitant«, andere wiederum verwenden Wörter wie »weswegen« oder »nichtsdestotrotz« auffallend oft und gerne. Für einen guten Rapport ist es nützlich, diese ab und an in die eigene Wortwahl einzubauen.

Statt »Ich habe hier ein **tolles** Angebot für Sie vorbereitet!« – »Ich habe ein **phänomenales** Angebot für Sie vorbereitet!«.

Es können natürlich auch ganze Redewendungen sein, die gerne verwendet werden, zum Beispiel: »Ich habe das alles im Griff!«, »Das haut mich nicht um!«

*Fachausdrücke*

Für Fachausdrücke gilt im Prinzip dasselbe wie für Lieblingswörter, nur noch im verstärkten Ausmaß. Beobachten Sie einmal, wie gut der Rapport zwischen zwei Personen ist, die ganz klassisch »fachsimpeln«. Fachausdrücke sind ein sehr effizientes Mittel, besonders bei Spezialisten, guten Rapport aufzubauen.

*Repräsentationssysteme*

Verwendung von sinnesspezifischen Worten, die dem Hauptrepräsentationssystem (das sind die bevorzugt verwendeten Sinnessysteme: visuell, auditiv usw.) des Gegenübers entsprechen, ist eine sehr mächtige Art zu pacen. Das werden Sie in den nachfolgenden Kapiteln sehr ausführlich erfahren.

## Meinungen/Überzeugungen

Ein heikles Thema, könnte man denken. »Wo bleibe ich selbst, mit meiner Identität, meinen Meinungen und meinen Überzeugungen als Person, wenn ich ständig die der anderen spiegele?« Eine berechtigte Frage.

Einerseits geht es darum, mit dem Kunden guten Rapport zu haben, und da ist direkter Widerspruch einfach nicht förderlich. Andererseits geht es ebenso darum, die eigene Identität zu bewahren und sich selbst gegenüber aufrichtig zu bleiben. Die Kunst ist es nun, eine Lösung zu finden, die beiden Ansprüchen gerecht wird. Einen Konsens, und sei er auch nur klein. Es bedeutet keinesfalls, als Verkäufer zu allem »Ja und Amen« zu sagen. Sie entscheiden immer selbst, wie weit Sie gehen wollen.

## Stimmungen

Stimmungen sind insofern von grundlegender Bedeutung, weil sie unsere Wahrnehmung massiv beeinflussen. Ein und dieselbe Sache scheint uns sehr verschieden, je nachdem, ob wir gut oder schlecht aufgelegt sind. Wenn der Kunde schlecht gelaunt ist, stehen Ihre Chancen, ein Geschäft abzuschließen, schlecht. In einem schlechten Zustand treffen wir oft schlechte Entscheidungen. Daher müssen Sie alles daransetzen, dafür zu sorgen, dass sich Ihr Gegenüber in einer guten Stimmung befindet.

Jetzt kann es natürlich sein, dass Sie ihn in einer schlechten Stimmung vorfinden. Wenn Sie jetzt gleich mit Ihrer guten Laune »mit der Tür ins Haus fallen«, ist das kontraproduktiv. Das hat im Normalfall den gegenteiligen Effekt, nämlich, dass der Kunde nicht nur schlecht gelaunt, sondern dann auch noch aggressiv ist (weil Sie so gut gelaunt sind).

Daher gilt auch hier: zuerst pacen. Dabei sollten Sie sich der Stimmung des anderen angleichen, ohne extremer zu werden als er.
Sie müssen den Kunden dort abholen, wo er sich befindet. Stimmt erst einmal der Rapport, dann haben Sie die Möglichkeit, seine Stimmung zu verändern, indem Sie die Ihre verändern.

Wozu spiegeln? Was kommt dann?

Sinn und Zweck des Pacing ist es, eine solide Beziehungsebene aufzubauen, von der aus Sie den Kunden dann in die von Ihnen gewünschte Richtung lenken können. Wenn der Rapport gut und stark ist, folgt Ihnen der Kunde eher – und natürlich auch Ihren Vorschlägen –, denn Menschen kaufen von Menschen, die sie mögen.

Dieses Folgen des Kunden wird »Leading« oder Führen genannt.
Die Regel lautet: Pacing – Pacing – Pacing – Leading.
Dazu später noch mehr.

Rapporttest:
Ob der Rapport stark genug ist, können Sie testen, indem Sie sich verändern (zum Beispiel die Körperhaltung) und darauf achten, ob Ihnen Ihr Kunde folgt (in einem gewissen Abstand). Wenn es nicht klappt – zurück zum Pacing.

Rapportunterbrechung:
Der Rapport kann absichtlich oder unabsichtlich unterbrochen werden. Die unabsichtliche Unterbrechung passiert relativ oft durch einseitige Änderung der Körperhaltung, Änderung der Stimme und vor allem durch die Verwendung des Wortes »aber«.

»Das sehe ich grundsätzlich auch so, *aber* …«, bedeutet nichts anderes als »Das sehe ich anders« – eine Aussage, die nicht rapportfördernd ist. Verwenden Sie anstelle des Wortes »aber« das Wort »und«. Damit können Sie Ihre Gedanken auch kundtun, und der Rapport bleibt bestehen.

Folgende Wörter haben eine ähnlich Bedeutung und dieselbe Wirkung wie das Wort »aber«:

*dennoch, trotzdem, obwohl, auch wenn, nichtsdestoweniger, nichtsdestotrotz, dann wiederum*

Verwenden Sie lieber:

*und, da, und so, während, darüber hinaus*

Eine absichtliche Rapportunterbrechung kann durchaus Sinn machen, wenn Sie zum Beispiel ein Gegenüber haben, dessen Redefluss Sie gerne bremsen möchten, oder Ihre gegensätzliche Meinung deutlich kundtun wollen.

Es kann durchaus auch Sinn machen, den Rapport im Verkaufsgespräch zu unterbrechen. Wenn Sie wollen, dass sich der Kunde mehr an den Vertrag bindet als an Sie als Verkäufer, dann unterbrechen Sie den Rapport kurz vor der Unterzeichnung des Vertrags. Sie können zum Beispiel den Raum kurz verlassen, damit der Kunde bei der Vertragsunterzeichnung alleine ist. Oft passiert das auch automatisch – der Verkäufer lehnt sich demonstrativ zurück, während der Kunde über den Vertrag gebeugt sitzt.

✦ ✦ ✦

Das war der »Stoff« für Monat 2 und 3. Im Anhang fand er spezielle Übungen für Monat 2 und welche für Monat 3.

## Übungen Monat 2 – Spiegeln/Pacing – Körpersprache und Atmung

- Suchen Sie sich einen Übungspartner und nehmen Sie sich eine Stunde Zeit. Verteilen Sie die Rollen, sodass die ersten 30 Minuten Sie Ihren Partner spiegeln und die zweiten 30 Minuten Ihr Partner Sie. Derjenige, der gespiegelt wird, kann alles tun, was er/sie möchte und wo immer er/sie möchte. Derjenige, der spiegelt, muss alles möglichst exakt nachmachen. Achten Sie dabei vor allem auf die Körpersprache und Bewegungsabläufe.
- Nutzen Sie jede Gelegenheit, um das körpersprachliche Spiegeln zu üben – in öffentlichen Verkehrsmitteln, mit Kollegen,

Freunden, der Familie und mit Kunden. Lenken Sie dabei Ihre Aufmerksamkeit auf Details und spiegeln Sie auch diese bewusst.

- Nutzen Sie passende Gelegenheiten, um das Spiegeln der Atmung zu üben – in öffentlichen Verkehrsmitteln, mit Kollegen, Freunden, der Familie und mit Kunden. Sie schärfen damit auch Ihre Sinne und erhöhen Ihre Wahrnehmungsgenauigkeit, was das Erkennen von Details angeht.

✦ ✦ ✦

Jochen war einigermaßen erstaunt. Das war tatsächlich neu für ihn. Er war auch etwas skeptisch, ob das wohl tatsächlich funktioniert. Wenn dem so wäre, dann wäre das ein unglaublich machtvolles Kommunikationsinstrument. Und natürlich war er neugierig und wollte es ausprobieren. Aber damit musste er wohl bis morgen warten.

## Donnerstag, 2. Februar 2006

Voller Neugierde startete er in den nächsten Tag. Er nahm sich vor, heute besonders auf das körpersprachliche Spiegeln zu achten. Das Spiegeln der Atmung schien ihm noch ein wenig zu weit hergeholt und zu schwierig, denn schließlich sollte er ja auch noch ein Gespräch führen und nicht nur spiegeln.

Der Schauraum war noch leer, und die Kollegen standen bei den Kaffeeautomaten und gaben sich dem üblichen Morgentratsch hin. Viel stärker als früher fiel ihm auf, wie viel negativer Mist in solchen Situationen durchgekaut wurde, nicht, um eine Lösung zu finden, sondern nur, um zu jammern und in Selbstmitleid zu zerfließen.

»Ja, das Modell bräuchten wir endlich mit einem Dieselmotor, dann könnten wir auch Umsätze machen. Aber so, was sollen wir denn verkaufen?«, jammerte einer der Kollegen, der im Januar nur einen einzigen Neuwagen an den Kunden gebracht hatte. Die übrigen stimmten mehr oder weniger deutlich zu, auch sie hatten kaum mehr als fünf Stück verkauft.

Nicht nur, dass Jochen die Jammerei immer mehr auffiel, sie störte ihn auch immer mehr, abgesehen davon, dass es Zeit kostete und genau genommen nichts brachte. Daher absentierte er sich immer häufiger von solchen »Jammerrunden« und machte sich an seine Kundentelefonate. Ab und zu stellte er sich aber doch dazu, er wollte sich nicht ausgrenzen. Wer nie dabei war, war Urs Hausich. Der hatte alle Hände voll zu tun, seine Riesenstückzahlen auch auszuliefern.

Er beobachtete seine Kollegen genau. Ihm fiel auf, dass Sie alle eine ähnliche Haltung einnahmen. Die Schultern waren nach vorne hängend, der Kopf leicht gesenkt, der Blick ging oft nach unten. Jochen begann zu spiegeln, drückte sich wie die anderen einen Kaffee aus der Maschine und nahm die gleiche Haltung ein.

Er fühlte unmittelbar, wie er ein Teil der Gruppe wurde und auch wie sich fast schlagartig seine Stimmung veränderte. War er eben noch gut gelaunt gewesen, so spürte er jetzt auch die »Jammerstimmung«, in der sich die meisten seiner Kollegen befanden. Das war nicht angenehm. Er beschloss, dennoch eine Zeit lang dabei zu bleiben, um der Erfahrung des Spiegelns wegen, war aber froh, als die ersten Kunden kamen und sich die Gruppe auflöste.

»Guten Tag, Herr Kleindienst, schön, Sie zu sehen! Was führt Sie zu uns?« Jochen streckte dem Kunden die Hand entgegen und schenkte ihm sein bestes Verkäuferlächeln, mit dem festen Vorsatz, die Körpersprache seines Gegenübers zu spiegeln.

»Guten Tag, Herr Berger, mir wäre es, offen gesagt, lieber, ich würde Sie nicht schon wieder sehen. Die Elektronik spinnt schon wieder oder noch immer, wer weiß das schon so genau. Ihre Mechaniker offenbar nicht«, sagte Herr Kleindienst mit leicht zynischem und ärgerlichem Tonfall.

Jochen fiel auf, dass sein Lächeln im Sinne des Spiegelns wohl im Moment nicht angebracht war, und er ersetzte es durch einen etwas ernsteren Gesichtsausdruck. Herr Kleindienst stand mit verschränkten Armen vor Jochen, die Beine überkreuzt, und er wirkte einigermaßen angespannt. Jochen stellte sich genauso hin, was etwas ungewohnt war.

»Ich verstehe, die Elektronik spinnt schon wieder oder noch immer. Das ist natürlich sehr ärgerlich«, nickte Jochen. »Und Ihr Wagen ist jetzt in der Werkstatt?« – »Ja, sie haben mir gesagt, ich solle warten, es würde nicht lange dauern.« – »Und ist es wieder das Problem mit der Automatik?« – »Ja, genau dieses. Immer dasselbe.« – »Verstehe, das ist wirklich ärgerlich. Wie lange haben Sie den Wagen jetzt? Drei Jahre?« – »Ja, im November waren es drei.« – »In welchen Abständen haben Sie in der Vergangenheit die Autos getauscht?« – »So alle drei Jahre, aber diesen wollte ich eigentlich länger fahren, da er erst 50.000 Kilometer drauf hat.«

»Verstehe, alle drei Jahre. Haben Sie das Nachfolgemodell schon einmal gesehen?« Jochen veränderte, ohne darüber nachzudenken, seine Körperhaltung, öffnete die Arme und stellte sich breitbeinig hin, weil es ihm zu unbequem wurde. Plötzlich fiel ihm auf, wie sein Kunde Sekunden später nachzog und sich seiner Körperhaltung anpasste. Er musste sich zurückhalten, um nicht zu grinsen. Offenbar war der Rapport gut, interessant, dieses Spiegeln.

»Ja, gesehen schon mal, in der Werbung. Haben Sie einen hier?« – »Wollen Sie ihn sehen?« – »Na ja, nachdem ich sowieso Zeit habe.«

Jochen hielt kurz Rücksprache mit der Werkstatt und erfuhr, dass die Reparatur des Wagens von Herrn Kleindienst wohl noch 30 bis 45 Minuten in Anspruch nehmen würde. Fünf Minuten später saßen sie im Fahrzeug. Herr Kleindienst am Steuer, genoss die Probefahrt sichtlich. Der Rest war Routine. Als die Reparatur beendet war, war auch der Kaufvertrag für den neuen Wagen unterschrieben.

Jochen war begeistert von seinen ersten bewussten Erfahrungen mit dem Spiegeln und natürlich von dem Auftrag. Erst der Zweite des Monats und schon zwei Fahrzeuge verkauft.

Nachdem keine weiteren Kunden da waren und er in genau der richtigen Stimmung war, machte er sich ans Telefonieren. Zwei Stunden später hatte er drei Probefahrtstermine vereinbart, er konnte es selbst kaum glauben.

## Freitag, 3. Februar 2006

Es war verhältnismäßig wenig los für einen Freitag. So hatte Jochen zwischendurch ein wenig Zeit und beschloss, Urs Hausich, mit dem er sich ja heute nach Geschäftsschluss zu einem Bier verabredet hatte, ein wenig bei dessen Kundengesprächen zu beobachten.

Es ergab sich, dass Jochen von seinem Schreibtisch aus ein Gespräch von Urs Hausich mit einem Neukunden mitbekam, da sie bei einem Fahrzeug gleich in der Nähe standen.

»Ist es in Ordnung, wenn ich Ihnen ein paar Fragen stelle, damit ich genau weiß, was Sie brauchen?«, fragte Hausich nach einer freundlichen Begrüßung und ein wenig Smalltalk.

»Ja, natürlich.« – »Für welches Fahrzeug interessieren Sie sich denn?« – »Für den ZR 100.«

»Aha, den ZR 100, verstehe.« Hausich stand dabei schräg neben dem Kunden. »Dann darf ich Sie mal hier herüberbitten«, sagte er und leitete den Kunden zu dem im Schauraum ausgestellten ZR 100. »Was speziell gefällt Ihnen am ZR 100?«

»Nun, ich finde er sieht einfach sehr gut aus, speziell die Frontpartie ist vom Design sehr gelungen. Außerdem habe ich gelesen, dass er vier Sterne beim NCAP-Crashtest erhalten hat.«

»Ja, ein sehr gelungenes und sicheres Fahrzeug. Wie viel pro Jahr fahren Sie denn so?« – »Zirka 30.000 Kilometer.«

Hausich notierte auf seinem Block und fragte: »30.000 Kilometer. Brauchen Sie das Fahrzeug beruflich oder privat?« – »Zu drei Vierteln beruflich.« – »Wird es ein Firmenauto oder finanzieren Sie es und verrechnen Kilometergeld?« – »Ich verrechne Kilometergeld. Ein Firmenauto wäre mir zwar lieber, aber darauf steigt mein Chef nicht ein.«

»Was ist Ihnen wichtig, wenn Sie ein Auto kaufen?« – »Nun, da ich so viele Stunden darin verbringe, ist mir wichtig, dass es bequem ist. Es muss außerdem sicher sein, und natürlich sollte sich ein bisschen was tun, wenn man das Gaspedal tritt«, meinte der Kunde und lächelte.

Hausich notierte alles. »Ah ja, Ihnen ist also wichtig, dass es bequem ist, es muss sicher sein, und es sollte sich ein bisschen was tun, wenn Sie das Gaspedal treten. Habe ich das so richtig verstanden?«, wiederholte Hausich lächelnd die Aussage des Kunden Wort für Wort. »Haben Sie schon eine Vorstellung, was die Motorisierung angeht?« – »Ja, ich habe mich im Internet ein wenig schlau gemacht und denke, dass mir der 150-PS-Benziner gut zusagen würde. Diesel ist nicht so mein Ding.« – »Das ist ein guter Motor, dank der neuesten Technologie mit einem sehr guten Drehmoment. Da tut sich was, wenn Sie das Gaspedal treten.« Der Kunde nickte.

»Bevorzugen Sie Limousine oder Kombi?« – »Ich habe immer eine ganze Menge zu transportieren, beruflich, da ist der Kombi schon praktischer, obwohl mir die Limousine schon gefallen würde. Aber nein, Kombi.«

»Wie viele Personen fahren denn in dem Wagen privat?« – »Ich bin allein stehend, keine Kinder.«

»Haben Sie ein Eintauschfahrzeug?« – »Nein, für meinen jetzigen Wagen habe ich schon einen Abnehmer.«

»Sie wollen also einen ZR 100 Kombi, Benziner mit 150 PS, verwenden ihn hauptsächlich beruflich, fahren zirka 30.000 Kilometer pro Jahr, und Sie fahren in dem Wagen hauptsächlich alleine. Ist das so richtig?« Der Kunde bejahte.

»Nun, dann darf ich Ihnen Ihr Fahrzeug einmal zeigen«, meinte Hausich.

Jochen schmunzelte, als er merkte, dass Hausich von »Ihr Fahrzeug« sprach. Dem Kunden war es gar nicht aufgefallen. »Sehr saubere Bedarfserhebung«, dachte er anerkennend.

Hausich führte den Kunden ums Fahrzeug herum und ließ ihn selbst alles angreifen und ausprobieren. Er öffnete die Motorhaube. »Zufällig ist das der 150-PS-Benziner. Sie sehen, hier sind die Pferde am Werken, die dafür sorgen, dass sich etwas tut, wenn Sie das Gaspedal treten. Wie gefällt er Ihnen?« Der Kunde betrachtete den fabrikneuen Motor bewundernd.

Als sich der Kunde hineinsetzte, setzte sich Hausich auf den Beifahrersitz und sagte: »Merken Sie, wie bequem Sie hier sitzen? Das sind die Sportsitze. Die höheren Seiten verleihen dem Sitz eine Schalenform, die Ihnen auch bei längeren Strecken viel mehr Sitzkomfort bietet als ein normaler Sitz. Wie fühlt sich das an?«

Der Kunde rückte ein wenig hin und her und stellte den Sitz ein. »Sehr bequem, die Unterstützung bei der Lendenwirbelsäule ist auch gut.«

»Und hier haben Sie die Fahrerairbags, vorne, seitlich und oben, die mit der großen Knautschzone für die nötige Sicherheit im Falle eines Unfalls sorgen. Ist Ihnen das wichtig?« Der Kunde nickte abermals.

»Was halten Sie von einer Probefahrt? Ich habe ein ähnliches Modell draußen.«

»Jetzt gleich?« – »Wenn Sie Zeit haben, gerne.« Eine halbe Stunde später waren sie zurück, und der Kunde war sichtlich angetan von dem Fahrzeug.

»Nun, wie gefällt er Ihnen?«, fragte Hausich. »Alles in allem ganz gut, was allerdings gewöhnungsbedürftig ist, ist die

Schaltung. Die hakt manchmal etwas.« – »Ah, verstehe, die Schaltung hakt manchmal etwas«, wiederholte Hausich, was der Kunde gesagt hatte. »Und was halten Sie vom Sitzkomfort, jetzt nachdem Sie gefahren sind?« – »Den finde ich gut.« – »Und der Motor? Hat sich genug getan, wenn Sie aufs Gas gestiegen sind?« Der Kunde grinste. »Definitiv.« Und hatte auf seinen Einwand mit der Schaltung inzwischen ganz vergessen.

»Wann brauchen Sie das Fahrzeug denn?«, ging Hausich elegant zum Verkaufsabschluss über.

»Als ob es das Selbstverständlichste auf der Welt wäre, dass der Kunde kauft«, dachte Jochen bewundernd.

»Nun, in vier Wochen. Da muss ich meinen jetzigen Wagen an den Käufer übergeben.« – »Uh, das wird knapp«, meinte Hausich, und der Kunde zuckte merkbar zusammen. »Aber wenn wir heute noch die Bestellung machen, dann kann es sich ausgehen. Darf ich Sie an meinen Schreibtisch bitten?«

Jochen sah einen Kunden, mit dem er einen Termin hatte, zur Tür hereinkommen und konnte so das Gespräch nicht weiter mitverfolgen. Er war sich aber sicher, dass Hausich abschließen würde. »Der ist wirklich verdammt gut. Kein Wunder, dass er so viel verkauft«, dachte er noch einmal voll Bewunderung, bevor er sich dem Kunden zuwandte mit dem Vorsatz, es Hausich gleichzutun.

Es war 18.30 Uhr, bis sie den Schauraum verlassen konnten und zu dem Café an der nächsten Ecke hinübergingen. »Ich habe ein Verkaufsgespräch von dir heute mitverfolgt. Das mit dem Kunden, der den ZR 100 wollte. Hat der gekauft?«

»Na, was denkst du denn? Das war mir schon klar, als er hereinkam. Manchmal spür ich das.« – »Und Rabatt?« – »4,5 Prozent.«

»Wow, das gibt eine gute Provision«, meinte Jochen. Das Provisionssystem war so gestaltet, dass der Verkäufer am Deckungsbeitrag gemessen wurde. Und dieser war bei 4,5 Prozent deutlich höher als bei sechs Prozent, dem Höchstsatz. Die Provision war damit zirka 30 Prozent mehr.

Sie bestellten zwei kleine Bier und stießen an. »Das haben wir uns verdient«, meinte Hausich. »Du hast ja heute auch einen verkauft.«

»Nicht ganz, aber der Kunde wird am Montag kommen, den Kaufvertrag zu unterschreiben. Danke übrigens nochmals, dass du dir Zeit genommen hast für mich.«

»Gerne, solange die Biere auf deine Rechnung gehen«, grinste Hausich, der Mitte 50 und schon eine halbe Ewigkeit im Autogeschäft war.

»Wie ich schon erwähnt habe, würde ich gerne wissen, wie du es machst, dass du Jahr für Jahr so viele Autos verkaufst.«

»Manchmal frage ich mich das selbst«, entgegnete Urs Hausich, »aber es gibt so ein paar Grundregeln, die ich im Laufe der Jahre erlernt habe und mit denen ich gut fahre.« – »Und welche sind das?«

»Grundregel Nummer eins: Der Kunde hat immer Recht!« – »Das heißt, wenn der Kunde meint, zehn Prozent Rabatt wären angebracht, dann kriegt er die?«, fragte Jochen leicht zynisch.

»Nein, natürlich nicht«, entgegnete Hausich. »Was damit gemeint ist, ist Folgendes: Kunden bringen alle möglichen Einwände während eines Gesprächs. Viele Verkäufer haben den Drang, dagegen zu argumentieren, weil sie ja auch meinen, die besseren Argumente zu haben. Was dann leicht passiert, ist, dass ein Streitgespräch zustande kommt und der Kunde immer mehr Argumente für seinen Standpunkt sucht und findet. Am Ende verliert in jedem Fall der Verkäufer. Wenn der Kunde die besseren Argumente hat, verliert der Verkäufer. Wenn der Verkäufer die besseren Argumente hat, gewinnt er zwar die Schlacht, aber verliert den Krieg, weil oft die einzige Möglichkeit des Kunden darin besteht, nicht zu kaufen, um es dem Verkäufer heimzuzahlen. Das heißt, der Verkäufer kann nur verlieren. Und oft sind es Dinge, die der Kunde gar nicht so wichtig nimmt und einfach so dahinsagt, die den Ausgangspunkt darstellen.«

Jochen erinnerte sich an den Einwand des Kunden in Bezug auf die Schaltung, die hakt, im Gespräch, das er an diesem Tag mitverfolgt hatte. Hausich hatte einfach nur verstanden und mit einer Frage das Thema gewechselt. Der Einwand war nicht wieder gekommen. Manch anderer Verkäufer hätte da zu argumentieren begonnen, dass die Schaltung gar nicht hakt. »Ich verstehe, was du meinst.«

»Was mir anfangs am schwersten fiel, war, diesen ›Recht haben wollen‹-Knopf bei mir außer Betrieb zu setzen, damit ich nicht jedes Mal zu argumentieren anfing, sobald ein Kunde darauf drückte.«

Jochen kannte den Knopf auch bei sich und nickte zustimmend. »Und Regel Nummer zwei?« – »Grundregel Nummer zwei? Lass mich dir eine Frage stellen: Welches Fahrzeug verkaufst du am liebsten?«

»Nun, am liebsten den ZR 200. Da ist was in der Kasse, und das Preis-Leistungs-Verhältnis für den Kunden ist top. Wieso?«

»Nun, Grundregel Nummer zwei lautet: Ein guter Verkäufer verkauft immer das am liebsten, was der Kunde haben möchte. Das ist das, was zählt. Finde heraus, was er will, und gib ihm das dann. Das Einfachste auf der Welt. Warum, denkst du, verkaufe ich so viel mehr ZR 100 als du und du mehr 200 als die anderen?«

Jochen überlegte kurz. Da war schon was dran. Die Verkäufer versuchten sehr oft, dem Kunden das schmackhaft zu machen, was ihnen selbst am besten gefiel, und sie gingen viel zu wenig darauf ein, was der Kunde eigentlich wollte. »Ja, da kannst du Recht haben.« – »Sicher sogar. Und Regel Nummer drei lautet: Wenn der Kunde kaufen will, halte ihn nicht davon ab.«

»Macht das jemand?«, meinte Jochen und schmunzelte. »Das passiert leider dauernd. Kunden wollen kaufen, und Verkäufer lassen sie nicht.« – »Warum das?« Jochen verstand noch nicht ganz. »Weil sie es entweder nicht mitkriegen, viel zu sehr mit sich selbst beschäftigt sind, anstatt Augen und Ohren aufzusperren. Oder weil sie Angst haben und nicht zum Abschluss übergehen. Solange man das tolle Fahrzeug präsentiert, ist man ja auf der sicheren Seite. Da kann der Kunde noch nicht ›Nein‹ sagen«, bemerkte Urs zynisch. »Du glaubst nicht, wie viele Abschlüsse ich mit Kunden mache, die sich woanders haben beraten lassen, aber der Verkäufer wollte sie nicht kaufen lassen. Das macht sicher ein Drittel meines Umsatzes.« Jochen war ernsthaft erstaunt. »Ein Drittel deines Umsatzes?«, wiederholte er. »Leicht, wenn nicht mehr«, bekräftigte Urs.

»Und Regel Nummer vier?« – »Keine Regel Nummer vier. Der Rest ist Übung und harte Arbeit.« Urs griff zu seinem Bier, trank den Rest mit einem Zug aus und deutete der Kellnerin, ihm noch eines zu bringen. »Ist das alles?«, fragte Jochen etwas ungläubig. »Soweit es mich betrifft, ja.«

»Ich habe heute auch beobachtet, dass du sehr genau spiegelst.« – »Dass ich was?«, fragte Urs kopfschüttelnd. »Dass du spiegelst.« Jochen merkte, dass Urs den Begriff offenbar nicht kannte, und erklärte ihm das Konzept.

»Aha, und das hast du also beobachtet?«, fragte Urs etwas skeptisch.

Jochen nickte. »Du machst das ausgezeichnet.« Es bestätigte ihn darin, dass Spiegeln etwas ganz Natürliches war, was von exzellenten Verkäufern eingesetzt wurde, ohne dass sie es wussten. »Na dann wird's wohl so sein.«

»Sag mal, du machst ja eine Menge Geschäft mit Firmenkunden. Wie bist du zu denen gekommen?« – »Ich habe die akquiriert. Bin rausgefahren und habe mir die Aufträge geholt. Ist schon einige Jahre her, und seither bestellen sie brav jedes Jahr. Der Aufwand, sie zu kriegen, war relativ hoch, der, sie zu behalten, ist minimal.«

»Eigentlich nahe liegend«, dachte Jochen. »Nur, kaum jemand macht das in der ganzen Branche. Es gibt ganz wenige Fuhrparkverkäufer und Firmenkundenbetreuer bei den Autohändlern, und die sitzen meist bei den ganz Großen und wurden extra dafür eingestellt. Vielmehr ist es Normalzustand, dass die Verkäufer im Schauraum sitzen, wie die Spinne im Netz, und warten, bis Kunden kommen. Jeder hat Angst hinauszugehen, weil es unbekanntes Terrain ist und man inzwischen ja einen Kunden im Schauraum verpassen könnte.« Schlagartig setzte sich dieser Gedanke in seinem Kopf fest: »Rausgehen, Firmenkunden akquirieren.« Und es war beschlossene Sache, er musste nur noch seinen Chef davon überzeugen, was nicht zu schwierig sein sollte.

»Danke, Urs, du hast mir sehr geholfen«, sagte er nochmals, als sie sich verabschiedeten. »Gern geschehen, keine Ursache. Danke für die Einladung.«

Vor dem Schlafengehen schrieb er noch in sein Erfolgstagebuch, das inzwischen schon so zur Routine geworden war wie Zähneputzen.

✓ **Der Kunde hat immer Recht.**
✓ **Ein guter Verkäufer verkauft das am liebsten, was der Kunde haben möchte.**
✓ **Wenn der Kunde kaufen will, halte ihn nicht davon ab.**

Er hatte den Eindruck, dass er an diesem Tag einiges gelernt hatte, und schlief zufrieden mit sich selbst ein.

## Donnerstag, 9. Februar 2006

Donnerstag früh verzichtete Jochen aufs Joggen, das Wetter war abscheulich, nasskalt und Regen. Stattdessen nutzte er die halbe Stunde, die ihm noch blieb, um das Kapitel übers Spiegeln in »Die letzten Geheimnisse im Verkauf« nochmals zu lesen und sich die vorgeschlagenen Übungen durchzusehen. Dabei fiel ihm auf, dass er sich mit dem Spiegeln der Atmung, was auch ein Thema des Monats war, noch gar nicht beschäftigt hatte, und nahm sich vor, darauf zu achten.

Der Februar war gut angelaufen. Er hatte schon drei Neufahrzeuge verkauft, und weitere drei waren unterschriftsreif. Diese würde er wohl nächste Woche abschließen können, dachte er zuversichtlich.

Nach Geschäftsschluss beschloss er, eine Kleinigkeit essen zu gehen, da in seinem Kühlschrank gähnende Leere herrschte und die Supermärkte schon geschlossen hatten. Es gab da ein neues Lokal, das ein Bekannter eröffnet hatte. Er war schon zweimal dort gewesen und mochte die Atmosphäre. Das Essen war gut, wenn auch ungewöhnlich, da die Köchin ein Faible fürs Experimentieren hatte.

Als er um 19.30 Uhr hinkam, war das Lokal noch ziemlich leer. Ein paar Männer in Anzügen standen an der Bar und unterhielten sich lautstark. Es ging um Politik, wie Jochen mitbekam. Er setzte sich an einen Tisch im hinteren Bereich. Dort konnte er ungestört essen und Zeitung lesen. Fünf Minuten nach ihm kam eine Frau zur Tür herein, blickte sich um und setzte sich dann an den Nebentisch. Sie war keine ausgesprochene Schönheit, doch sie hatte etwas, das die Männer an der Bar veranlasste, sich nach ihr umzudrehen, aber dazu bedurfte es möglicherweise nicht viel.

Sie blätterte in der Speisekarte. Jochen hatte schon bestellt, Hühnerbrust in Honigkruste gebraten mit Apfelpüree, und blickte zu der Frau am Nebentisch hinüber, sodass es nicht groß auffiel. Sie war etwa Mitte 30, hatte eher kurze, kohlschwarze Haare und war sehr schlank, manche würden sagen dünn, eigentlich zu dünn für Jochens Geschmack. Sie hatte aber dennoch eine gute Figur. Und da war etwas an ihr, das ihr eine interessante Ausstrahlung verlieh. Jochen beschloss kurzerhand, die Gelegenheit zu nutzen und seine Sitznachbarin zu spiegeln, während er aufs Essen wartete. »Was im beruflichen Bereich so gut funktionierte, musste sich doch auch privat gut einsetzen lassen«, dachte er mit einem Lächeln.

## Freitag, 10. Februar 2006

Er hätte fast verschlafen, was ihm selten passierte. Den Wecker hatte er zwar gehört, aber abgestellt und weitergeschlafen. »Drei Stunden sind eben zu wenig«, dachte er und erinnerte sich dabei an die letzte Nacht. Es hatte nicht lange gedauert, und die Frau mit den schwarzen Haaren, Nadine hieß sie, wie er später erfuhr, hatte ihn angesprochen, und sie hatten gemeinsam zu Abend gegessen. Er hatte die ganze Zeit weitergespiegelt, auf Teufel komm raus, und beide hatten rasch das Gefühl, sich sehr gut zu verstehen. Ihm fiel nach einiger Zeit auf, dass er zu führen begonnen hatte. Wann immer er seine Sitzposition änderte, tat sie das auch Momente später, wann immer er lachte, lachte auch sie. Dann wechselte es, und sie führte, dann wieder er. Es war über zwei Stunden hinweg ein ständiges Wechselspiel von Spiegeln und Führen, das sich von ganz alleine ergab.

Auch die Fortsetzung des Abends in ihrer Wohnung stand ganz unter diesem Zeichen. Er hätte nie gedacht, dass das Spiegeln der Atmung sowie das Führen durch die Atmung ein so machtvolles Instrument sein konnten. In dieser Situation hatte er auch keinerlei Schwierigkeiten, ihren Atemrhythmus wahrzunehmen. Er grinste in sich hinein, als er die Ereignisse Revue passieren ließ und sich gleichzeitig dazu anzog, um es gerade noch rechtzeitig zur Arbeit zu schaffen.

## Samstag, 11. Februar 2006

Um 14 Uhr hatte er sich mit Robert verabredet, um mit ihm die Partnerübung zum Thema Pacing zu machen. Er hatte ihm nicht genau gesagt, worum es ging. Da Robert aber üblicherweise immer mit dabei war, wenn es darum ging, Neues auszuprobieren, rechnete er stark damit, dass er mitmachen würde.

»Was, eine Stunde lang soll ich dich nachäffen?«, fragte Robert ungläubig und schüttelte den Kopf. »Nein, nur 30 Minuten, dann bin ich dran. Und es ist nicht ›Nachäffen‹«, verteidigte Jochen seine neueste Errungenschaft. »Spiegeln oder Pacing heißt das.« – »Okay, okay, Spiegeln also«, sagte Robert, der noch immer nicht vom Sinn des Ganzen überzeugt war. Aber dennoch würde er mitmachen.

Da fiel Jochen ein, dass er ja genau die Geschichte hatte, die Robert sicher überzeugen würde, und er erzählte ihm von seinem Erlebnis vorletzte Nacht mit Nadine. Robert hörte grinsend zu. »Und das dir, der sonst nie eine Frau kennen lernt in einem Lokal. Dann muss ja wohl was dran sein, lass uns loslegen. Und ich kann jetzt eine halbe Stunde alles machen, und du musst alles nachmachen?«

»Ja, aber denk daran, dass wir dann die Rollen tauschen, also, beherrsche dich ein wenig.« – »Ja, ja, also los geht's.«

Sie hatten eine Menge Spaß und ernteten viele verständnislose Blicke von Passanten, als sie sich im Gleichschritt durch die Straßen bewegten, ihre Nasen an Auslagen platt drückten, Litfaßsäulen fünfmal umrundeten, sich auf schneebedeckte Parkbänke legten und sich gehetzt umblickten, als ob sie jemand verfolgen würde. Einmal fragten sie denselben Passanten hintereinander nach der Zeit. Dieser war so verdutzt, dass er ihnen bereitwillig Auskunft gab.

Alles in allem war es eine sehr nette Übung, die Jochen nie vergessen würde, da war er sich sicher. Und noch dazu trug sie dazu bei, das Spiegeln noch mehr zu automatisieren.

## Dienstag, 21. Februar 2006

Jochen steckte die Anmeldung für das Verkaufstraining, das vom 17. bis zum 19. März stattfand, ins Fax. Er freute sich schon darauf. Durch die permanente Beschäftigung mit dem Thema Verkauf in den letzten Wochen und die ersten Erfolge, die sich jetzt abzuzeichnen begannen, spürte er, wie er in eine spezielle Dynamik geriet. Neues zu lernen und sich selbst ständig weiterzuentwickeln, war ihm sehr wichtig geworden. So kannte er sich bis jetzt nicht. Er war zufrieden gewesen mit dem, wie es war. Jetzt hatte er Blut geleckt und gemerkt, dass es noch so unendlich viel mehr zu wissen und zu können gab, als er noch vor drei Monaten überhaupt gedacht hätte. Und das war aufregend. Manchmal fühlte er sich ein bisschen wie mit speziellen Superkräften ausgestattet durch das neue Wissen, das er sich angeeignet hatte, und das war ein angenehmes Gefühl, er wollte definitiv mehr davon, es war zu einer Art Sucht geworden, die ihn ständig weitertrieb und voranzog.

Er hatte die letzten Wochen viel gespiegelt, vor allem Körpersprache. Überall fand er Gelegenheiten zu üben, bei Kunden, bei Kollegen, bei Freunden und Verwandten, bei Menschen in öffentlichen Verkehrsmitteln, beim Warten an der Supermarktkasse, beim Chef etc., und er hatte ausschließlich positive Ergebnisse damit erzielt. Kein einziges Mal hatte er das Gefühl, dass es jemand bemerkt und deshalb negativ reagiert hätte. Ganz im Gegenteil: Es fiel niemandem auf und verhalf Jochen binnen kürzester Zeit, eine Beziehung zu seinem Gegenüber auf einer unbewussten Ebene aufzubauen. Die Kommunikation funktionierte so viel leichter und besser.

Anfangs hatte er noch Probleme gehabt, sich auf das Gespräch und das Spiegeln gleichzeitig zu konzentrieren. Aber sehr bald hatte er das Spiegeln schon so weit automatisiert, dass er es locker nebenbei machen konnte und dabei voll konzentriert auf das Gespräch war. Manchmal fiel ihm schon gar nicht mehr auf, dass er spiegelte, und das war gut so. Es machte richtig Spaß, vor allem, als er zu merken begann, welche Vorteile es ihm brachte.

Der andere Kollege im Verkauf, der anfangs bei Programm 12 mitgemacht hatte, war schon wieder ausgestiegen. Offiziell hatte er es mit irgendwelchen privaten Schwierigkeiten begründet und dass er jetzt deshalb dafür keinen Kopf hätte. »Das bringt doch nichts«, hatte er im Kollegenkreis verkündet. »Verkaufen kann man, oder man kann es nicht, da gibt es nicht wirklich etwas zu lernen, das ist Veranlagung, und außerdem verbringe ich schon genug Zeit mit dem Job.« – »Alles faule Ausreden für deine Faulheit und Unfähigkeit, so ein Programm durchzuziehen«, dachte Jochen und behielt diese im Kollegenkreis sicher unpopuläre Meinung für sich.

»Wie geht es dir damit?«, fragte einer der anderen Verkäufer und meinte das Programm 12. »Gut, ist okay, ich arbeite mich durch«, untertrieb Jochen bewusst. Es war wichtig für ihn geworden, sich mit seiner Weiterentwicklung zu beschäftigen. Einen Moment lang verspürte er den Drang zu missionieren, ließ es aber dann bleiben und wechselte rasch das Thema. »Und was sagst du zu der neuen Marketingkampagne für den ZR 100?«

Abends schrieb er in sein Erfolgstagebuch:

+ **Nach jedem meiner heutigen Verkaufsgespräche eine kurze Reflexion des Gesprächs gemacht und meine Erkenntnisse schriftlich festgehalten**
+ **Drei Probefahrtstermine mit potenziellen Kunden vereinbart**
+ **Für das Verkaufstraining angemeldet**
! **Zeit für B-Aktivitäten (wichtig, aber nicht dringend) einplanen**
✓ **»Nichts macht erfolgreicher als Erfolg.«**

## Donnerstag, 23. Februar 2006

Obwohl das Geschäft insgesamt zäh war, lief es bei Jochen ausgezeichnet. Seine Überlegung war die: Pro Monat wurden insgesamt etwa 30.000 Neuwagen zugelassen. Wenn jetzt diese Zahl aufgrund schwacher Nachfrage auf 28.000 sank, so sagte das überhaupt nichts darüber aus, ob er acht, zehn oder 15 Autos verkaufen konnte. Das war so ein winziges Stück vom Gesamtkuchen, dass er sich seine Konjunktur gut selbst machen konnte, und das tat er auch.

Bis zu diesem Tag hatte er sage und schreibe neun Neuwagen und sechs Gebrauchte verkauft. Der Schnitt der anderen Verkäufer lag bei fünf. Nur Urs war gleichauf mit ihm. »Du wirst ja richtig gut, mein Junge«, hatte Urs zu ihm gesagt und ihm anerkennend auf die Schulter geklopft. »Danke. Man tut, was man kann«, bemerkte Jochen trocken, wuchs aber innerlich zehn Zentimeter durch dieses Lob. »Das hast du jetzt davon, dass du mir deine Geheimnisse verraten hast«, fügte er lächelnd hinzu. »Tut nichts zur Sache, ich denke, es ist genug für alle da. Das Geld liegt auf der Straße, wir müssen uns nur bücken und es aufheben.«

Auch beim Telefonieren zeigten sich die ersten Erfolge. Jochen hatte sich im Februar richtig reingekniet und 100 Zielpersonen erreicht, was ein schönes Stück Arbeit gewesen war. Dafür hatte er in etwa 300 Anrufe tätigen müssen. Das war sehr mühsam, aber da an manchen Wochentagen tagsüber im Schauraum wenig los war, hatte er ohnehin Zeit. Und anstatt sie mit Rauchen, Kaffeetrinken und kollektivem Jammern zu verbringen, wie die meisten seiner Verkäuferkollegen, telefonierte er eben. Das Resultat waren zehn Termine für Probefahrten. »Etwas kümmerlich die Ausbeute«, dachte Jochen, »das muss noch besser werden.« Immerhin war es ungefähr dreimal so viel wie bei den meisten seiner Kollegen, die das Telefon mieden wie der Teufel das Weihwasser. Er erhoffte sich unter anderem von dem Verkaufsseminar eine nützliche Anregung, um seine Erfolgsquote beim Telefonieren zu steigern.

## Montag, 27. Februar 2006

»Na, dann erzählen Sie mal, Herr Berger, wie war der Februar für Sie?«, startete Horst Bayer ziemlich direkt ins Programm-12-Monatsgespräch mit Jochen.

»Alles in allem toll. Die Umsätze sind sehr gut. Ich werde wahrscheinlich zehn Neuwagen und sieben Gebrauchte im Februar verkaufen. Mit dem Monatsthema in ›Die letzten Geheimnisse im Verkauf‹ habe ich mich sehr intensiv beschäftigt und viel geübt.«

»Und?«

»Ich habe den Eindruck, es klappt sehr gut, und es hilft, sehr rasch einen guten Draht zum Gesprächspartner zu finden. Inzwischen merke ich es nicht einmal mehr, wenn ich es mache.« Dabei fiel ihm auf, dass auch sein Chef und er sich die ganze Zeit über spiegelten.

»Schön, freut mich zu hören. Was, würden Sie sagen, sind so Ihre Hauptlernerfahrungen im Februar gewesen?«

Jochen dachte kurz nach. »Ich glaube, ich habe vor allem erkannt, dass es noch viel mehr zu wissen und können gibt, als ich dachte. Ich habe immer geglaubt, dass ich, was den Verkauf angeht, auf einem guten Niveau war, habe jetzt aber festgestellt, dass ich noch viel zu lernen habe.«

»Das ist eine sehr wichtige Erkenntnis«, bekräftigte ihn sein Chef. »Sie ist die Basis für alles weitere Lernen. Menschen, die diese Erkenntnis nicht haben und glauben, Sie wüssten oder könnten schon alles, werden kaum etwas dazulernen.«

»Und was können Sie anders machen aus den bisherigen Erfahrungen heraus?« – »Nun, ich habe noch Potenzial, was die Telefonakquisition angeht. Ich schaffe im Moment zehn Prozent Termine von den erreichten Zielpersonen.« – »Das ist nicht schlecht.« – »Ja, und ich glaube, es geht noch wesentlich besser. Ich muss schon verdammt viel telefonieren für einen Termin.« – »Wo wollen Sie hinkommen diesbezüglich?« – »20 Prozent wären toll, jeder Fünfte.« – »20 Prozent wären beachtlich, ich kenne Verkäufer, die das schaffen. Ich denke, da wird Ihnen das nächste Kapitel von ›Die letzten Geheimnisse im Verkauf‹ viel weiterhelfen«, meinte Bayer.

»Und da ist noch etwas, was ich mit Ihnen besprechen möchte«, ergänzte Jochen …

»Und das wäre?« – »Ich denke, wir haben Potenzial im Flottenbereich. Ein paar der neuen Modelle im Pkw- und Van-Bereich haben viel zu bieten für Außendienstmannschaften und Servicetechniker. Ich will Firmenkunden.«

»So, Sie wollen Firmenkunden. Und wie wollen Sie diese bekommen?« – »Nun, ich habe schon einen Plan. Ich habe mir vorgestellt, dass wir eine Auswahl treffen und passende Adressen zukaufen. Mit diesen möchte ich dann ein mehrstufiges Direct Mailing machen und dann telefonisch nachfassen.«

»Und wer sollte das tun?« – »Ich würde den Brief texten, und beim Versand kann uns ja vielleicht Frau Mittermüller helfen. Es geht um keine großen Mengen, so viele halt, dass ich sie dann in überschaubarer Zeit nachtelefonieren kann. Ich möchte ganz gezielt Firmen ansprechen, für die unser Angebot gut passen kann.«

»Hmmm, ja, und dann?« – »Ich habe mir gedacht, ich gehe in den Außendienst. So vier bis fünf Termine pro Monat mit Firmenkunden möchte ich machen, wenn es geht, ein paar mehr.«

»Und wann wollen Sie das beginnen?« – »Am liebsten gleich, dann könnte ich Ende März, Anfang April meine ersten Termine haben.« – »Sie sind der Erste, der diesbezüglich auf mich zukommt. Die anderen wollen lieber im Schauraum verkaufen. Haben Sie keine Angst, dass Sie Umsatz verlieren in der Zeit, in der Sie nicht hier sind?«, fragte Bayer etwas provozierend.

»Kann schon sein, dass ich den einen oder anderen Kunden hier verpasse, aber ich bin überzeugt, dass wir viel mehr Potenzial im Flottengeschäft haben, und da das niemand wirklich aktiv betreibt, möchte ich das gerne tun.«

»Okay, meinen Segen haben Sie. Legen Sie mir das Mailingkonzept vor, sobald Sie es haben, und halten Sie mich über den

Stand der Dinge einmal pro Woche auf dem Laufenden. Firmenkunden sind zum Teil ganz anders zu behandeln. Wenn ich Sie da unterstützen kann, dann lassen Sie es mich wissen. Kann manchmal Sinn machen, dass wir den einen oder anderen Termin gemeinsam machen.«

»Danke. Ich werde Sie auf dem Laufenden halten.« Jochen verließ das Büro des Chefs mit dem Gefühl, dass er wieder einen großen Schritt vorwärts gemacht hatte.

# März – Pacing/Leading/Rapport Teil 2

»Denken wie die wenigsten, reden wie die meisten.«

*Balthasar Gracian*

## Mittwoch, 1. März 2006

Jochen saß bei einer Pizza und überflog nochmals die Absätze, wo es um Stimme/Sprechweise und die Sprache ging. Er hatte sie zwar schon letzten Monat gelesen, aber die Übungen zu Monat 3 bezogen sich darauf, und eine kurze Wiederholung war daher sehr förderlich.

## Stimme/Sprechweise

Was das Pacing der Stimme und der Sprechweise angeht, so kann dies in folgenden Faktoren erfolgen:

- Höhe (hoch – tief)
- Klangfarbe (schrill – voll – rund – sonor …)
- Sprechtempo (schnell – langsam)
- Sprechrhythmus (variantenreich – rhythmisch – monoton)
- Lautstärke (laut – leise)
- Sprechpausen (wenige – viele; lange – kurze)
- Akzent

Achten Sie zuerst auf die speziellen Charakteristika der Stimme. Diese sind wichtig für das Pacing, Sie müssen nicht in allen Faktoren spiegeln. Wenn also jemand besonders laut, leise, rhythmisch, mit langen Pausen etc. spricht, dann gilt es, sich vom Gesamteindruck her dieser Stimme und Sprechweise anzupassen.

Akzente zu spiegeln ist im Normalfall nicht zu empfehlen, es sei denn, man stammt aus der Gegend und beherrscht den Akzent entsprechend gut. Ansonsten kann es sehr rasch aufgesetzt und unglaubwürdig wirken.

Männer und Frauen haben von Natur aus ein unterschiedliches Stimmspektrum. Eine Frau wird daher kaum die tiefen Töne eines Mannes erreichen und sollte das auch nicht tun. Es reicht, wenn sie am unteren Ende ihres eigenen Spektrums spricht, um sich einem tief sprechenden Mann anzupassen.

✦ ✦ ✦

Er musste gestehen, er hatte nie so darauf geachtet. Wenn er jetzt gedanklich einige der Leute, die er kannte, sprechen ließ, stellte er fest, dass teilweise tatsächlich sehr große Unterschiede in der Stimme und Sprechweise feststellbar waren. Eine seiner Kundinnen sprach extrem schnell, hoch und schrill, was extrem unangenehm sein konnte, aber immerhin kaufte sie. Einer der Kollegen wiederum schlief fast ein beim Sprechen, so langsam sprach er, dabei aber tief und mit einer Betonung, die Jochen immer sehr viel Vertrauen vermittelte.

Er nahm sich vor, in Zukunft gezielt auf die Stimme seiner Gesprächspartner zu achten. Diese zu spiegeln stellte er sich schwierig vor, einfach, weil es viel Konzentration erforderte und einige Übung im Anpassen der eigenen Stimme. Andererseits hätte er vor zwei Monaten auch nicht gedacht, dass er die Körpersprache seiner Gesprächspartner spiegeln kann, und jetzt war es ihm schon in Fleisch und Blut übergegangen. Er las weiter.

## Sprache

Abgesehen von der Stimme und der Sprechweise können auch die Worte zum Pacing verwendet werden. Im Speziellen betrifft das

- Lieblingswörter,
- Fachausdrücke und
- Hauptsinneskanäle (Repräsentationssysteme).

*Lieblingswörter*

Jeder von uns hat so seine Lieblingswörter. Das können Hauptwörter, Zeitwörter, Eigenschaftswörter etc. sein. Manche Leute sagen gerne »phänomenal« oder »exorbitant«, andere wiederum verwenden Wörter wie »weswegen« oder »nichtsdestotrotz« auffallend oft und gerne. Für einen guten Rapport ist es nützlich, diese ab und an in die eigene Wortwahl einzubauen.

Statt »Ich habe hier ein **tolles** Angebot für Sie vorbereitet!« – »Ich habe ein **phänomenales** Angebot für Sie vorbereitet!«.

Es können natürlich auch ganze Redewendungen sein, die gerne verwendet werden, zum Beispiel: »Ich habe das alles im Griff!«, »Das haut mich nicht um!«

*Fachausdrücke*

Für Fachausdrücke gilt im Prinzip dasselbe wie für Lieblingswörter, nur noch im verstärkten Ausmaß. Beobachten Sie einmal, wie gut der Rapport zwischen zwei Personen ist, die ganz klassisch »fachsimpeln«. Fachausdrücke sind ein sehr effizientes Mittel, besonders bei Spezialisten, um guten Rapport aufzubauen.

*Repräsentationssysteme*

Das Pacing durch Verwendung von sinnesspezifischen Worten, die dem Hauptrepräsentationssystem des Gegenübers entsprechen, ist eine sehr mächtige Art zu pacen. Das werden Sie in den nachfolgenden Kapiteln sehr ausführlich erfahren.

Ihm fiel sein Vater ein, der immer »Na, sehr schön« sagte, aber nicht nur, wenn ihm etwas gefiel, sondern sehr oft einfach als Füllwort. »Wahrscheinlich haben wir alle den einen oder anderen Lieblingsausdruck«, dachte er.

Und mit den Fachausdrücken war das so eine Sache. Im Verkauf von technischen Produkten musste man aufpassen, dass man den Kunden nicht damit überfuhr. Nicht alle verstehen die Fachwörter, die für den Verkäufer klar sind. Dann fiel ihm auf, dass er den Abschnitt über das Leading oder auch Führen noch gar nicht gelesen hatte.

## Leading

Sie haben nun sehr viele und sehr ausführliche Möglichkeiten zu spiegeln kennen gelernt. Doch wie schon erwähnt ist das Pacing nur der erste Schritt von einer Strategie, die da lautet:

PACING – PACING – PACING – LEADING

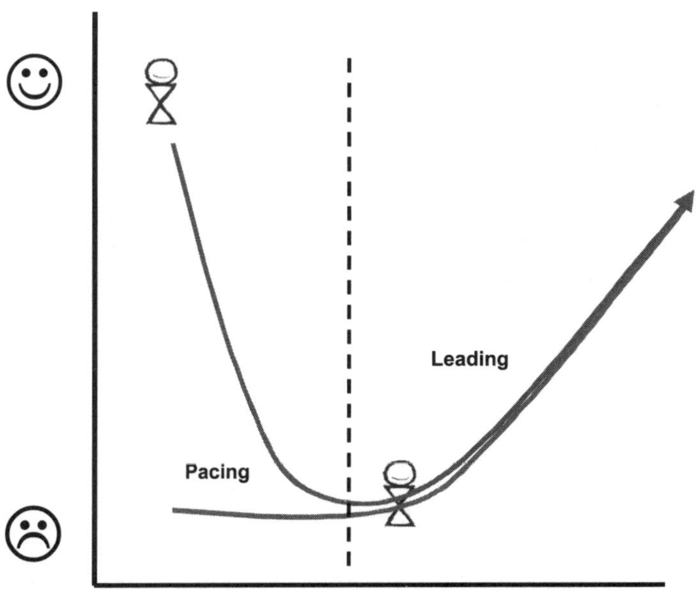

Sie pacen, um eine solide Beziehungsebene und eine exzellente Kommunikation mit Ihrem Gegenüber aufzubauen, um dann zu leaden/führen, Ihren Gesprächspartner in die von Ihnen gewünschte Richtung zu lenken. Sie wollen ihn von Ihren Ideen überzeugen, von etwas abraten, zu einem Ja oder einem Nein (auch das kann Sinn machen) bewegen.

Beim Leading geht es im Prinzip darum, einen inneren Zustand beim Kunden zu erzeugen, in dem er gerne Kaufentscheidungen trifft. Sobald der Rapport stark genug ist (testen Sie ihn, indem Sie die Initiative übernehmen), können Sie beginnen zu führen. Tun Sie das langsam und Schritt für Schritt, dann wirkt es ganz natürlich. Ihr Gesprächspartner wird Ihnen folgen. Die Rollen vertauschen sich – jetzt spiegelt er Sie. Wie das Pacing, ist auch das Leading ein natürlicher Vorgang, der sich zwischen Gesprächspartnern auch automatisch ergibt. In einem längeren Gespräch führen beide oft auch wechselweise.

## Welche Möglichkeiten des Leading gibt es?

Grundsätzlich können Sie mit allem, was Sie pacen, auch leaden. Am sinnvollsten ist es allerdings, gewisse Pacingelemente aufrechtzuerhalten, während Sie mit anderen Kommunikationselementen führen. So sollten Sie weiterhin zum Beispiel die Repräsentationssysteme des anderen pacen, während Sie beginnen, Ihr Produkt und dessen Vorteile zu präsentieren.

Dort, wo Sie keine Änderung brauchen (zum Beispiel bei den Hauptsinnessystemen des Gesprächspartners), bleiben Sie beim Pacing; dort, wo Sie verändern wollen (zum Beispiel beim Inhalt), beginnen Sie zu führen. Das bedeutet, Sie pacen und leaden gleichzeitig, allerdings in verschiedenen Kommunikationskanälen.

Folgende Liste gibt Ihnen eine Idee, welche Kommunikationsformen in der Verkaufssituation eher zum Pacing während des gesamten Verkaufsgesprächs geeignet sind und welche sich gut eignen, um, sobald der Rapport gut genug ist, zu führen. Nochmals ist zu betonen, dass Sie, abhängig von Gesprächspartner und Situation, prinzipiell auf allen Kommunikationswegen pacen sowie leaden können.

**In der Verkaufssituation:**

| *Eher geeignet zum permanenten Pacen* | *Eher geeignet zum Leaden* |
|---|---|
| Körpersprache<br>Stimme/Sprechweise<br>Stimmungen<br>Aussehen<br>Werte<br>Strategien<br>Sinnesspezifische Sprache<br>Metaprogramme | Körpersprache<br>Stimme/Sprechweise<br>Stimmungen<br>Inhalt – Meinungen/<br>Überzeugungen<br>Atmung |

**Leading mit Körpersprache**

Eine Veränderung der Körperhaltung ist ein guter Test, ob der Rapport stark genug ist, und kann so die Phase des Führens einleiten.

Darüber hinaus sind folgende Möglichkeiten im Verkaufsfall besonders praktisch einsetzbar:

- Kopfnicken (Ja) oder -schütteln (Nein)
- Nach vorne lehnen (aus sitzender Position)
- Atmung beschleunigen

*Kopfnicken/-schütteln*

Das Nicken und das Schütteln des Kopfes sind als Zeichen für Ja und Nein sehr stark in uns verankert. Das können wir nutzen, um das Ja, das wir vom Kunden wollen, oder auch das Nein (zum Beispiel zum Konkurrenzprodukt) zu unterstützen. Verbinden Sie einfach Ihre Aussage mit dem jeweiligen Kopfzeichen.

Verkäufer sagt zum Beispiel:

- »Sehen Sie nun, dass diese Lösung perfekt auf Ihre Bedürfnisse abgestimmt ist?« (Er nickt dabei leicht mit dem Kopf.)
- »Sie sagen also, dass Sie ein gutes Gefühl beim Angebot des Mitbewerbers haben.« (Er schüttelt dabei den Kopf.)

Es versteht sich von selbst, dass Sie diese Bewegungen nur sehr leicht ausführen, sodass sie dem bewussten Verstand des Gegenübers nicht auffallen. Das Unbewusstsein wird sie dennoch registrieren und mit diesem Ankerreiz (dazu mehr etwas später) einen gewissen Zustand verbinden.

Bei widersprüchlichen (inkongruenten) Aussagen, wie dem letzten Beispielsatz – der Inhalt meint Ja, die Körpersprache sagt Nein –, vertrauen wir instinktiv auf die Körpersprache. Aus diesem Grund ist es wichtig, dass Ihre Aussagen im Normalfall kongruent sind.

*Nach vorne lehnen*

Wenn zwei Personen sitzend ein Gespräch führen und während der ganzen Zeit über zurückgelehnt sind, dann ist es oft ein Zeichen von Interesse, wenn sich der Kunde nach vorne lehnt. Das kann als Abschlusssignal gesehen werden.

Es eignet sich daher gut als Rapporttest und zum Leaden. Lehnen Sie sich nach vorne und ziehen Sie den Kunden mit. Wie Sie ja wissen, erzeugt nicht nur Interesse eine bestimmte Körperhaltung (zum Beispiel nach vorne lehnen), sondern Ihre Körperhaltung wirkt auch auf Ihren inneren Zustand. Das heißt, nach vorne lehnen erzeugt und fördert Interesse. Zusätzlich können Sie das unterstützen, indem Sie dabei *Ihre Atmung beschleunigen.*

## Leading mit der Stimme/Sprechweise

Möglichkeiten, mit Ihrer Stimme und Ihrer Sprechweise zu führen, sind etwa:

- Die Intonation von Sätzen verändern (Frage, Aussage, Befehl)
- Schneller/langsamer sprechen

*Intonation verändern*

Mit Intonation sind die Art der Betonung und die Sprechmelodie gemeint, wenn Sie einen Satz sprechen. Fragen, Aussagen sowie Befehle folgen alle einem bestimmten Muster.

- Bei einer Frage heben wir die Stimme am Ende an.
- Bei einer Aussage bleibt die Stimme gleich.
- Bei einem Befehl senken wir die Stimme am Ende des Satzes.

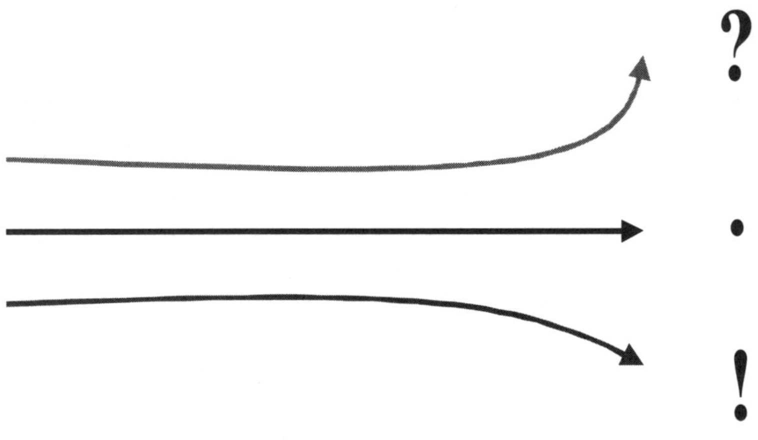


Diese typischen Muster sind so massiv in uns verankert, dass wir sie im Verkauf sehr gut einsetzen können. Sie wirken mehr unbewusst als bewusst. Ein und denselben Satz können Sie als Frage, als Aussage oder als Befehl sprechen und damit eine jeweils ganz unterschiedliche Wirkung erzielen. Unerfahrene oder schlechte Verkäufer präsentieren ihre Produkte oft mit Aussagen, die sie aber wie eine Frage betonen. Sie können sich selbst vorstellen, wie überzeugend das wirkt.

»Ich denke, ich habe hier das optimale Produkt für Sie!«

Sprechen Sie diesen Satz selbst einmal als Frage, einmal als Aussage und einmal als Befehl. Naturgemäß wirkt er als Befehl am stärksten. Das heißt nicht, dass Sie nur mehr in Befehlsform sprechen sollen. Setzen Sie die Intonationsmuster zielgerichtet ein. Sie können diese auch – um die Wirkung zu verstärken – mit den Kopfbewegungen (für Ja und Nein) verbinden.

*Schneller/langsamer sprechen*

Wenn Menschen aufgeregt sind, sprechen sie schneller, wenn sie ruhig und gelassen sind, langsamer als sonst. Ein Produkt zu kaufen kann oft positive Aufregung bedeuten. Man freut sich schon auf den Einsatz dieses neuen, tollen Produkts. Besonders stark ist dieses Verhalten bei Kindern zu beobachten – Ihnen wurde noch nicht abgewöhnt, Ihre Gefühle zu zeigen.

Um Ihren Gesprächspartner in einen Zustand der positiven Aufregung und Spannung zu führen, beschleunigen Sie Ihr Sprechtempo. Besonders bei sehr kinästhetischen (gefühlsbetonten) und passiven Kunden kann diese Vorgehensweise praktisch sein.

Andererseits kann es sinnvoll sein, die Kommunikation etwas zu beruhigen, um den Kunden in Richtung Abschluss zu führen. Speziell bei eher visuellen, hektischen Schnellsprechern könnte dies Sinn machen.

Sprechen Sie langsamer und etwas tiefer, um Ruhe auszustrahlen und Sicherheit zu vermitteln.

## Leading mit Stimmungen

Die Stimmung, in der sich ein Mensch befindet, beeinflusst die Entscheidungen, die er trifft oder nicht trifft, massiv. Ein Kunde, der, gerade bevor Sie gekommen sind, eine schlechte Nachricht erhalten hat, wird – abgesehen davon, dass er vielleicht in Gedanken ganz woanders ist – in keiner guten Stimmung sein, um eine Kaufentscheidung zu treffen (von Ausnahmen, bei denen gerade diese schlechte Nachricht ein guter Motivator für Ihr Produkt oder Ihre Dienstleistung ist, abgesehen).

Wie anfangs erwähnt, sind gutes Pacing der Stimmungslage besonders wichtig und offen zur Schau getragener Optimismus und Frohsinn in dieser Situation kontraproduktiv.

Da Stimmungen nichts anderes als internale Zustände sind, haben Sie hier das ganze Repertoire an Möglichkeiten zur Verfügung. Besonders geeignet dafür ist die Körpersprache – insbesondere das Lächeln.

Schlechte Stimmung ist mit einer ganz typischen Physiologie verbunden – gesenkter Blick, nach vorne geneigter Kopf, hängende Schultern, gebeugter Rücken, heruntergezogene Mundwinkel, gesenkte Stimme. Nicht umsonst sagt der Volksmund zur Aufmunterung »Jetzt lass doch nicht alles hängen – das wird schon wieder!«.

Aus dieser schlechten Stimmung können Sie gut führen, indem Sie Schritt für Schritt (besonders wichtig) Ihre Physiologie (Körperhaltung) auf »positiv« verändern – Blick nach vorne oben, gehobener Kopf, gehobene Schultern, gerader Rücken, Brust heraus, dynamischer Tonfall und LÄCHELN!

### Leading mit Inhalt – Meinungen/Überzeugungen

Leading mit Inhalten und Meinungen ist der eigentliche Kernpunkt des ganzen Verkaufs. Es geht darum, den Kunden von der Meinung des Verkäufers, was das Produkt oder die Dienstleistung angeht, zu überzeugen. »Ja, das Produkt ist gut für mich. Ich kaufe es.« Das ist das Ziel des ganzen Verkaufsgeschehens. Leading mit Meinungen über das Produkt passiert ganz automatisch, indem man es mit seinen Vorteilen und dem Nutzen, den der Kunde davon hat, präsentiert.

## Leading mit der Atmung

Die Atmung ist einer der Faktoren, der unseren inneren Zustand am stärksten beeinflusst. So bewirkt langsame Atmung unmittelbar Entspannung, schnellere Atmung Aufregung. Im Zustand der Aufregung steigt der Puls, und es wird mehr Blut durch den Körper gepumpt. Dafür wird mehr Sauerstoff benötigt. Das passiert, wenn wir einen Menschen sehen, den wir attraktiv finden, wie auch beim Einkaufen, wenn wir das Produkt unserer Wahl entdeckt haben (so gesehen, ist der Unterschied gar nicht so groß). Nicht umsonst heißt es umgangssprachlich *»... das lässt mein Herz schneller (oder höher) schlagen«*.

Um in diesen Zustand überzuleiten, können Sie also Ihre Atmung beschleunigen (langsam natürlich, nicht zu hecheln beginnen). Das lässt sich auch gut kombinieren, indem Sie sich zum Beispiel nach vorne lehnen und etwas schneller sprechen.

✦ ✦ ✦

»Wow«, dachte Jochen und war echt überwältigt, welche Vielzahl von Details es zu (er)kennen und zu beachten gab. Gleichzeitig fühlte er sich wie jemand, der vor einem Berg stand und dem man eine Schaufel in die Hand drückte mit der Aufforderung, den Berg abzutragen. Andererseits war auch das eine Frage der Zeit. Er wusste, wenn er konsequent schaufelte, kam er weiter, Stück für Stück. Vielleicht war es auch nicht so wichtig, ob und wann er den ganzen Berg abtragen konnte oder nicht, vielleicht war es wesentlich wichtiger zu schaufeln.

Eine Idee, die ihm spontan während des Lesens gekommen war, war die, dass das Pacing und Leading mit der Stimme und der Sprache gerade beim Telefonieren von besonderer Bedeutung sein musste, da hier ja die Körpersprache wegfiel. Er beschloss, von nun an beim Telefonieren besonders darauf zu achten. Vielleicht half ihm das, seine Terminquote zu steigern. Da meist er den Kunden anrief und nicht umgekehrt, bekam er ja mit der Meldung des Kunden am Telefon ein Sprachmuster, das er übernehmen und pacen konnte.

Jochen dachte kurz an die Mehrzahl seiner Kollegen, die sich bei diesen Überlegungen wahrscheinlich nur mitleidig an die Stirn fassen würde, schob den Gedanken aber gleich wieder beiseite. Er merkte, dass sich der Abstand zwischen ihm und den anderen immer mehr vergrößerte, da er das Gefühl hatte, sich weiterzuentwickeln, während die anderen sich eher einmauerten und ihre Position verteidigten. »Schade eigentlich. Die wissen nicht, was Ihnen entgeht«, dachte er. Er gab sich allerdings alle Mühe, das nach außen nicht zu zeigen. Er wollte ja nach wie vor Teil des Teams sein, und das gelang ihm sehr gut, obwohl sich die Anzahl der skeptischen und neidischen Blicke und Wortmeldungen in Anbetracht seiner besser werdenden Ergebnisse mehrten. »Es war wie in der Schule«, erinnerte sich Jochen. »Da waren die ›Streber‹ auch verschrien und teilweise ausgegrenzt. Nur dass er in der Schule nie zu den Strebern gehört hatte.«

Er blätterte weiter zu den Übungen im Anhang.

## Übungen Monat 3 – Spiegeln/Pacing – Stimme und Sprache

- Suchen Sie sich einen Übungspartner und üben Sie das Spiegeln der Stimme. Gehen Sie dabei folgendermaßen vor:
  - Verteilen Sie die Rollen – Kunde/Verkäufer.
  - Der Kunde meldet sich am Telefon, der Verkäufer wiederholt genau die Meldung des Kunden (Wort für Wort) und spiegelt dabei die Stimme möglichst exakt in allen Details (Tempo, Stimmlage etc.). Wiederholen Sie das so lange, bis beide finden, dass es genau gleich klingt. Dabei kann es helfen, wenn Sie die Augen schließen, um sich noch besser auf die Stimme konzentrieren zu können.
  - Gehen Sie dann dazu über, dass sich der Kunde am Telefon meldet und der Verkäufer antwortet (wie bei einem realen Telefonat; das heißt, die Worte sind andere) und dabei die Stimme so exakt wie möglich spiegelt.
  - In einer dritten Phase können Sie ein kurzes Gespräch führen, wobei Sie ständig auf das Spiegeln der Stimme achten.

- Nutzen Sie jede Gelegenheit, um das Spiegeln der Stimme und Sprache zu üben – bei Unterhaltungen mit Kollegen, Freunden, der Familie und mit Kunden. Lenken Sie dabei Ihre Aufmerksamkeit auf Details und spiegeln Sie auch diese bewusst.
- Eine gute Möglichkeit, das Spiegeln der Stimme zu üben, gibt es beim Radiohören während des Autofahrens. Wiederholen Sie jeweils Sätze des Sprechers und achten Sie dabei auf die Details der Stimme und spiegeln Sie diese.

## Übungen Monat 3 – Leading/Führen

Führen Sie folgende Übungen mit einem Übungspartner aus, indem Sie die Sätze und Abschnitte wechselweise sprechen (nach jedem Satz oder nach jeder Übung Rollentausch).
Übertreiben Sie dabei in Betonung und Ausdruck mit der Körpersprache und Stimme. Das ist wichtiger, als jeden Satz wortwörtlich zu lesen.

### 1. Von positiver Grundhaltung zur »freudigen Erregung«

Lesen Sie folgenden Abschnitt (Präsentation eines Produkts für einen kinästhetischen Kunden) so, dass Sie im eher langsamen Tempo (mit eher tiefer Stimme) beginnen und kontinuierlich schneller werden, höher sprechen, Ihre Atemfrequenz dabei erhöhen und auch etwas freudige Erregung in Ihrer Stimme mitschwingen lassen (und übertreiben Sie dabei!).

*Lassen Sie mich also nochmals zusammenfassen: Sie und Ihr(e) Partner(in) möchten für zwei Wochen in den Urlaub fahren. Wichtig ist Ihnen, dass Sie Gelegenheit haben, stressfrei auszuspannen. Am liebsten wäre Ihnen ein komfortabler Club mit bequem eingerichteten, sehr geräumigen Zimmern, irgendwo, wo Sie auch im Winter die warme Sonne auf Ihrer Haut spüren können. Vom Budget her können Sie alles bis 2000 Euro pro Person in den Griff bekommen. Habe ich das alles richtig begriffen? (Kunde nickt oder sagt Ja.)*

*Nun, ich habe den Eindruck, da habe ich das Richtige für Sie (nach vorne lehnen und ein Prospekt zeigen, Kunde geht mit): Ich habe das Gefühl, diese Anlage wird auch Sie beeindrucken. Die Zimmer sind bequem und geräumig eingerichtet, sodass Sie sich auf Anhieb wohl fühlen werden. Auf der Terrasse können Sie Ihr Frühstück genießen, während Sie die ersten Sonnenstrahlen auf Ihrer Haut spüren. Der Strand, der direkt davor liegt, eignet sich perfekt zum Schwimmen oder auch, um ausgedehnte Spaziergänge zu machen. Sie können sich aber auch ganz einfach nur entspannen und sich die Sonne auf den Bauch scheinen lassen, während Sie einen eisgekühlten Cocktail trinken. Haben Sie das Gefühl, dass Sie dort Ihren Urlaub verbringen können? (leicht mit dem Kopf nicken)*

## 2. Von hektischer Betriebsamkeit zur »zufrieden stellenden Entscheidung«

Lesen Sie den folgenden Abschnitt (Präsentation eines Produkts für einen visuellen Kunden) so, dass Sie in eher raschem Tempo (mit höherer Stimme) beginnen und kontinuierlich langsamer werden und dabei etwas tiefer sprechen. Dabei atmen Sie automatisch auch etwas ruhiger. Lassen Sie diese Ruhe und die Sicherheit auch in Ihrer Stimme mitschwingen.

*Lassen Sie mich Ihnen also nochmals einen Überblick geben: Sie und Ihr(e) Partner(in) möchten für zwei Wochen in den Urlaub fahren. Ihnen ist wichtig, dass das Wetter auch im Winter schön ist und die Sonne oft scheint. Sie möchten ein helles Zimmer in einem modernen Hotel. Besonders wichtig ist Ihnen dabei, dass Sie vom Balkon aus Meerblick haben. Beim Budget betrachten Sie 2000 Euro pro Person als Ihre Grenze. Sehe ich das richtig? (Kunde nickt oder sagt Ja.)*

*Nun, ich habe da etwas im Auge, das mir für Sie ideal erscheint (nach vorne lehnen und ein Prospekt zeigen, Kunde geht mit): Ich kann mir gut vorstellen, dass Ihnen diese Anlage gefallen wird. Ihr Apartment befindet sich in einer der schönsten Anlagen in der Gegend. Die Räume sind hell und sonnig. Die verwendeten Farben sind perfekt aufeinander abgestimmt. Far-*

*benprächtige Bilder von lokalen Künstlern schaffen ein Ambiente, das Ihren Augen schmeichelt. Von der Terrasse aus haben Sie einen phantastischen Ausblick auf das blaue Meer. Rechts sehen Sie den Jachthafen mit den vielen bunten Schiffen, links den langen weißen Strand, und jeden Abend können Sie mit eigenen Augen miterleben, wie die rote Sonne im Meer versinkt. Ist das eine Anlage, die Sie sich vorstellen können? (leicht mit dem Kopf nicken)*

✦ ✦ ✦

Jochen überlegte, die Übungen wieder mit Robert als Sparringpartner durchzuführen; nachdem er letztes Mal schon mitgemacht hatte, war er sicher leicht zu überzeugen.

In Anbetracht des letzten gelesenen Abschnitts schrieb er in sein Erfolgstagebuch als Lernerfahrung eines von den wenigen Dingen, die ihm aus dem Lateinunterricht, den er vier Jahre genossen hatte, hängen geblieben war:

✓ **»Scio me nihil scire« – Ich weiß, dass ich nichts weiß**

Und er hatte das Gefühl, dass das eine gute Basis für alles Weitere sein konnte.

## Freitag, 10. März 2006

Die letzten Tage waren gut gelaufen, was das Telefonieren anging. Er hatte schon zehn Probefahrtstermine seit dem Monatsbeginn vereinbart, allein durch das Durchrufen seiner Kundendatenbank. In den letzten Tagen hatte er sich dabei sehr stark auf das Pacing der Stimme seines Gesprächspartners konzentriert – neben anderen Einzelheiten, die er gelernt hatte, seit er so viel telefonierte. Zum Beispiel hatte er vor drei Monaten noch versucht, am Telefon Sachargumente für das Fahrzeug rüberzubringen. Das hatte er inzwischen ganz aufgegeben. Das einzige Ziel des Telefonats war, mit dem Kunden einen Termin zu vereinbaren, nicht mehr, aber auch nicht weniger. Alles andere war dann Sache des persönlichen Gesprächs.

Auch die Anzahl derer, die zum vereinbarten Termin nicht erschienen, hatte abgenommen, speziell, seit er nach jeder Terminvereinbarung eine schriftliche Bestätigung an den Kunden schickte.

Der starke Anstieg seiner Terminabschlussquote, die sich in den letzten Tagen bei etwa 15 Prozent eingependelt hatte, war Jochens Ansicht nach auf das Spiegeln der Stimme zurückzuführen. Was er sich Anfangs so schwer vorgestellt hatte, fiel ihm mit jedem Telefonat immer leichter und leichter. Speziell die ersten paar Sätze schienen entscheidend.

Ihm war auch zuvor nie aufgefallen, dass die Stimme und Sprechweise seiner Gesprächspartner so unterschiedlich waren. Von träge und behäbig bis hektisch und gehetzt, von sonor und voll bis hoch und schrill, von beinahe flüsternd bis zu einer Lautstärke, bei der er sich den Hörer ein Stück vom Ohr weghalten musste. Auch in all seinen persönlichen Gesprächen fiel ihm das jetzt auf, es begann sich ein Automatismus des genauen Hinhörens zu entwickeln. Er konnte gar nicht anders. Dadurch eröffnete sich ihm eine ganz neue Welt, die bisher zwar auch da gewesen war, die er aber noch nie wahrgenommen hatte.

Vor kurzem hatte er in einem Artikel gelesen, dass zirka zwölf Millionen Informationseinheiten pro Sekunde auf uns einstürzen. Das meiste davon (zirka zehn Millionen) auf dem visuellen Kanal, die restlichen zwei Millionen verteilt auf die anderen Sinneskanäle. Das Interessante daran war, dass wir aber mit unserem bewussten Verstand nur etwa 16 bis 40 Informationseinheiten pro Sekunde verarbeiten konnten. Das war weit weniger als ein tausendstel Prozent. Alles andere wird vom Bewusstsein ausgeblendet. Und je nachdem, wo man seine Aufmerksamkeit hinlenkte, eröffnete sich einem eine ganz neue Welt der Wahrnehmung. So gesehen haben wir niemals die Möglichkeit, die Wirklichkeit wahrzunehmen, sondern immer nur eine kleinen Ausschnitt davon, der für uns zur Wirklichkeit wird. So leben wir in unserer eigenen, ständig neu konstruierten Wirklichkeit, meinte der Autor. »Ein interessanter Gedanke«, fand Jochen. Er war gerade dabei, ein paar neue Wirklichkeiten für sich zu entdecken.

Beim genauen Hinhören war ihm auch aufgefallen, dass seine Gesprächspartner teilweise ganz unterschiedliche Wörter verwendeten, um den gleichen Sachverhalt zu beschreiben. Ganz abgesehen davon, dass einige Kunden, bestens informiert durchs Internet, mit technischen Fachausdrücken nur so um sich warfen, während man anderen jede Abkürzung, wie ABS oder ESP, und derer gab es viele, sehr genau erklären musste.

Wenn er jedenfalls so weitermachte, würde der März zum absoluten Probefahrtsrekordmonat für ihn werden. Inzwischen verstand er die Kollegen überhaupt nicht mehr, die, anstatt ihre Kundendatenbank zu nutzen und aktiv zu telefonieren, lieber ihre Zeit, in der gerade kein Kunde im Schauraum war, damit verbrachten, darüber zu tratschen, was nicht alles falsch lief.

Ihm fiel eine Textpassage aus »Die Möwe Jonathan« ein, ein Buch, das er in der Schule einmal gelesen hatte und jetzt vor kurzem wieder.

»... Mithilfe des gleichen inneren Richtungssinnes durchstieß er die schweren Seenebel und stieg über sie hinaus in blendend lichte Höhen auf ... indes die anderen Möwen zur selben Zeit auf dem Boden hockend nichts als Nebel und Regen kannten ...« Manchmal kam er sich in letzter Zeit ein bisschen wie Jonathan vor.

## Dienstag, 14. März 2006

Kaum waren die Türen des Schauraums morgens geöffnet, kam eine Kundin herein und ging direkt auf Jochen zu. Es war eine Frau, zirka 40 Jahre alt, gut und teuer gekleidet und stark, aber sehr passend geschminkt. Ihr Gang und ihr ganzes Verhalten ließen auf eine gewisse Dynamik schließen. Sie war Unternehmerin, wie sich im Laufe des Gesprächs herausstellte, und betrieb eine Reihe von Modeboutiquen im gehobenen Preissegment.

»Guten Tag, Jochen Berger mein Name.« Jochen streckte ihr die Hand hin und lächelte sie an. »Was führt Sie zu uns?«

»Guten Tag, Heldwein, mein Name, Britta Heldwein. Ich brauche einen neuen Wagen.« Ihre Stimme war relativ hoch, beinahe etwas schrill, und sie sprach sehr schnell und wirkte ein wenig hektisch dabei, fast so, als ob sie hierher gelaufen wäre.

»Ah, Frau Heldwein, da sind Sie genau richtig bei mir.« Jochen spiegelte ihre Körperhaltung und ihre Stimme, was ihm nicht so leicht fiel, da er von Natur aus eher langsam und bedächtig und eher tief sprach, selbst für einen Mann. »Darf ich Ihnen ein paar Fragen stellen, damit ich möglichst genau weiß, was für Sie dabei wichtig ist?«

»Ja, gerne.«

»Darf ich Ihnen einen Kaffee anbieten? Wir haben eine neue Kaffeemaschine, und die macht hervorragenden Espresso und einen genialen Cappuccino, beinahe so wie in Italien.«

»O ja, gerne, einen Espresso und ein Glas Wasser, wenn Sie haben.«

Jochen stellte beides auf dem Stehtisch ab, an dem die Kundin stand. Der Tisch stand nahe am neuen ZR 300, der in Schwarz mit beigefarbenen Ledersitzen, Alufelgen und Niederquerschnittsreifen wahrlich ein Blickfang im Schauraum war. Fast alle Kunden wurden magnetisch davon angezogen, auch die, die ihn sich nicht leisten konnten oder wollten. Viele wollten sich auch hineinsetzen. Nicht so Frau Heldwein, sie betrachtete den Wagen interessiert, während sie auf den Kaffee wartete.

»Was gefällt Ihnen denn daran?«, fragte Jochen sie.

»Oh, er sieht toll aus alles in allem, vor allem die Farbkombination, das Schwarz mit Beige und Alu. Auch das Design der Front ist eine Augenweide.« Sie nippte an ihrem Kaffee.

Jochen lächelte. »Habe ich Ihnen zu viel versprochen, was den Kaffee angeht?«

»Nein, der ist wirklich gut.«

»Nun, dann lassen Sie mich herausfinden, was ich heute für Sie tun kann«, sagte Jochen und begann eine Reihe von Fragen zu stellen. Die Kundin hatte immer wieder nach oben geblickt, bevor sie antwortete, ganz so, als ob die Antworten an der Decke stünden. Jochen war einmal kurz ihrem Blick gefolgt, aber da war nichts – offenbar nur eine Eigenart der Kundin. Er erinnerte sich an seine Schulzeit. Der Mathematikprofessor hatte die Angewohnheit zu sagen: »Sieh mich an, da oben steht die Antwort auf meine Frage sicher nicht«, wenn ein Schüler verzweifelt nach der richtigen Antwort suchte.

Nach ein paar Minuten fasste er nochmals zusammen: »Sie wollen also ein Auto für sich selbst, als Firmenwagen. Wichtig ist Ihnen, dass es gut aussieht, da die repräsentative Wirkung für Ihr Geschäft wichtig ist. Da Sie oft lange Strecken auch ins Ausland fahren, sind Ihnen Komfort wichtig und eine entsprechende Motorisierung. Da Sie bisher sehr zufrieden waren mit unserer Marke und Ihrem bisherigen Fahrzeug, dem ZR 200, wollen Sie grundsätzlich dabei bleiben, haben aber noch kein konkretes Bild, was das Modell angeht.«

Er hatte es sich zur Angewohnheit gemacht, immer wieder zusammenzufassen, um sicherzustellen, dass er die Kunden richtig verstanden hatte, besonders, seit er den Artikel mit den 40 im Vergleich zu zwölf Millionen Informationseinheiten gelesen hatte. Missverständnis war der Normalzustand, hatte er daraus gefolgert. Während seiner Zusammenfassung machte er immer wieder kleine Pausen, die der Kundin Zeit ließen, zu nicken oder mit einem kurzen »Ja« zu bestätigen.

»Habe ich das alles richtig verstanden?«, fragte Jochen nochmals abschließend.

»Ja, vollkommen richtig.« Die Kundin wirkte fast etwas erleichtert, schien es Jochen.

»Nun, möglicherweise«, setzte Jochen fort, »stehen wir ja schon genau vor Ihrem Fahrzeug.« Jochen deutete auf den ZR 300. Er war in seiner Sprechweise in den letzten paar Sätzen automatisch langsamer geworden, und ihm fiel auf, dass die Kundin auch etwas langsamer sprach als vorher. »Offenbar ist der Rapport gut«, sagte er zu sich selbst.

»Dass der neue ZR 300 fantastisch aussieht, speziell in der Farbkombination, in der er hier steht, haben Sie möglicherweise selbst schon festgestellt. Die Frontpartie wurde komplett neu gestaltet. Dafür wurde sogar ein wichtiger, internationaler Designpreis verliehen.« Die Kundin lächelte, offenbar gefiel ihr, was sie sah.

Eine Viertelstunde später war der Kaufvertrag unterzeichnet, und er war mit nur vier Prozent Rabatt durchgekommen. Beim Preis hatte sie kurz überlegt und gemeint: »Puh, das ist um 15.000 Euro mehr, als ich geplant hatte auszugeben, aber es ist ein toller Wagen, und man gönnt sich ja sonst nichts.«

Das war Jochens zweiter ZR 300. Er hatte, seit er den ersten verkauft hatte, einige Male über das Thema Preis nachgedacht und gemerkt, dass er gelernt hat, etwas entspannter damit umzugehen und sich diesbezüglich nicht den Kopf der Kunden zu zerbrechen. Nur weil es für ihn viel Geld war, hieß das nicht, dass die Kundin es auch so empfand. Es gab mehr Leute mit ausreichend Geld, als man annehmen würde. Er ließ sie selbst entscheiden, wie viel sie ausgeben wollten.

## Freitag, 17. März, bis Sonntag, 19. März 2006

Gespannt stand er in der Gruppe der anderen Teilnehmer des Verkaufstrainings und trank noch einen Kaffee, bevor das Training begann. 8.59 Uhr hatte es geheißen, eine eigenartige Zeit, die die Teilnehmer aber offenbar dazu veranlasste, pünktlich zu sein.

Es waren zwölf Personen, die sich eingefunden hatten, fünf Frauen, sieben Männer aus unterschiedlichsten Branchen – von der Pharmareferentin bis zum selbstständigen Softwareentwickler –, und alle wollten besser verkaufen lernen. Oder besser gesagt, fast alle. Zwei oder drei waren dabei, die von ihrem Chef geschickt worden waren und nicht so recht wussten, was sie hier sollten. Sie hatten schon Jahrzehnte Verkaufserfahrung und zweifelten daran, dass ihnen so ein Trainer noch etwas beibringen konnte. Jochen war der Einzige aus der Automobilbranche, was wahrscheinlich auch damit zu tun hatte, dass das Training speziell für Verkäufer im Außendienst konzipiert war und die meisten Autoverkäufer nie im Außendienst waren.

Jochen hatte es genau deshalb ausgewählt. Da er ja Firmenkunden akquirieren wollte, hatte er sich gedacht, dass das Training die optimale Vorbereitung dafür war. Auch das Timing war perfekt. Für den kommenden Montag hatte er seinen ersten Firmenkundentermin vereinbart. Außerdem war er sicher, dass vieles davon auch bei seinen normalen Gesprächen im Schauraum verwendbar war.

Sie hatten Platz genommen. Neben anderen Unterlagen lag auch ein Skriptum auf dem Tisch – »Acht Stufen zum Verkaufserfolg«. Jochen blätterte ein wenig darin, bevor es losging. Einige der Inhalte kamen ihm bekannt vor, andere nicht.

Der Trainer war ein sympathischer Typ Ende 30, der selbst seit vielen Jahren im Verkauf war, was seine Glaubwürdigkeit bei den Teilnehmern deutlich erhöhte. Gleich zu Anfang erklärte er ein Konzept, das er das »Lernquadrat« nannte. Es erklärte die vier Phasen des Lernens. Jochen wurde damit sehr deutlich, dass »schon einmal gehört oder gesehen« eine Sache ist, etwas tatsächlich in der Praxis umsetzen zu können aber eine ganz andere. Der Weg dahin war gepflastert mit viel Übung, wie Jochen aus seinen eigenen Erfahrungen der letzten Monate wusste. Und viel Übung versprach der Trainer für die nächsten drei Tage.

Das Konzept »Acht Stufen zum Verkaufserfolg« war so aufbereitet, wie ein idealtypisches Verkaufsgespräch in der Praxis ablief, und es schien Jochen sehr sinnvoll. Es war auf den ersten Seiten des Skriptums im Überblick dargestellt.

## Acht-Stufen-Modell

Die drei Tage vergingen wie im Flug. Das Training war sehr intensiv und anstrengend, aber jede Minute der Zeit wert. Er sammelte eine Menge Ideen, was sein Projekt der Firmenkundenakquisition anging, und konnte es fast nicht mehr erwarten, diese in die Praxis umzusetzen. Er bereute es einigermaßen, den Bereich der eigenen Weiterbildung in den letzten Jahren so stark vernachlässigt zu haben, und wusste, dass er in Zukunft deutlich mehr Zeit darin investieren würde.

Auch die anderen Teilnehmer waren nett. Selbst die »Geschickten« machten bei allen Übungen mit und gaben dann doch zu, dass sie das eine oder andere hatten mitnehmen können.

Der Trainer hatte mit einem Augenzwinkern erwähnt, dass die Inhalte des Trainings nicht nur eins zu eins auf die berufliche Praxis, sondern auch auf die Partnersuche umsetzbar waren, falls das jemanden interessierte. Der Ablauf der acht Stufen wäre der gleiche, wenn es um das Kennenlernen von Männlein und Weiblein ging.

»Ohne ein gesundes Selbstverständnis und die Einstimmung auf ein bevorstehendes Rendezvous zum Beispiel geht gar nichts. Die Vorbereitung ist enorm wichtig – Kleidung, Haare, Make-up (für die Damen), Parfum etc. Der Gesprächseinstieg ist entscheidend – es gibt keine zweite Chance für einen ersten Eindruck – und Smalltalk über die richtigen Themen wichtig. In der Bedarfserhebung geht es darum, die Interessen und Vorlieben des oder der anderen zu erkunden, um dann in der Selbstpräsentation ›überraschenderweise‹ festzustellen, dass man dieselben Interessen und Vorlieben hat. Einwände oder Vorwände können in einem solchen Gespräch natürlich auch kommen, und als Abschlussfrage ist eine Kombination von offenen und alternativen Fragen gut geeignet«, erklärte der Trainer in einem Tonfall, der deutlich machte, dass er es humorvoll, aber durchaus praxisnah meinte. »Wo willst du denn frühstücken, bei dir oder bei mir? So oder so ähnlich könnte eine Abschlussfrage lauten«, fügte er nicht ganz ernst gemeint hinzu. Die Teilnehmer lachten, und einige schrieben eifrig mit.

Jeden Abend schrieb Jochen seine Erkenntnisse in sein Erfolgstagebuch. Die Einträge während des Trainings waren länger als sonst, und die Worte flossen nur so aus seiner Feder.

✓ **Verkaufen ist ein prozesshafter Vorgang.**
✓ **Obwohl meine Kunden alle unterschiedlich sind, kann ich dennoch immer ein Verkaufsgespräch mit der gleichen Struktur durchführen.**
✓ **Fragen, fragen, fragen – wer fragt, der führt.**
✓ **Topverkäufer sind wie Spitzensportler, sie wissen, dass sie ständig an sich arbeiten müssen, um ganz vorne mit dabei zu sein.**
✓ **Der Abschluss beginnt im Kopf, vor dem Gespräch.**
✓ **Einwände zeigen, dass der Kunde interessiert ist.**

… waren nur ein paar seiner Erkenntnisse, die er eingetragen hatte.

Sonntagabend war er geschafft und glücklich. Er hatte das Gefühl, ein gutes Stück weitergekommen zu sein. »Um wie viel leichter hätte ich mir getan, wenn ich dieses Training zu Beginn meiner Verkaufslaufbahn gehabt hätte?«, dachte er. Den Kopf voll von Ideen, fiel es ihm nicht leicht einzuschlafen, irgendwann gelang es ihm dann doch.

## Montag, 20. März 2006

Er war reichlich nervös, als er im Vorzimmer des Geschäftsführers der Hellmann GmbH wartete. Herr Diplomingenieur Meister hätte noch ein Telefonat zu Ende zu führen, hatte ihm die Sekretärin erklärt und dabei den Titel ihres Chefs besonders betont. Immerhin war es sein erster Außer-Haus-Termin mit einem potenziellen Firmenkunden. Die Situation war für ihn sehr neu und ungewohnt. Normalerweise kamen die Kunden zu ihm und wollten ein Auto kaufen, eine wesentlich einfachere Ausgangssituation. Hier war es umgekehrt. Er war es, der den Termin haben wollte, und es war nicht leicht gewesen, ihn zu kriegen.

Jochen hatte im Internet recherchiert und war gut vorbereitet. Die Hellmann GmbH war ein mittelständisches Unternehmen, das Seile aller Art aus Kunststoff und Metall produzierte. Es hatte zirka 200 Mitarbeiter, und Jochen wusste, dass es eine Firmenwagenflotte gab. Er sah die Autos immer herumfahren, da die Firma nicht weit von seiner Wohnung war. Er schätzte, dass sie vielleicht zehn Fahrzeuge für Monteure hatten, kleiner, und mittelgroße Lieferwägen und vielleicht fünf bis zehn weitere für die Verkäufer. Die Monteure brauchten sie für größere Projekte, wo oft schwere Stahlseile anzubringen waren. Er hatte eine gute Idee, was er anbieten könnte, hatte sich aber vorgenommen, offen in das Gespräch zu gehen und sich ganz auf die Bedürfnisse des Kunden einzustellen.

Er nutzte die Wartezeit, um mit der Sekretärin, Frau Axl, wie ihr Namensschild preisgab, noch ein wenig zu plaudern und die eine oder andere interessante Information zu erhalten. Seit er spiegelte, hatte er wesentlich rascher einen guten Draht zu den Gesprächspartnern in Situationen wie dieser.

»Herr ... Berger?« Die Tür des Chefbüros war aufgegangen, und Herr Meister kam auf Jochen zu. »Tut mir Leid, dass ich Sie warten lassen musste, ich musste noch ein Telefonat beenden. Aber wie ich sehe, hat Frau Axl Sie ja mit Kaffee versorgt.«

»Ja, bestens, und ich habe sie ein wenig von der Arbeit abgehalten«, meinte Jochen und grinste.

»Na, dann kommen Sie mal lieber rein.« Der Chef stieg auf den Scherz ein.

Meister war ein Mann um die 45 und mit seinen knapp zwei Metern Körpergröße und einem Gewicht von sicher 120 Kilo, wie Jochen schätzte, eine imposante Erscheinung. Er hatte das Unternehmen vor ein paar Jahren aus einem Konkurs gekauft und es mit viel Anstrengung und einer kompletten Neuausrichtung wieder zu einem profitablen Betrieb gemacht, der mehr als 70 Prozent der Produktion in die ganze Welt exportierte. Er sprach sehr langsam und tief, wie Jochen nebenbei bemerkte, was ihm sehr angenehm war. Das Büro war groß und sehr gemütlich eingerichtet, fast wie ein Wohnzimmer. Jochen wurde gebeten, auf einer schweren Ledercouch Platz zu nehmen, in der er fast versank. Meister setzte sich auf einen großen Fauteuil daneben und lehnte sich entspannt zurück.

»Nun, was haben Sie mir mitgebracht?«, eröffnete Meister das Gespräch, bestimmt, aber nicht unangenehm. »Sie müssen wissen, dass ich sehr zurückhaltend bin, was Vertreter angeht, die einen Termin bei mir wollen. Aber irgendwie haben Sie es geschafft. Meine Zeit ist relativ knapp, daher schlage ich vor, wir kommen gleich zur Sache«, fuhr er fort in einem Tonfall und einem Tempo, das Jochen eher den Eindruck vermittelte, als habe Meister alle Zeit der Welt für das Gespräch.

»Ja, danke im Vorhinein für Ihre Zeit. Darf ich fragen, wie viel Sie für das Gespräch eingeplant haben?«

»30 Minuten, maximal«, erklärte Meister.

»Das passt gut, da sollten wir gut durchkommen.« Jochen hatte das Gespräch gemäß dem Acht-Stufen-Konzept vorbereitet und plante, es Stufe für Stufe so durchzugehen. »Ich wohne hier in der Nähe und sehe daher immer wieder Ihre Firmenwagen vorbeifahren. Die lokalen Medien waren ja in letzter Zeit voll des Lobes für Ihre Firma und für die Arbeitsplätze, die Sie geschaffen haben.« Meister lächelte kurz. »Was mir auch aufgefallen ist«, setzte Jochen fort, »ist, dass Ihre Firmenwagen nicht mehr die allerneuesten sind und vor allem nicht von der Marke, die ich vertrete, und ich bin heute hier, um das zu ändern«, erklärte Jochen grinsend. Er wusste, dass das eine etwas gewagte Eröffnung war, hatte sich aber spontan dafür entschieden, da er das Gefühl hatte, die Beziehungsebene zwischen ihm und seinem Gegenüber war sehr gut.

Meister lächelte wieder. »Nun, da bin ich ja einmal gespannt.«

»Ich habe eine Menge Informationen für Sie mitgebracht, Herr Meister.« Jochen hatte nicht den Eindruck, dass Meister darauf Wert legte, mit seinem Titel angesprochen zu werden, ganz im Gegenteil zu seiner Sekretärin. »Doch bevor ich Ihnen diese präsentiere, würde ich Ihnen gerne ein paar Fragen stellen, damit ich genau weiß, was Sie interessiert. Ist das in Ordnung für Sie?«

»In Ordnung, schießen Sie los.«

Jochen stellte eine Reihe von Fragen, die er sich speziell für diesen Zweck vorbereitet hatte, und notierte die Antworten gewissenhaft. Es gab eine Menge mehr Informationsbedarf als bei einem Privatkunden, wie Jochen festgestellt hatte, nachdem er drei volle Seiten an Antworten notiert hatte. Die Zeit verstrich, doch sein Kunde schien nicht in Eile. Jochen fiel ein, dass der Trainer gesagt hatte, dass es legitim sei, wenn die Zeit zu knapp ist, ein Gespräch nach der Bedarfserhebung abzubrechen und einen neuen Termin für die Präsentation zu vereinbaren. Das würde er auch tun, falls notwendig.

»Es geht also um zehn Kleintransporter für den technischen Kundendienst, die Sie überlegen, in den nächsten Monaten auszutauschen«, stellte Jochen zusammenfassend fest.

»Ja, das war auch mit ein Grund, warum ich Ihnen den Termin gegeben habe. Vielleicht brauche ich auch noch einen Wagen für mich selbst, aber das drängt nicht«, antwortete Meister.

»Nun, Herr Meister, dann freut es mich, dass ich hier sitze, denn ich habe genau das Richtige für Sie. Ist Ihnen die neue 150er-Serie ein Begriff?«

»Habe mal was darüber gelesen vor kurzem und hatte das Gefühl, das Fahrzeug könnte interessant sein für uns.«

»Das Gefühl habe ich auch«, sagte Jochen und begann mit seiner Präsentation unter Zuhilfenahme von den neuen, sehr gelungenen Hochglanzbroschüren und einem Modell des Fahrzeugs im Maßstab 1:50. Normalerweise, wenn er in der Niederlassung seine Kundengespräche führte, hatte er ja alle Fahrzeuge in natura dort stehen, jetzt musste er sich eben anders helfen.

Das Modell gefiel dem Kunden, während der ganzen Präsentation hielt er es in den Händen und spielte damit herum, sodass Jochen Angst hatte, es würde ihn von seiner Präsentation ablenken, was aber nicht der Fall war.

»Was ich schade finde«, meinte der Kunde zwischendurch, »ist, dass das Fahrzeug nur auf der einen Seite eine Schiebetür hat.«

Jochen wollte schon zum Gegenargument ansetzen, als er die Stimme des Trainers vom letzten Wochenende in seinem Kopf hatte, die sagte: »Beim Verkaufen geht es ums Verkaufen und nicht ums Rechthaben, wie viele Verkäufer meinen.« Gerade noch rechtzeitig fiel ihm das ein, und er fuhr fort. »Ja, ich verstehe, Sie finden es also schade, dass das Fahrzeug nur auf einer Seite eine Schiebtür hat.« Meister nickt. »Und was halten Sie von dem extragroßen Ladevolumen und der hohen maximalen Achslast?«

»Die finde ich gut«, antwortete Meister.

»Wofür, sagten Sie, ist das wichtig?«, fragte Jochen weiter.

»Nun, sehen Sie, wir haben teilweise Seilrollen zu transportieren, die relativ voluminös sind, und manchmal auch Drahtseilrollen, die zwar nicht so groß, aber sehr schwer sind. Und da ist es praktisch, wenn wir dafür nicht jedes Mal mit einem Lkw fahren müssen, sondern das eine oder andere gleich der Monteur im Transporter mitnehmen kann. Das können wir mit den jetzigen Fahrzeugen nicht.«

»Und was bedeutet das für Sie?«, fragte Jochen weiter.

»Das bedeutet einen ziemlichen finanziellen Mehraufwand beziehungsweise eine Ersparnis, wenn wir das in Zukunft anders lösen können.«

Das Thema mit der zweiten Schiebetür war vom Tisch, stellte Jochen erleichtert und etwas amüsiert fest. »Wann brauchen Sie die Fahrzeuge?«, fragte er weiter.

»Im September wäre gut, da laufen die Leasingverträge für die alten aus.«

Jochen notierte. »Wie wollen Sie die Finanzierung lösen?«

»Ich möchte wieder leasen. Das finde ich aus steuerlichen und anderen Überlegungen am besten.«

Jochen blickt kurz verstohlen auf die Uhr. Er wollte nicht den Eindruck erwecken, dass er es eilig hatte, und stellte fest, dass schon fast eine Stunde vorüber war und der Kunde immer noch ganz ruhig und gelassen schien.

»Was brauchen Sie noch, um sich für unsere Fahrzeuge zu entscheiden, Herr Meister?«, fragte Jochen.

»Sie wissen jetzt, was ich brauche. Den Listenpreis kenne ich. Schicken Sie mir bitte ein Angebot für zehn Fahrzeuge und über die passende Finanzierung. Ich gehe davon aus, dass es einen kräftigen Flottenrabatt mit Unterstützung des Importeurs gibt, wie bei anderen auch.«

»Ich werde das entsprechend berücksichtigen. Wann wollen Sie eine Probefahrt machen?«

»Nun, da möchte ich den Kundendienstleiter mitnehmen. In seiner Abteilung werden die Fahrzeuge ja schließlich genutzt. Ich schlage vor, dass Frau Axl einen Termin koordiniert. Geben Sie Ihr vielleicht beim Rausgehen zwei oder drei Vorschläge, und sie ruft Sie dann an.«

»Geht in Ordnung, Herr Meister«, antwortete Jochen. »Ich schicke Ihnen das Angebot zu und kläre das mit dem Termin mit Ihrer Mitarbeiterin. Gut wäre es, wenn Sie zu uns in den Schauraum kommen würden. Da können wir dann noch etwaige andere Fragen klären und über Details vor Ort sprechen.«

»Lässt sich einrichten, denke ich.« Meister erhob sich, und Jochen stand auch auf.

»Von dem, was Sie bisher gehört haben, haben Sie das Gefühl, dass die Lösung gut für Ihre Firma passen könnte?«

»Kommt auf Ihr Angebot an, aber was das Produkt angeht, so denke ich, dass es für unseren Zweck gut passen könnte.«

»Danke nochmals für das Gespräch, Herr Meister. Das Angebot mache ich bis Ende der Woche für Sie fertig. Ich muss diesbezüglich mit dem Importeur und mit der Bank des Importeurs sprechen, um für Sie die optimale Lösung anbieten zu können. Ist das okay für Sie?«

»Ja, bis Ende der Woche passt gut.«

»Dann danke ich nochmals für Ihre Zeit, und ich freue mich auf die Probefahrt.« Jochen schüttelte die Hand von Meister, der wie bei der Begrüßung kräftig und lange drückte. »Auf Wiedersehen und einen schönen Tag noch.«

Als Jochen das Firmengebäude des Kunden verließ, schwirrte ihm der Kopf. Seine Gedanken rasten. Zehn Fahrzeuge … Das war das größte Geschäft, an dem er je dran war. Er überlegte, was er alles tun musste. Mit dem Gebietsleiter des Importeurs wegen dem Flottenrabatt sprechen, seinen Chef mit einbeziehen wegen der eigenen Kalkulation, ein Finanzierungsangebot durchrechnen und, und, und …

Im Auto erinnerte er sich, dass der Trainer empfohlen hatte, einen Selbstcheck nach jedem Gespräch zu machen, und auch ein Formular dafür verteilt hatte, das Jochen kopiert und in seine Mappe getan hatte. Es nahm etwa drei Minuten in Anspruch, die Checkliste durchzugehen und die Dinge, die gut gelaufen waren, aufzulisten sowie auch die, die er ganz vergessen oder zu wenig bedacht hatte, wie zum Beispiel, immer auch den Nutzen für den Kunden hervorzuheben und nicht nur die Produktmerkmale.

Danach hatte er sich ein wenig beruhigt. Was blieb, war das Gefühl, dass heute etwas ganz Neues begonnen hatte, das möglicherweise sein ganzes Leben verändern würde.

In sein Erfolgstagebuch schrieb er …

**+ Gut mit Kundeneinwänden umgegangen**
**+ Viele passende Abschlussfragen gestellt**
**+ Konkret verblieben und Folgetermin vereinbart**
**+ Selbstcheck nach dem Gespräch durchgeführt**
**! Auch wenn der Kunde nur wenig Zeit hat, Möglichkeit zum Smalltalk finden, wenn nicht am Anfang, dann während des Gesprächs oder zumindest danach.**
**✓ Ich kann in der Liga der Firmenkundenverkäufer mitspielen.**

## Freitag, 24. März 2006

Sie war groß und blond, schien aber nicht dem Klischee von blond und dumm zu entsprechen, gut aussehend, etwa in seinem Alter, und stand zwei Meter weiter an der Theke. Jochen hatte schon vor Minuten begonnen, sie zu pacen bis zur Bewegung ihres rechten Fußes, der im Takt der Musik wippte.

Er griff zum Glas und nahm einen Schluck von seinem Bier. Sekunden später griff auch sie zu ihrem Drink. Der Rapport schien gut zu sein, dachte Jochen. Er hatte gehört, wie sie ihr Getränk bestellt hatte. Sie hatte eine sehr melodiöse, runde Stimme. Er gab sich einen Ruck und sprach sie an, indem er darauf achtete, das in ihrem Tonfall zu tun.

»Gefällt dir die Musik hier?«, fragte er.

»Ganz okay, wieso fragst du?«, entgegnete sie.

»Ich sah, dass du die ganze Zeit mit deinem Fuß mitwippst«, antwortete Jochen.

»So, du beobachtest mich also«, stellte sie mit einem humorvollen Unterton fest.

»Oh, jetzt hast du mich ertappt«, stieg Jochen auf das Geplänkel ein. »Jochen heiße ich übrigens«, sagte er und streckte ihr seine Hand hin.

»Martina, aber du kannst mich Tina nennen«, antwortete sie, während sie seine Hand schüttelte. Sie hatte einen sehr angenehmen Händedruck. Irgendetwas darin ließ ihn mehr erhoffen und regte seine Phantasie an. Und seine Hoffnungen sollten nicht enttäuscht werden, wie sich im weiteren Verlauf des Abends herausstellte.

# April – Sinnesspezifische Sprache

»Ein echtes Gespräch bedeutet, sein eigenes Haus zu verlassen und an die Tür des anderen zu klopfen.«

*Albert Camus*

## Samstag, 1. April 2006

Samstag, der 1. April, machte seinem Ruf alle Ehre. Es war kühl, sehr wechselhaft und unbeständig. Jochen wachte erst gegen zehn Uhr auf. Wohlweislich hatte er die Jalousien im Schlafzimmer heruntergelassen, als er schlafen gegangen war. Es war spät geworden, sehr spät, oder besser gesagt sehr früh, und es war nicht bei einem Wodka Red Bull geblieben im Laufe des Abends. Sie hatten sich für Sonntagnachmittag verabredet. Er hatte das Gefühl, dass sich daraus etwas entwickeln könnte.

Den Rest des Vormittags verbrachte Jochen damit, wach zu werden, seine Wohnung auf Vordermann zu bringen, seinen Kühlschrank ein wenig aufzufüllen und sich ein Mittagessen zu kochen. Spaghetti mit Pesto, das schaffte sogar er, und dazu frischen Salat bestehend aus Paprika, Radieschen und Tomaten. An sich trank er dazu gerne ein Glas Rotwein, aber das ließ er in Anbetracht der Umstände im Moment lieber bleiben.

Gleich nach dem Mittagessen stürzte er sich ins nächste Kapitel von »Die letzten Geheimnisse im Verkauf« …

✦ ✦ ✦

# Sinnesspezifische Sprache

Nachdem Sie sich in den vorigen Kapiteln sehr ausführlich mit dem Pacing und Leading beschäftigt haben und möglicherweise jetzt schon ein Gefühl dafür haben, welchen Nutzen diese Methoden Ihnen in Ihrer Praxis bringen können, wird im kommenden Kapitel dieses Thema auf die bevorzugten Sinnessysteme erweitert. Durch das Spiegeln dieser gelingt es Ihnen noch rascher, einen noch tieferen Rapport mit Ihrem Gesprächspartner aufzubauen.

## Sinneskanäle

Wir sind mit fünf Sinnen ausgestattet. Damit können wir

- sehen (V – visuell),
- hören (A – auditiv),
- fühlen (K – kinästhetisch),
- riechen (O – olfaktorisch),
- schmecken (G – gustatorisch).

Aneinander gereiht ergeben die Kürzel für die fünf Sinne das Wort VAKOG, das Ihnen immer wieder begegnen wird.

Mit unseren Sinnen nehmen wir die Umwelt wahr. Üblicherweise haben wir Präferenzen für den einen oder anderen Sinneskanal. Diese Präferenzen sind uns meist selbst nicht bewusst, können allerdings von anderen Menschen beobachtet werden, da sie an folgenden Merkmalen deutlich werden:

- Augenbewegungsmuster
- Sinnesspezifische Sprache
- Körpersprachliche Hinweise

Indem wir auf diese Dinge achten, können wir also die Hauptsinneskanäle unseres Gesprächspartners herausfinden. Im Verkaufsgespräch empfiehlt es sich, all diese Informationen möglichst gleich während der Smalltalkphase zu Beginn des Gesprächs zu sammeln. In dieser Phase ist der Inhalt noch nicht so wesentlich, und es fällt leichter, sich auf Augenbewegungsmuster, sinnesspezifische Worte sowie körpersprachliche Hinweise zu konzentrieren.

Die Frage ist aber auch: Wozu? Was machen wir mit diesem Wissen? – Wir können die bevorzugten Sinneskanäle unseres Gegenübers verwenden, um zu spiegeln, vor allem sprachlich, aber auch körpersprachlich.

## Sinnesspezifische Sprache

Unsere bevorzugten Sinnessysteme äußern sich auch in der Wahl unserer Worte.

- »Das sieht gut aus!« (V)
- »Das hört sich gut an!« (A)
- »Da habe ich ein gutes Gefühl dabei!« (K)
- »Das geht mir unter die Nase!« (O)
- »Das schmeckt mir!« (G)

Obige Beispiele sind verschiedene Ausdrücke für grundsätzlich ein und dieselbe Sache – Zustimmung. Es liegt im Ermessen des Einzelnen, welche Worte er verwendet. Die Wahl der Worte erfolgt allerdings selten bewusst, sondern wir wählen diese unbewusst aus. Die Auswahl wird gesteuert von unseren Sinnessystemen. Die bevorzugten Sinnessysteme spiegeln sich in der Auswahl der Worte wider.

Wenn wir als Profikommunikatoren genau hinhören, bieten die Worte, die unser Gesprächspartner verwendet, einen Hinweis darauf, in welchem Sinnessystem er am liebsten unterwegs ist (sehr ausführliche Listen finden Sie im Anhang).

*Visuelle Worte/Ausdrücke*

- klar, das sieht gut aus, sehen, sich ein Bild machen, einen Überblick verschaffen

*Auditive Worte/Ausdrücke*

- hören, sagen, sprechen, klingt gut, geht zum einen Ohr rein und zum anderen raus, erzählen

*Kinästhetische Worte/Ausdrücke*

- ein gutes Gefühl, begreifen, hart, warm, durchziehen, gebunden sein, zusammenkommen

*Olfaktorische Worte/Ausdrücke*

- riechen, nicht riechen können, Geschmack, einen guten Riecher haben

*Gustatorische Worte/Ausdrücke*

- schmecken, zergeht auf der Zunge

Es gibt darüber hinaus auch noch unspezifische Worte, die neutral sind und keinen direkten Bezug zu einem Sinnessystem haben.

*Neutrale/unspezifische Worte/Ausdrücke*

- erfahren, verändern, entscheiden, genau, wissen, denken, lernen

Im Anhang finden Sie ausführliche Listen mit Sammlungen von Worten und Ausdrücken der einzelnen Sinnessysteme.

✦ ✦ ✦

Wieder eröffnete sich eine neue Welt der Wahrnehmung für Jochen. Was er eben gelesen hatte, war neu für ihn und reichlich ungewöhnlich, aber es machte Sinn. Mehr und mehr verstand er, dass in der Kommunikation die Form entscheidend war und oft wesentlich aufschlussreicher als der Inhalt. Nicht nur was jemand sagte, sondern welche Art von Worten er dafür benutzte, war wichtig für das Gespräch.

Auch das konnte er pacen. Mit visuellen Kunden visuelle Worte verwenden, mit auditiven auditive und mit kinästhetischen kinästhetische – klang eigentlich einfach, war es auch. Um das in seine unbewusste Kompetenz zu kriegen, wie der Verkaufstrainer gesagt hatte, bedurfte es natürlich wieder einiger Übung, und Jochen konnte sich schon vorstellen, dass es dafür einige Übungen im Buch gibt, und blätterte weiter.

## Übungen Monat 4 – Sinnesspezifische Sprache

- Nutzen Sie jede Gelegenheit, um das Erkennen der sinnesspezifischen Worte in einem Gespräch zu üben.
  - Nehmen Sie sich einen Übungspartner und setzen Sie sich Rücken an Rücken. Ersuchen Sie diesen, Ihnen zehn Minuten lang irgendetwas zu erzählen (zum Beispiel vom letzten Urlaub etc.). Ihre Aufgabe ist es dabei, alle sinnesspezifischen Worte anhand einer in VAKOG unterteilten Strichliste zu notieren. Diese Übung sollten Sie mehrmals durchführen, um Ihre Fähigkeiten zu automatisieren.
  - Achten Sie bei Unterhaltungen mit Kollegen, Freunden, der Familie und mit Kunden darauf. Speziell dann, wenn es eine Gruppe von Personen ist und Sie so nicht ständig mitsprechen müssen, fällt es Ihnen noch leichter, die Beobachterrolle einzunehmen.
  - Führen Sie während Livediskussionen oder Interviews im Fernsehen oder im Radio eine Strichliste, unterteilt in VAKOG, und schärfen Sie so Ihre Wahrnehmungsgenauigkeit, was die sinnesspezifische Wortwahl angeht.
- Sobald Sie im Erkennen der Worte geübt genug sind, gehen Sie dazu über, diese auch zu verwenden. Ganz im Sinne von Pacing/Spiegeln verwenden Sie beim Gespräch dieselbe Art von Worten oder sogar dieselben Worte wie Ihr Gesprächspartner.

✦ ✦ ✦

Jochen dachte kurz an Situationen, in denen er das besonders gut üben konnte, fand einige und war schon gespannt, was diese neue Wahrnehmungswelt für ihn an Überraschungen und Erkenntnissen bereithalten würde.

## Sonntag, 2. April 2006

Am Sonntagnachmittag traf er sich mit Tina in einem angesagten Innenstadtcafé. Das Wetter war besser als am Tag zuvor, und so konnten sie, wenn auch mit Jacke, draußen sitzen. Sie sah heute noch besser aus als an dem Abend, als er sie kennen gelernt hatte, fand er jedenfalls. Er hatte sich tags zuvor zwar vorgenommen, solche Gelegenheiten zu nutzen und auf die sinnesspezifischen Worte zu achten, stellte danach allerdings fest, dass er ganz darauf vergessen hatte, obwohl er die ganze Zeit über förmlich an ihren Lippen gehangen hatte. Sie waren sich näher gekommen und hatten festgestellt, dass sie viele Gemeinsamkeiten hatten, genügende jedenfalls, um sich zu einem nächsten Treffen im Laufe der Woche zu verabreden.

## Montag, 3. April 2006

»Guten Morgen, Herr Bayer.« Voller Elan und mit gestärktem Selbstbewusstsein betrat Jochen das Büro seines Chefs zur Monatsbesprechung. Er hatte allen Grund dazu. Seine Zahlen waren deutlich besser als der Schnitt der Niederlassung, einzig Urs Hausich lag wie immer vor ihm. »Aber den werde ich auch noch kriegen«, dachte er insgeheim.

»Nun, wie geht es Ihnen?«, fragte Horst Bayer.

»Danke, ausgezeichnet«, antwortete Jochen mit einem breiten Grinsen über seinem Gesicht, das nicht nur von den guten Geschäftszahlen herrührte, sondern auch von den privaten Entwicklungen am vergangenen Wochenende.

»Ah ja, verstehe«, sagte sein Chef hintergründig. Sie haben ja ausgezeichnete Arbeit geleistet im vergangenen Monat. Ich habe mir die Zahlen angesehen. 15 Neuwagen, davon ein ZR 300, schon Ihr zweiter inzwischen, und noch dazu zehn Gebrauchte, ganz beachtlich. Der Schnitt der Niederlassung diesen Monat lag leider nur bei acht Neuwagen. Ich habe das Gefühl, Sie haben tolle Arbeit geleistet.«

»*Verstehe ... der Schnitt lag ... Gefühl ... geleistet* ... alles kinästhetische Worte«, fiel Jochen auf, mit einem kleinen Gefühl des Triumphs, da er das im Gespräch erkannt hatte. Gleichzeitig merkte er aber, dass er noch nicht so weit war, damit auch aktiv zu arbeiten.

»Ja, ich bin ganz zufrieden«, gab Jochen sich bescheiden. »Das war auch mein persönlicher Monatsrekord.«

»Außerdem hat Ihr Deckungsbeitrag überdimensional zugenommen. Sie gaben im Schnitt um 0,5 Prozent weniger Rabatt im März verglichen mit Ihrem Jahresschnitt und liegen damit gleichauf mit Hausich und zirka ein Prozent vor allen anderen«, fuhr Bayer fort.

»*Überdimensional zugenommen* ... schon wieder etwas Kinästhetisches«, dachte Jochen.

Diese Zahlen kannte Jochen noch nicht und war selbst etwas erstaunt. Es war ihm schon aufgefallen, dass er das eine oder andere Mal weniger Rabatt gegeben hatte als früher, aber im Durchschnitt 0,5 Prozent überraschte ihn doch.

»Das gibt eine schöne Provision für März«, fügte Bayer hinzu. »Das ist die Art von Geld, die ich gerne ausgebe, da ich weiß, dass etwas dafür geleistet wurde.«

Jochen hatte sich seine Provision schon grob ausgerechnet und war auf mehr als das Doppelte von seinen Durchschnittmonaten gekommen. Mit dem gesteigerten Deckungsbeitrag wurde es vielleicht noch deutlich mehr. Er war schon gespannt auf die genaue Abrechnung, die immer so um den 15. des Folgemonats kam.

»Wie geht es Ihnen denn mit dem Programm 12?«, fragte Bayer.

»Gut«, antwortete Jochen. »Sehr gut sogar«, fügte er hinzu und dachte an seine Erfolge beim weiblichen Geschlecht in letzter Zeit. »Ich merke halt, dass es einiger Übung bedarf, bis man die einzelnen Programmpunkte so verinnerlicht hat, dass vieles automatisch passiert. Aber wenn ich das mache, dann merke ich auch sehr rasch, dass es tatsächlich funktioniert und etwas bringt.«

»Na, das freut mich zu hören. Wie kann ich Sie dabei unterstützen?«, fragte Bayer.

»Dabei nicht, so weit alles klar. Ich habe mir auch noch ein zusätzliches Buch zu dem Thema gekauft – ›Grenzenlose Energie, das Power Prinzip‹ von Tony Robbins –, das hat mir ein Freund empfohlen, ich habe es aber noch nicht gelesen.«

»Gute Wahl, gutes Buch«, Bayer nickte zustimmend.

»Eine Unterstützung der anderen Art könnte ich aber brauchen.«

»Und die wäre?«

»Ich war ja bei dem Verkaufstraining letzte Woche, das übrigens ausgezeichnet war.«

»Ja, ich kenne die Firma, und ich denke, auch den Trainer. Die sind die Besten am Markt, wenn es ums Verkaufstraining geht. Ich habe selbst schon mehrere Trainings dort besucht.«

»Ja, und der Trainer hat empfohlen, ab und an Doppelbesuche zu machen, um sich gegenseitig zu coachen. Wir haben im Training Übungen dieser Art gemacht, und ich habe festgestellt, dass es mir sehr hilft, Feedback von anderen zu erhalten. Ich habe den einen oder anderen blinden Fleck, den ich selbst nicht sehe. Und da wäre es natürlich toll, wenn Sie mich zu einem meiner nächsten Firmenkundentermine begleiten könnten, um mir Feedback zu geben.«

»Gute Idee, mache ich gerne.« Bayer klang, als hätte er schon erwartet, darum gebeten zu werden. »Sagen Sie mir nur Bescheid. Wann und wenn ich es einrichten kann, komme ich gerne mit.«

»*Einrichten* ... noch ein kinästhetisches Wort«, fiel Jochen auf.

»Apropos Firmenkunden, wie steht es denn mit dem Geschäft mit der Hellmann GmbH?«, fragte Bayer, der darüber Bescheid wusste und in die Angebotserstellung und Preiskalkulation involviert gewesen war.

»So weit, so gut. Das Angebot war ein schönes Stück Arbeit, aber ich denke, es ist sehr gut geworden. Danke nochmals für Ihre Unterstützung. Herr Meister, der Geschäftsführer von Hellmann, und sein Kundendienstleiter werden am 12. April zu uns kommen, um das angebotene Modell Probe zu fahren. Könnte gut sein, dass sie sich da schon entscheiden, soweit ich den Kunden bei unserem letzten Telefonat richtig verstanden habe.«

»Klingt ja viel versprechend, ich habe ein gutes Gefühl dabei«, meinte Bayer. »Wenn Sie mich dafür brauchen, sagen Sie es nur, ansonsten halte ich mich raus.«

»Ist in Ordnung, Chef, ich denke, ich komme damit zurecht, aber danke für das Angebot.« Jochen war sich überhaupt nicht sicher, ob er damit zurechtkam. Immerhin war es der größte Auftrag, an dem er je dran war, aber er wollte seinem Chef gegenüber Selbstbewusstsein zeigen. Insgeheim dachte er allerdings, dass dieser ihn ohnehin durchschaute, ganz gleich, was er sagte, aber ihn machen ließ, und das schätzte er sehr an ihm.

## Mittwoch, 12. April 2006

Heute war der große Tag. Jochen fühlte sich gut. Er hatte in den letzten Wochen noch häufiger Sport betrieben, und das gab ihm eine Menge Energie, wie er meinte. Außerdem entwickelte sich die Beziehung zu Tina recht zufrieden stellend. Sie hatten eine Menge Spaß zusammen, und das nicht nur tagsüber. Er merkte, dass all das dazu beitrug, dass ihm die Arbeit auch leichter von der Hand ging.

Um zehn Uhr war der Termin mit den Leuten von Hellmann. Herr Meister hatte ihm am Telefon gesagt, dass er dem Angebot gegenüber positiv stand, obwohl sie über den Preis noch reden mussten, dass es aber ausschlaggebend war, seinen Kundendienstleiter, Herrn Feldbauer, auch davon zu überzeugen.

Jochen war gut vorbereitet, das Fahrzeug zur Probefahrt war tiptop geputzt, und er hatte sogar ein paar Informationen über Herrn Feldbauer gesammelt. Sein Nachbar war im selben Bogenschützenverein wie Feldbauer, wie sie im Gespräch zufällig darauf gekommen waren, und so hatte er ein paar Eckdaten sammeln können. Abgesehen von seinem Hobby, dem Bogenschießen, wusste er, dass Feldbauer verheiratet war und eine kleine Tochter mit drei Jahren hatte und dass er schon lange bei der Firma Hellmann war, ja sogar dort gelernt hatte. Nicht viel, aber immerhin etwas. Auf die Frage, was Feldbauer für ein Typ sei, hatte sein Nachbar gemeint: »… ein richtiger Techniker, eher ruhig, fast verschlossen, wenn man ihn nicht kennt, irrsinnig interessiert an Informationen, speziell über technische Dinge.«

Um 10.10 Uhr kamen seine Kunden, Jochen war schon leicht nervös geworden und war erleichtert, als sie den Schauraum betraten. Nach einer knappen, aber freundlichen Begrüßung gingen sie gleich zum Vorführmodell. Jochen hatte alle Unterlagen über das Fahrzeug und das Angebot vorbereitet.

Da er schon eine gute Beziehung zu Herrn Meister hatte, konzentrierte er sich von Anfang an darauf, Feldbauer zu pacen. Sein Nachbar hatte Recht: Feldbauer wirkte wirklich sehr verschlossen.

»Herr Feldbauer, was ist für Sie in Bezug auf das Fahrzeug wichtig?«, fragte Jochen.

Feldbauer blickte kurz nach rechts unten, von Jochen aus gesehen. »Nun, mir ist wichtig, dass es alle Spezifikationen erfüllt, die wir brauchen – speziell in Bezug auf Ladevolumen, Innenraumabmessungen und maximale Nutzlast. Vielleicht können Sie mir da genaue Daten liefern«, antwortete Feldbauer trocken.

»Aha, verstehe, Ihnen ist wichtig, dass es alle Ihre Spezifikationen erfüllt«, wiederholte Jochen. »Natürlich habe ich alle technischen Daten für Sie vorbereitet. Und was ist außerdem noch wichtig?«

»Meine Leute fahren zum Teil lange Strecken mit den Fahrzeugen. Daher müssen die motorischen Leistungsdaten gut sein. Es sollte ein Diesel sein, allerdings einer der neuesten Technologie und mit Partikelfilter.«

Jochen versuchte Feldbauers Sprache zu analysieren, konnte ihn aber keinem der Hauptsinnestypen zuordnen. So beschränkte er sich darauf, mit dem Spiegeln fortzufahren, und irgendwie hatte er das Gefühl, schön langsam Kontakt zu bekommen. Zwischendurch wechselte er immer wieder kurz mit seiner Aufmerksamkeit zu Meister, um festzustellen, dass hier der Rapport gut war.

Feldbauer wollte alle technischen Fragen durchgehen, bevor sie zur Probefahrt schritten, was eine Weile in Anspruch nahm. Meister schien schon etwas ungeduldig zu werden, doch der Kundendienstleiter ließ sich nicht davon abbringen. Endlich setzten sie sich ins Fahrzeug. Feldbauer fuhr, und Meister war am Beifahrersitz. Jochen erklärte von der Rückbank aus alles, da Feldbauer während der Fahrt noch einige technische Fragen hatte. Jochen war heilfroh, so gut vorbereitet zu sein.

Nach 20 Minuten tauschten Meister und Feldbauer die Plätze, und Meister lenkte den Wagen auf dem Rückweg. Beide schienen zufrieden zu sein. »Fährt sich gut«, meinten beide, als sie wieder in der Niederlassung angekommen waren.

Nachdem keine weiteren Einwände kamen, ging Jochen zum Abschluss über. »Wann brauchen Sie die Fahrzeuge genau? Sie sagten, wenn Ihr Leasingvertrag ausläuft?«

»Ja, ich habe mir das genau angesehen. Ende September laufen die Verträge aus. Dann brauchen wir die Neuen«, antwortete Meister.

»Nun, dann sind wir genau richtig. Die Lieferzeit auf Ihre Neuen beträgt knapp sechs Monate zurzeit. Das ist etwas lange, zeigt aber, dass die Nachfrage sehr groß ist. Welche Fragen sind denn noch offen?« Jochen steuerte Schritt für Schritt in Richtung Auftrag. Er war aber auch sehr vorsichtig, die Sache nicht zu überstürzen.

»Von mir keine«, sagte Feldbauer, der offenbar alle für ihn wichtigen technischen Fragen geklärt hatte, die kaufmännischen schienen ihn wenig zu interessieren, und er überließ sie seinem Chef.

»Nun, wie am Telefon angekündigt, müssen wir nochmals über den Preis sprechen«, sagte Meister.

»Ja, das hatten Sie gesagt. Inwiefern?« Jochen stellte sich ein wenig überrascht.

»Nun, Sie haben uns zwölf Prozent auf den Listenpreis angeboten. Das ist offen gesagt mehr als ein anderer Händler Ihrer Marke, aber es ist immer noch teurer als das Nachfolgemodell unserer jetzigen Fahrzeuge in derselben Ausstattung und Motorisierung. Der Unterschied beträgt immerhin fast 1000 Euro pro Fahrzeug.«

Jochen kratzte sich am Kinn, so, als ob er nachdenken würde. »Ich verstehe, ich an Ihrer Stelle würde auch vergleichen. Nur, um es klarzustellen – sprechen Sie vom Preis oder von den Kosten?« Das war etwas, das er sich vom Verkaufstraining mitgenommen hatte. Diese Technik gefiel ihm besonders gut, da er in seinem Geschäft mit solchen Gesprächssituationen relativ oft konfrontiert war.

Meister schien kurzzeitig verwirrt. »Wie meinen Sie das?«, fragte er.

»Nun, der Preis bezieht sich auf die Anschaffung, das also, was Sie in meinem Angebot finden. Die Kosten gehen aus diesem Modellvergleich gut hervor. Dabei wurden durchschnittliche Kilometerleistungen gerechnet und alles berücksichtigt, was unter die Betriebskosten fällt – Verbrauch, Versicherungen, Service, Ersatzteile und Reifen etc. Wie Sie hier sehen, schneidet unser Modell am besten ab. Bei Ihrer hohen Kilometerleistung hat sich die höhere Anschaffungsinvestition schon nach etwa einem Jahr amortisiert, ab dem zweiten Jahr sparen Sie bares Geld. Was halten Sie davon?«

Meister und Feldbauer studierten die Vergleichswerte ausführlich, und Jochen ließ ihnen die Zeit. »Nun, das ist natürlich ein Argument«, nickte Meister.

»Ist diese Frage somit zu Ihrer Zufriedenheit geklärt?«

»Ja, ich denke schon.«

»Gibt es noch irgendetwas, das Sie davon abhält, die Fahrzeuge heute zu bestellen?« Jochen schwieg. Wie wichtig das war, speziell nach Abschlussfragen, hatte der Trainer am Verkaufstraining recht einprägsam demonstriert.

»Nein, ich denke nicht«, antwortete Meister. Jochen wusste – dieses Nein bedeutete Ja.

»Dann darf ich Sie an meinen Schreibtisch bitten, um das Schriftliche zu erledigen.« Jochen merkte, dass die nervöse Anspannung, die ihn die ganze Zeit über begleitet hatte, mit einem Mal verschwunden war und ersetzt wurde durch eine freudige Erregung, die er tunlichst zu verbergen versuchte – nach außen hin ganz cooler Verkäufer. Sein Herz schlug ihm bis zum Halse, und jeder mit nur ein bisschen Beobachtungsgabe konnte das ganz deutlich sehen.

Als die beiden gegangen waren, betrat er wortlos das Büro von seinem Chef, der gerade in Schreibtischarbeit vertieft war, und legte ihm den Auftrag über zehn Fahrzeuge auf den Tisch. Sein Chef blickte überrascht auf, er hatte ihn nicht hereinkommen hören, und warf dann einen Blick auf den Auftrag. Ein Strahlen überzog mit einem Mal sein Gesicht, und er stand auf und ging auf Jochen zu. »Ich gratuliere Ihnen ganz herzlich, das ist ja ein Ding. Toll gemacht.« Er klopfte ihm auf die Schulter und schüttelte ihm kräftig die Hand. Jochens Blick fiel auf des Schild in Bayers Büro mit dem Wortlaut »Be Cause« darauf. Was hatten diese Worte ins Rollen gebracht, und was alles hatte SICH, nein, viel besser, hatte ER seither verändert?

Für den Rest des Tages war Jochen wie auf Drogen. Mit einem breiten Grinsen im Gesicht schwebte er durch die Gegend. Der Auftrag war natürlich das Ereignis des Tages und sprach sich schnell herum unter den Kollegen, was ihm einige bewundernde und einige neidische Blicke einbrachte. Sogar der Geschäftsführer aus der Zentrale rief an, um ihm zu gratulieren. Es war einfach toll.

Leider hatten weder Tina noch einer seiner Freunde Zeit, am Abend mit ihm zu feiern, doch er nahm sich vor, dies bei nächster Gelegenheit nachzuholen. Stattdessen kaufte er sich am Nachhauseweg in der sehr gut sortierten Weinabteilung des örtlichen Supermarkts eine Flasche vom besten Roten, den er da kriegen konnte – ein Brunello für 30 Euro –, und genoss ihn Schluck für Schluck, während er in sein Erfolgstagebuch schrieb:

**+ Sehr gutes Pacing bei Kundengespräch gemacht**
**+ Den Einwand »zu teuer im Vergleich zum Mitbewerber« geschickt aufgelöst**
**+ Meinen bisher größten Einzelauftrag abgeschlossen**
**! Trotz großen Verkaufserfolgs konsequent weitertelefoniert, um Termine zu kriegen**
**✓ Die Grenzen sind hauptsächlich in meinem Kopf. Alles, was ich mir nicht vorstellen kann, kann ich auch nicht Wirklichkeit werden lassen. Alles, woran ich glaube, wird für mich zur Wirklichkeit.**

Er wusste nicht genau, ob er die letzten Zeilen schon einmal irgendwo gelesen hatte oder ob sie ihm selbst eingefallen waren. Es war ihm aber auch egal. Wichtig war, dass er es genauso empfand.

## Donnerstag, 13. April 2006

Als Jochen um sechs Uhr in der Früh aufwachte, spürte er noch ein wenig die Nachwirkungen von dem Brunello am vergangenen Abend. Er war zwar gut, aber eine ganze Flasche alleine, ohne vorher viel gegessen zu haben, hinterlässt Spuren. Dennoch fühlte er sich prächtig. Die Wirkung der Droge »Verkaufsabschluss« hielt noch immer an, er schwebte noch immer und sah keinen Grund, diesen Zustand so schnell zu verlassen. Es war ein großartiges Gefühl, und er genoss es. Der Tag konnte kommen.

Er konnte nicht mehr schlafen, so aufgedreht, wie er noch immer war, und beschloss, laufen zu gehen. Es war ein schöner Morgen, die Stadt war noch so ruhig um diese Zeit. Beim Laufen gingen ihm allerlei Gedanken durch den Kopf, die gleichen, die ihn gestern Abend schon beschäftigt hatten. Er hatte es zuvor nicht für möglich gehalten, dass er einen solchen Auftrag an Land ziehen konnte. Er wusste zwar, dass es ging, andere konnten das, die Flottenverkäufer der großen Händler oder Importeure, aber er hatte nicht geglaubt, dass *er* es konnte und vor allem nicht so rasch. Immerhin war es sein erster Versuch im Firmenkundengeschäft.

Ihm wurde bewusst, dass sein Weltbild dabei war, sich zu verändern, dass er dabei war, sein Weltbild zu verändern. Und die neue Welt, die er gerade erschuf, war toll. Nicht auszudenken, was alles möglich war in ihr, noch nicht, sie war gerade erst im Entstehen, aber er hatte so eine Ahnung, dass viele der Gesetzmäßigkeiten der alten Welt in ihr nicht mehr gelten würden. Es war ein bisschen so, als ob die Schwerkraft plötzlich außer Kraft gesetzt wurde.

Strahlend erschien er um 8.30 Uhr in der Firma, erledigte die dringenden und wichtigen Dinge zuerst, die vom Vortag übrig geblieben waren, um sie rasch vom Tisch zu haben. Heute war kein Tag für Bürokram, heute war ein Tag zum Verkaufen, ein Tag, an dem er der Welt beide Beine gleichzeitig ausreißen konnte, wenn er es wollte.

Da kein Kunde oder irgendjemand, der auch nur annähernd so aussah, in Sicht war, klemmte er sich Punkt neun Uhr ans

Telefon. »Okay, dann eben Termine verkaufen, auch gut«, dachte er. Um 9.30 Uhr hatte er fünf Personen erreicht und zwei Termine für Probefahrten vereinbart. Das verlieh ihm zusätzlich so viel Auftrieb, sodass er sich an die Akquisition von Firmenkunden machte. Er nahm sich die vor, die in den letzten Tagen das Mailing erhalten hatten.

»Brot & Co«, meldete sich die gelangweilte Stimme einer Rezeptionistin. Es handelte sich um eine Großbäckerei mit 100 Filialen, wie er zuvor im Internet recherchiert hatte. Der Geschäftsführer hieß Herbert Wimmer, auch das wusste er aus dem Net, und den wollte er sprechen.

»Guten Tag, Jochen Berger, ich hätte gerne Herbert Wimmer gesprochen.« Auch das hatte er vom Verkaufstraining. Klang »privater« so.

»Moment, ich verbinde ins Sekretariat.«

»Büro Doktor Wimmer«, meldete sich eine ziemlich junge Stimme am anderen Ende der Leitung.

»Guten Tag, Jochen Berger, würden Sie mich bitte zu Herrn Herbert Wimmer durchstellen?«

»Äh, ja … einen Moment bitte.« Die Sekretärin war offenbar relativ unerfahren im Umgang mit potenziellen Verkäufern, die etwas von ihrem Chef wollten, und einigermaßen verwirrt.

»Wimmer!«, meldete sich der Geschäftsführer am anderen Ende der Leitung.

»Guten Tag, Herr Doktor Wimmer, Jochen Berger mein Name, es geht um Ihren Fuhrpark. Ich verkaufe Autos, und zwar speziell solche, wie Sie sie in Ihrem Fuhrpark haben. Bin ich da bei Ihnen richtig?« Jochen hatte seinen Einstiegssatz schon gut drauf.

»Nein, nicht wirklich. Darum kümmert sich unser Fuhrparkleiter, Herr Hebenstreit«, antwortete sein Gesprächspartner.

»Ah, Herr Hebenstreit. Und wie erreiche ich den?«

»Versuchen Sie es unter der Durchwahl 95. Da müssten Sie ihn erreichen. Ich kann Sie von hier leider nicht durchstellen.«

»Danke für die Information. Ich melde mich dann bei Herrn Hebenstreit und darf mich auf Sie beziehen!?«, stellte Jochen halb fragend, halb feststellend in den Raum.

»Ja, ja.« Wimmer war sichtlich erleichtert, sich wieder dem zuwenden zu können, was ihn beschäftigt hatte, bevor er unterbrochen worden war.

»Hebenstreit!« – »Eine relativ hohe Stimme für einen Mann«, dachte Jochen.

»Guten Tag, Herr Hebenstreit, Jochen Berger mein Name, Firma Autounion. Es geht um Ihre Lieferwagenflotte. Herr Wimmer hat gesagt, ich soll mit Ihnen diesbezüglich sprechen.« Jochen schwieg an dieser Stelle immer den Bruchteil einer Sekunde.

»Äh ... ja ...« Hebenstreit wusste nicht, was er sagen sollte, was Jochen gleich nutzte, um fortzufahren. »Wann passt es Ihnen denn?«

Hebenstreit hatte sich inzwischen gefangen. »Nun, wir sind schon in der Endauswahl, daher: wenn, dann rasch.«

»Wie ist es mit heute Nachmittag?«, fragte Jochen.

»14 Uhr würde gehen. Es geht um unsere Kleinlieferwagen, mit denen wir die Ware in die Filialen zustellen. Bringen Sie am besten gleich einen mit, wenn Sie noch mitspielen wollen.«

»14 Uhr ist perfekt«, antwortete Jochen selbst etwas überrascht, dass es so schnell gegangen war. Und offenbar war ihre Marke bei Brot & Co noch gar nicht im Rennen. Nun ja, man kannte sie zwar im Pkw-Bereich, vielen war aber nicht bewusst, dass sie im Nutzfahrzeugbereich seit einem Jahr einiges zu bieten hatten. Noch dazu war der Nutzfahrzeugverkauf schwach besetzt, wie generell das Business-to-Business-Geschäft in der Gegend. Die meisten Händler konzentrierten sich ausschließlich auf den Endverbraucher. Auch bei der Autounion gab es kaum jemanden, außer Urs und neuerdings Jochen, der sich um etwaige Firmenkunden aktiv kümmerte.

Jochen musste sich ranhalten, bis 14 Uhr hatte er noch einiges zu tun. Im fiel auf, dass er vor lauter Freude über den raschen Termin bei Brot & Co vergessen hatte, nach Details zu fragen. Normalerweise würde er das im Gespräch vor Ort machen. Nur dort gab es ein konkretes Projekt, das schon kurz vor dem Abschluss stand; daher war es wahrscheinlich gut, schon mit einem konkreten Vorschlag zum Gespräch zu kommen.

Jochen rief Hebenstreit nochmals an und stellte ihm ein paar Fragen zum Projekt. Er erfuhr, dass es um 25 kleine Lieferwägen ging. Es wurden nur kurze Strecken gefahren, in der Stadt, Klimaanlage war gewünscht, die Fahrzeuge mussten sonst nicht viel können. Der Preis war ein entscheidendes Kriterium. Jochen war es wohler, jetzt wusste er genau, mit welchem Fahrzeug er dort aufkreuzen konnte.

»Heute 14 Uhr schaffe ich leider nicht. Wir haben ein Filialleitermeeting«, antwortete Horst Bayer auf die Frage seines Mitarbeiters, ihn zu begleiten.

»Na ja, war ja auch sehr kurzfristig«, dachte Jochen und fühlte sich, gestärkt durch den gestrigen Erfolg, gut genug, um bei Brot & Co alleine zu präsentieren. »Nichts macht erfolgreicher als Erfolg«, hatte der Trainer auf dem Verkaufstraining gesagt, und das hatte schon was. Jochen dachte, dass er den Termin, zu dem er jetzt unterwegs war, nicht gekriegt hätte ohne den gestrigen großen Abschluss.

Die Brot-&-Co-Zentrale war am Rande der Stadt angesiedelt. Es befanden sich dort die Verwaltung sowie die Produktion, alle untergebracht in einem großen alten Fabrikgebäude aus roten Ziegelsteinen, recht nett anzusehen, und es roch so intensiv nach frischem Gebäck, dass Jochens Magen zu knurren begann und ihn so daran erinnerte, dass er noch nicht zu Mittag gegessen hatte.

Hebenstreit war ein Mann Mitte 30, eher klein und schmal, etwas blass, mit hoher Stimme, rascher, fast hektischer Sprechweise und Gesten, die fast so aussahen, als ob er vor 100 Leuten sprechen würde. Sein Handy klingelte mehrmals, und er schien sehr unter Zeitdruck zu sein. Jochen hatte durchaus Mühe, ihn zu pacen, doch dann gelang es ihm ganz gut. Was den Rapport anging, so hatte er inzwischen dafür ein Gefühl entwickelt, und er lag fast immer richtig.

Er erfuhr, dass drei Mitbewerberfahrzeuge anderer Marken im Rennen waren und die Entscheidung noch diesen Monat fallen sollte. An die von Jochen vertretene Marke hatte man einfach nicht gedacht, sie hatten keinen Namen im Nutzfahrzeugbereich, aber man wollte ihm eine Chance geben. »Konkurrenz belebt das Geschäft«, hatte Hebenstreit gemeint.

Nach ein paar weiteren Fragen hielt er seine kurze, vorbereitete Präsentation zum kleinsten Modell der 50er-Serie. Hebenstreit wirkte interessiert.

»Also, wenn Sie noch mitmachen wollen, und es ist schon fünf vor zwölf, dann müssen Sie schnell sein.«

»Ja, ich bin sehr interessiert«, unterstrich Jochen.

»Na, dann brauche ich ein Angebot von Ihnen, Fahrzeuge plus Finanzierung, so, wie ich es Ihnen gezeigt habe, und zwar bis morgen früh. Allerspätestens bis Mittag. Außerdem brauche ich ein Fahrzeug für eine Teststellung für ein bis zwei Wochen. Möglichst in der Ausstattung und Motorisierung wie angeboten.«

Jochen schluckte, ließ sich aber nicht anmerken, dass es eine sehr schwierige Aufgabe werden würde, ein solches Angebot innerhalb weniger Stunden zusammenzustellen. Es war so vieles mit so vielen Leuten abzuklären dafür – Flottenrabatte, eigene Kalkulation, Finanzierungen durchrechnen, Lieferbarkeit überprüfen etc.

»Das Fahrzeug habe ich schon mit. Ich denke, es passt ziemlich genau für Ihren Bedarf, einzig, es ist etwas besser ausgestattet als Ihre Vorgabe. Das lasse ich Ihnen gerne hier.« Normalerweise müsste Jochen so ein langes Verleihen mit seinem Chef absprechen oder etwas dafür verlangen, aber im Moment konnte er weder das eine noch das andere tun, und so machte er einfach, was er für richtig hielt.

»Wie läuft die weitere Entscheidung ab?«, fragte Jochen.

»Wir testen alle vier angebotenen Fahrzeuge und vergleichen die Angebote sehr genau. Dann selektieren wir die zwei interessantesten Angebote aus und führen mit den beiden Detailverhandlungen. Sie hören von mir in spätestens 14 Tagen.«

»Ah, ich verstehe. Herr Hebenstreit, abgesehen von dem weiteren Entscheidungsprozess, dem ich weder vorgreifen will noch kann, eine persönliche Frage an Sie. Kommt unser Fahrzeug, so wie ich es Ihnen jetzt gezeigt habe, für Sie infrage?« Jochen schwieg.

Hebenstreit überlegte kurz, wobei seine Augen von oben links nach oben rechts hin und her wanderten, und sagte dann: »Ja, scheint mir eine sehr sinnvolle Alternative zu sein, die gut in unser Bild passen könnte, aber wir werden sehen.« Mit diesen Worten verabschiedeten sie sich.

Als Jochen das Gespräch im Taxi sitzend am Weg zurück in die Firma nochmals analysierte, fiel ihm auf, dass Hebenstreit viele visuelle Worte verwendet hatte, und er fragte sich, ob es Zusammenhänge zwischen den Worten und der auffälligen Stimme gab.

Den restlichen Tag, die halbe Nacht und den nächsten Vormittag war Jochen voll mit der Ausarbeitung des Angebots beschäftigt, aber er schaffte gerade noch vor Mittag, das Angebot per Mail rauszuschicken, das Original gab er in die Post. Er hatte ein gutes Gefühl dabei.

## Sonntag, 16. April 2006

Sonntag war wettermäßig nicht so toll, und so nahm er sich etwas mehr Zeit als sonst, sich seinem Jahresplan zu widmen und seine Monatsziele und -aktivitäten zu überprüfen.

Er hatte schon vieles erreicht seit Januar. Durch das intensivere Joggen hatte er schon mehr als drei Kilo abgenommen, womit er recht zufrieden war. Er fühlte sich auch wesentlich fitter und hatte mehr Energie. Zwei Kilo weniger konnte er allerdings noch vertragen.

Was den beruflichen Bereich anging, so war er mit mehr als geschätzten 45 Neufahrzeugen bis Ende April deutlich über seiner offiziellen Zielvorgabe, und sein persönliches Ziel schien ihm deutlich greifbarer als noch vor drei Monaten.

Das wirkte sich natürlich auch positiv auf seine Finanzen aus. Durch die höheren Provisionen, die er verdiente, hatte er begonnen, Geld zurückzulegen, und war gerade dabei, sich zu informieren, wie er es sinnvoll investieren konnte. Einen Teil wollte er langfristig anlegen, da war er auf zwei interessante Alternativen gestoßen, geschlossene Immobilienfonds und Schiffsbeteiligungen. Beide waren relativ sicher und versprachen Renditen von sieben bis zehn Prozent, was angesichts der niedrigen Zinssätze ganz beachtlich war.

Einzig was den Bereich Partnerschaft anging, war er noch nicht zufrieden. Die Beziehung zu Tina war zwar nett, und sie verstanden sich gut, aber er fühlte, dass es nichts von Dauer war. Aber es war gut genug, es zu genießen, solange es ging. Das hielt ihn nicht davon ab, sich per Internet weiter umzusehen, am Nachmittag wollte er sich mit einer Frau, die er beim Chatten kennen gelernt hatte, zum Kaffee treffen.

Jochen hatte die Vorteile des Internets, was das Kennenlernen von Frauen anging, schätzen gelernt, obwohl er anfangs skeptisch gewesen war. Was sich allerdings auch zeigte, war, dass so manche Frau, die er in der realen Welt traf, ganz anders wirkte als das Bild, das er sich zuvor von ihr gemacht hatte auf

Basis von Mails, Fotos und dem einen oder anderen Telefonat. Auch in dem Bereich beruhte natürlich mehr als 50 Prozent der kommunikativen Wirkung auf der Körpersprache, und die kann nur in einer Begegnung richtig wirken.

## Montag, 24. April 2006

Das Geschäft in den letzten Tagen war recht gut gelaufen. Die Kundenfrequenz im Schauraum war hoch, sodass Jochen Mühe hatte, seine Telefonakquisitionsaktivitäten aufrechtzuerhalten, aber er schaffte es. Es gelang ihm, ein paar Termine mit potenziellen Firmenkunden für die nächsten Wochen auszumachen.

»Jochen Berger, Autounion, guten Tag«, meldete sich Jochen, als sein Telefon läutete.

»Guten Tag, Herr Berger, Hebenstreit von der Brot & Co.« Jochen erkannte die hohe Stimme gleich wieder. »Sie waren ja bei mir und haben für unsere Lieferwagenflotte mit angeboten.«

»Ja«, antwortete Jochen gespannt.

»Nun, wir möchten Sie zu einem weiteren Gespräch einladen. Es geht darum, Einzelfragen zu Ihrem Angebot zu klären, sodass wir dann unsere Entscheidung treffen können. Haben Sie diesen Donnerstag, den 27., Zeit?«

Jochen merkte, dass seine Aufregung schlagartig gestiegen war, als er in seinem Terminkalender blätterte. »Ja, ich könnte ab zirka 14 Uhr.«

»Na, dann sagen wir doch 15 Uhr, davor schaffen wir es nicht. Bei dem Gespräch wird auch Herr Wimmer, der Geschäftsführer, dabei sein.«

»Ah ja, möglicherweise kommt auch unser Verkaufsleiter, Herr Bayer, mit.«

»Geht in Ordnung, dann also bis Donnerstag.«

Jochen ging gleich zu seinem Chef und war heilfroh zu hören, dass Bayer am Donnerstag Zeit hatte, ihn zu dem Termin zu begleiten. Alleine schien ihm dieses Geschäft im Moment doch noch eine Nummer zu groß.

## Donnerstag, 27. April 2006

Sie wurden gleich in einen Besprechungsraum gebeten, mit Kaffee versorgt und mussten dort fünf Minuten warten, bis Herbert Wimmer, der Geschäftsführer, und Hebenstreit den Raum betraten. Sie hatten zuvor vereinbart, dass Jochen den Fuhrparkleiter und Bayer den Geschäftsführer spiegeln würde, damit sie mit beiden besten Rapport hatten. Den würden sie möglicherweise dringend benötigen, denn sie erwarteten harte Verhandlungen. Es ging um viele Fahrzeuge, und Hebenstreit hatte im ersten Gespräch schon betont, wie wichtig der Preis war. Und je besser der Rapport war, umso leichter konnten sie in der Sache verhandeln – ganz nach dem Grundsatz »Hart in der Sache, weich zur Person«.

Das Angebot, das sie gemacht hatten, war hart an der Grenze des kalkulatorisch Möglichen. Die Spannen bei den Fahrzeugen waren ziemlich ausgereizt, die Deckungsbeiträge gerade noch positiv. Geld konnten sie mit der Finanzierung verdienen und mit dem mitangebotenen Servicevertrag für alle 25 Fahrzeuge.

Das Gesprächsklima war sachlich, zwar nicht herzlich, aber immerhin freundlich. Jochen musste einmal fast lachen, als er merkte, wie genau Bayer den Geschäftsführer spiegelte, ohne dass diesem das auch nur ansatzweise aufgefallen wäre.

Nachdem ein paar technische Fragen geklärt waren, ging man zu den kaufmännischen über.

»Sehen Sie«, sagte Wimmer zu Bayer, »wir wissen noch nicht, ob wir Fahrzeuge und Finanzierung gesamtheitlich vergeben oder möglicherweise separat. Ihr Angebot gefällt uns gut, sonst hätten wir Sie auch nicht zu diesem Gespräch eingeladen, aber der Preis der Fahrzeuge ist zu hoch. Wir haben da ein interessantes Angebot eines Mitbewerbers, das etwa ein Prozent unter dem Ihren liegt. Was können Sie denn da noch machen?«

»Ah, ich verstehe«, antwortete Bayer. »Sie haben also ein interessantes Mitbewerberangebot«, wiederholte Bayer. »Nun, offen gestanden kann ich Ihnen nicht einmal den Preis anbieten, den wir ins Angebot geschrieben haben.« Bayer machte ein Pause und wartete auf die Reaktionen der Gegenseite, die sich auch prompt einstellte.

Sichtlich irritiert sagte Wimmer: »Wie meinen Sie das, Herr Bayer? Ihr Mitarbeiter hat uns doch ein offizielles Angebot gemacht.«

»Ja, das ist richtig, und dieses beinhaltet die Fahrzeuge einschließlich der Finanzierung als Paket. Wenn es um die Fahrzeuge alleine geht, erstellen wir Ihnen gerne ein neues Angebot, wo die Investition pro Fahrzeug dann allerdings höher ausfallen wird.«

Jochen war erstaunt, wie gelassen sein Chef mit der Situation umging. Immerhin ging es um 25 Fahrzeuge, und der Kunde hatte offenbar auch andere Alternativen. Er merkte, dass seine Hände schweißnass waren und dass sich Schweißflecken unter seinen Achseln bildeten, obwohl es im Raum eher kühl war – zum Glück hatte er ein Sakko an.

»Ah ja.« Wimmer runzelte nachdenklich die Stirn. »Ihr Preis gilt also nur im Paket.«

»Ja, genau«, antwortete Bayer und setzte nach. »Wenn ich Sie und Herrn Hebenstreit richtig verstanden habe, dann sind Sie grundsätzlich interessiert, mit uns zu arbeiten. Heißt das, wenn wir uns über die finanzielle Seite einigen, wobei ich nicht weiß, ob wir das schaffen, denn unsere Kalkulation ist schon bis aufs Äußerste ausgereizt, dass wir dann den Auftrag erhalten … heute?« Bayer schwieg, und es kam Jochen wie eine Ewigkeit vor, obwohl wahrscheinlich nur drei Sekunden vergangen waren, bis Wimmer antwortete.

»Ja, wenn wir uns über die finanzielle Seite einigen, dann sind wir im Geschäft«, erklärte er.

Bayer und Wimmer hatten jetzt ganz die Gesprächsführung übernommen. »Herr Wimmer, wir haben Ihnen auch einen Servicevertrag angeboten. Wie planen Sie denn den Service dieser Fahrzeuge?«

»Nun, einen fixen Servicevertrag zu machen ist eine Option. Wir haben das aber noch nicht genau überlegt. Wir wollten zuerst die Anschaffung unter Dach und Fach kriegen.«

»Können Sie sich vorstellen, das zu einem Paket zu schnüren?«

»Grundsätzlich ja.«

»Nun, Herr Wimmer«, Bayer schaute Wimmer geradewegs in die Augen und fixierte ihn förmlich mit seinem Blick, »wenn Sie mir jetzt die Zusage für das Gesamtpaket mit Servicevertrag machen können, dann kann ich Ihnen beim Preis für die Neufahrzeuge noch entgegenkommen. Ein Prozent ist unmöglich, da müsste ich dankend ablehnen, aber 0,25 Prozent kann ich Ihnen unter diesem Aspekt noch zusätzlich geben. Wie sehen Sie das?«

Wimmer überlegte und sagte dann: »Wir lassen Sie kurz allein, um intern Ihren Vorschlag nochmals kurz zu erörtern, und kommen in zehn Minuten wieder. Ist das okay für Sie?« Jochen und sein Chef nickten, und die anderen beiden verließen den Raum.

»Was denken Sie?«, fragte Bayer seinen Verkäufer, als sie alleine waren.

»Puh, ich weiß nicht«, sagte Jochen, »ein Prozent Unterschied zum Mitbewerb ist schon viel.«

»Dieses angeblich interessante Angebot des Mitbewerbers existiert nicht«, lächelte Bayer.

Jochen war erstaunt. »Was macht Sie so sicher?«

»Haben Sie seine Augen gesehen, als er davon sprach?«

»Nein, wieso?«, fragte Jochen erstaunt.

»Nun, seine Augen sind zuerst nach links oben gewandert, von uns aus gesehen, und danach ist er meinem Blick ausgewichen. Das ist für mich ein deutliches Zeichen, dass er dieses angebliche Angebot entweder frei erfunden hat oder dass es nicht so interessant ist, wie er tut.«

»Und das sehen Sie aus den Augenbewegungen?« Jochen war perplex. »Sie können erkennen, ob jemand lügt?«, fragte er und ging im Geiste rasch seine Gespräch mit seinem Chef durch, um zu checken, ob er möglicherweise die Wahrheit mal über Gebühr ausgedehnt hatte und vielleicht dabei von ihm durchschaut worden war.

Bayer lächelte. »Na ja, nicht direkt, aber, sagen wir mal, es gibt Indizien, und aufgrund meiner Erfahrung kann ich aus diesen den einen oder anderen Rückschluss ziehen, und in diesem Fall scheint es mir sehr wahrscheinlich so zu sein. Ich denke, die Theorie dazu finden Sie im nächsten Kapitel von ›Die letzten Geheimnisse im Verkauf‹.« Jochen nahm sich vor, dieses Kapitel heute noch zu lesen und nicht bis nächste Woche zu warten, als die beiden Kunden den Raum wieder betraten.

»Nun«, eröffnete Wimmer das Gespräch, »wir sind zu dem Schluss gekommen, den von Ihnen zuletzt gemachten Vorschlag anzunehmen. Kommen Sie bitte Anfang nächster Woche mit den Verträgen vorbei, wir sollten keine Zeit verlieren, wenn ich mir die Lieferzeiten ansehe.«

Schlagartig war es wieder da, dieses Gefühl zu schweben, und Jochen genoss es.

Das Lesen des nächsten Kapitels verschob er nun doch aufs Wochenende, heute Abend war Feiern angesagt. Das war der größte Einzelauftrag, den die Autounion die letzten beiden Jahre gemacht hatte, und er gehörte Jochen.

Fast hätte er in der Euphorie vergessen, seine Einträge ins Erfolgstagebuch zu machen, war dann aber sehr stolz auf sich, sie trotzdem gemacht zu haben.

**+ Den größten Einzelauftrag der Firma in den letzten beiden Jahren (mit) an Land gezogen**
**+ Den Chef als Unterstützung zum Kunden mitgenommen**
**+ Trotz sachlichen Gesprächs guten Rapport gehabt**
**! Bei Mitbewerberangebot, das niedriger ist im Preis, keine weichen Knie gekriegt**
**✓ Gewillt sein, ohne Abschluss zu gehen, wenn der Preis nicht passt**
**✓ Ein Blick sagt offenbar mehr als tausend Worte.**

## Freitag, 28. April 2006

Das monatliche Gespräch mit dem Chef war diesmal sehr kurz, da sie tags zuvor auf dem Weg zu Brot & Co und am Nachhauseweg schon über einige Dinge gesprochen hatten. Auch das Feedback, das Jochen von seinem Chef zum Gespräch erhalten hatte, war hilfreich gewesen, und sie vereinbarten, das in regelmäßigen Abständen zu wiederholen.

Mit 45 Neuwagen, inklusive des Auftrags von Brot & Co, und zehn Gebrauchten war Jochen haushoher Spitzenreiter der Verkaufsstatistik im April. Hausich hatte auch einen guten Monat gehabt, war aber mit 18 Fahrzeugen doch weit abgeschlagen. Und nicht nur das. Jochens Ergebnis war das beste, das ein einzelner Verkäufer der Autounion je erzielt hatte. Zu Recht war er sehr stolz darauf. Hausich gratulierte ihm aufrichtig, und er freute sich darüber. Die übrigen Kollegen gratulierten ihm auch, doch er fühlte, dass ihn die meisten beneideten und ihm seinen Erfolg nicht wirklich gönnten. Er war für solche Wahrnehmungen wesentlich sensibler geworden in den letzten Monaten.

Er konnte sie förmlich reden hören, wenn er nicht dabei war, wenn sie in der Gruppe zusammenstanden und jammerten. Sie erzählten wahrscheinlich von dem Glück, das Jochen in letzter Zeit hatte, und davon, dass mit solchen Großkunden es natürlich viel leichter war, so hohe Stückzahlen zu verkaufen, und dass das natürlich nicht anhalten konnte, weil ja die Wirtschaft insgesamt noch immer schwach war, was auch täglich in den Medien kommuniziert wurde, und die Kauflust der Kunden nicht sehr hoch und die Modellpalette immer noch nicht die Fahrzeuge bot, die sie brauchten, um mehr zu verkaufen, und, und, und ... Sie taten ihm Leid, auch wenn er sich etwas arrogant dabei vorkam, zumal er noch vor einem Jahr genauso gewesen war.

## Samstag, 29. April 2006

Am Samstag hatte er Lust, sich zu belohnen und ausführlich shoppen zu gehen. Allein die Provision für das Brot-&-Co-Geschäft machte, obwohl der Deckungsbeitrag sehr klein war, so viel aus, wie er sonst in zwei Monaten insgesamt verdiente.

Am Nachmittag, erschöpft vom Shopping, das ihn vergleichsweise viel mehr anstrengte als Joggen, beschloss er, das nächste Kapitel von »Die letzten Geheimnisse im Verkauf« zu lesen, und war schon ganz gespannt auf die Sache mit den Augenbewegungen.

# Mai – Augenbewegungsmuster und Körpersprache

»Die Augen sind der Spiegel der Seele.«

## Augenbewegungsmuster und Körpersprache

### Augenbewegungsmuster

Die Bewegungen unserer Augen zeigen, aus welchem Sinnessystem Ihr Gesprächspartner seine Informationen abruft. Unterschiedliche Stellungen der Augen hängen eng mit unterschiedlichen Sinnessystemen zusammen.

Man kann es sich in etwa wie eine Bücherwand vorstellen, vor der man steht. Je nachdem, was man gefragt wird oder wonach man sucht, richtet man die Augen auf einen bestimmten Teil dieser Bücherwand. Es hat also damit zu tun, wo man welche Art von Information gespeichert hat. Die Bilderbücher sind in den oberen Reihen, die Hörbücher in der Mitte, und unten befinden sich die lyrische Abteilung und die Belletristik einerseits und die Statistiken und Listen andererseits.

Da die Augenbewegungen weitestgehend unterbewusst ablaufen, sind sie schwer steuerbar und lassen daher gute Rückschlüsse zu.

Diese Augenstellungen gelten für zirka 80 Prozent der Menschen in unseren Breiten. Ob jemand Linkshänder ist (und dadurch auch bei den Augenstellungen die Seiten vertauscht hat), kann einen Einfluss haben, muss aber nicht. Um sicherzugehen, muss der Gesprächspartner also »geeicht« werden. Dieses »Eichen« oder »Kalibrieren« erfolgt durch Fragen.

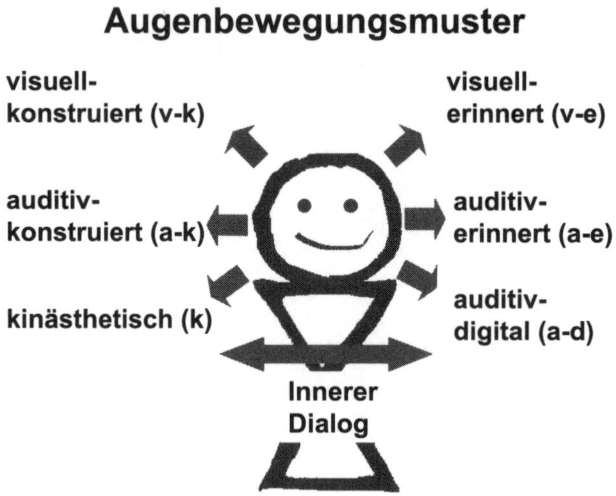


Im Folgenden die Details:

***Visuell-konstruiert (v-k)***

Hier stellt man sich etwas bildlich vor, das man so nicht abgespeichert hat – man konstruiert ein Bild.

*Fragen:*

- Wie würde das ideale Produkt für Sie aussehen?
- Stellen Sie sich vor, Sie hätten den perfekten Mitarbeiter. Wie sähe der aus?
- Wie würde Ihre Frau/Ihr Mann mit violetten Haaren aussehen?
- Wie würden Sie aussehen, wenn Sie 20 Kilo zunehmen?

***Visuell-erinnert (v-e)***

In dieser Augenstellung werden Bilder von etwas, das man schon einmal erlebt oder gesehen hat, vor das geistige Auge geholt – man erinnert visuell.

*Fragen:*
- Welche Farbe hat das Produkt, das Sie bisher verwenden?
- Wie sah das Produkt aus, das Sie früher verwendet haben?
- Wie sah Ihre Volksschullehrerin aus?
- Was haben Sie zu Ihrer Hochzeit getragen?

***Auditiv-konstruiert (a-k)***

Diese Stellung bedeutet, dass auditive Elemente konstruiert werden, die Sie so noch nicht gehört haben.

*Fragen:*
- Was würden Ihre Kunden sagen, wenn sie von dem neuen Angebot hören?
- Wie würde sich die Presse anhören, wenn Sie ihr von Ihrer neuen Dienstleistung erzählen?
- Wie würde Michael Jackson eine Oktave tiefer klingen?
- Wie würde sich Ihre Mutter als Sängerin eines Abba-Liedes anhören?

***Auditiv-erinnert (a-e)***

Das ist die Augenstellung, wenn man sich an Töne, Worte, Geräusche, Musik etc. erinnert.

*Fragen:*
- Was hat Ihr Serviceleiter zu den Testergebnissen gesagt?
- Wie klang Ihr Chef, als er von den neuen Möglichkeiten erfuhr?
- Wie klang die Stimme Ihres Vaters, wenn Sie schlechte Schulnoten nach Hause gebracht haben?
- Wie klingt Ihr Lieblingslied?

***Kinästhetisch (k)***

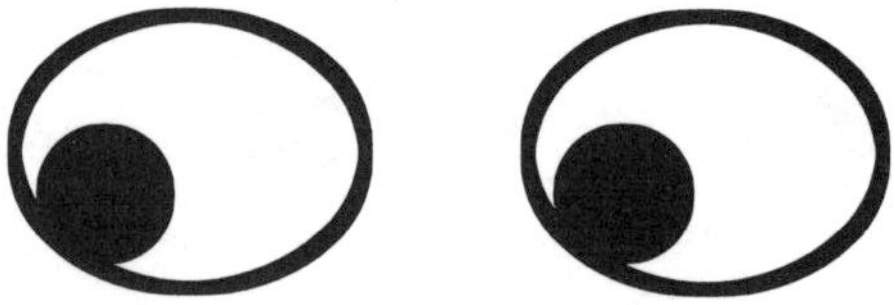

Diese Augenstellung steht für den Bereich der Gefühle. Hier wird nicht zwischen konstruiert und erinnert unterschieden.

*Fragen:*
- Was haben Sie für ein Gefühl dabei, wenn Sie an den Einsatz unserer neuen Maschine denken?
- Welche Gefühle hatten Sie bei dem Produkttest?
- Wie fühlen Sie sich, wenn Sie eine doppelte Portion Pasta gegessen haben?
- Welches Gefühl haben Sie, wenn Sie im Urlaub in der heißen Sonne liegen?

### *Auditiv-digital (a-d)*

Diese Augenstellung ist ein Hinweis auf auditiv-digitale Informationen. Darunter versteht man alle Arten von Listen, Aufzählungen, Nummerierungen, Zahlen, Zeichen etc.

Ebenso haben beim »inneren Dialog« (den die Person mit sich selbst führt), oder wenn nachgedacht wird, die Augen oft diese Stellung oder wandern auch zwischen unten rechts und unten links hin und her (k – a-d). Auch Wandern zwischen v-e und v-k ist möglich.

*Fragen:*
- Was sind Ihre Hauptargumente für Ihr Angebot?
- Welchen Kostenvorteil habe ich damit gegenüber der Konkurrenz?
- Nach welchen Kriterien wählen Sie aus?

### *Starrender Blick*

Wenn jemand geradeaus starrt, so kann das auch ein Hinweis auf visuelles Erleben sein.

## Einsatz der Augenbewegungsmuster im Verkauf

Wie können Sie nun dieses Wissen um die Augenbewegungsmuster in Ihrer Verkaufspraxis einsetzen? Es gibt verschiedene praktische Anwendungsmöglichkeiten der Augenbewegungsmuster im Verkaufsgespräch:

- Hinweis auf Hauptsinnessystem
- Spiegeln der Augenbewegungen
- Produktpräsentation darauf abstimmen
- Wahrheitsgehalt von Aussagen überprüfen

Zum einen geben die Augenbewegungsmuster einen Hinweis auf das von meinem Gesprächspartner hauptsächlich verwendete Sinnessystem. Diese Information wiederum kann ich zum Pacing verwenden. Man kann spiegeln, indem man die Worte, die man verwendet, danach auswählt (dazu mehr im Folgenden), und auch einfach die Augenbewegungsmuster selbst spiegeln. Letzteres bedeutet zum Beispiel, bei einem stark kinästhetischen Gegenüber auch vermehrt nach rechts unten zu blicken.

Einsatzmöglichkeiten gibt es auch bei der Produktpräsentation. Sobald man die Person kalibriert hat, weiß man, welche Seite erinnert und welche konstruiert ist. Zum Beispiel könnte man so verfahren:

»Herr X, Sie haben ja mit unserem Produkt bereits sehr gute Erfahrungen gemacht.« (Handbewegung auf »Erinnert-Seite«) »Sehen Sie eine Möglichkeit, wie wir den Einsatz noch intensivieren können?« (Handbewegung auf »Konstruiert-Seite«)

Man kann die Augenbewegungsmuster auch als Hinweis auf den Wahrheitsgehalt von Aussagen verwenden, zum Beispiel:

Kunde: »Ich habe ein besseres Angebot von der Konkurrenz erhalten!« (blickt nach v-k [visuell-konstruiert])
Verkäufer: »Um wie viel besser ist es denn?«
Kunde: »Um mehr als fünf Prozent!« (blickt nach v-k)

Aus diesem Muster könnte man schließen, dass es dieses Konkurrenzangebot nicht gibt oder dass es schlechter ist und nicht besser.

✦ ✦ ✦

»Das ist ja total abgefahren«, dachte Jochen. Jetzt war ihm auch klar, was sein Chef in der Verhandlung bei Brot & Co gemeint hatte, als er von den Augenbewegungen des Geschäftsführers sprach. Gleichzeitig beschlich ihn der Gedanke der Hilflosigkeit, wenn er daran dachte, neben dem Spiegeln der Körpersprache und der Stimme und neben den sinnesspezifischen Worten auch noch auf die Augenbewegungen seines Gegenübers achten zu müssen. Wie sollte er das alles schaffen? Andererseits fiel ihm ein, dass er in den letzten Monaten einiges geschafft hatte, das er vor einem Jahr noch für unmöglich gehalten hätte, und seine Zuversicht stieg – Stück für Stück.

Ein paar Minuten lang beschäftigte er sich mit der Überlegung, wo er dieses Wissen über die Augenbewegungsmuster sinnvoll einsetzen konnte, bevor er weiterlas.

## Körpersprache und Stimme

Auch die Körpersprache Ihres Gesprächspartners gibt Hinweise darauf, was sein bevorzugtes Sinnessystem ist. Die körpersprachlichen Hinweise können vielfältiger Natur sein. Sie betreffen:

- Körperhaltung
- Atmung
- Gesichtsausdruck
- Stimme
- Gestik

| | visuell | auditiv | kinästhetisch |
|---|---|---|---|
| Körperhaltung | zurückgelehnt, Kopf und Schultern hoch | vorgelehnt, Kopf zur Seite, Schultern zurück, Arme gekreuzt | eher zurückgelehnt, Kopf und Schultern nach unten |
| Atmung | hoch in der Brust, flach, schnell | durchschnittlich schnell, Zwerchfellatmung | Bauchatmung, tief, langsam |
| Gesichtsausdruck | Augen zusammengekniffen | Augenbrauen zusammengekniffen | locker, entspannt |

| | visuell | auditiv | kinästhetisch |
|---|---|---|---|
| Stimme | hoch, nasal, schnell | melodiös, fließend, rhythmisch, mittlere Höhe | tief, langsam, viele Pausen |
| Gestik | Berühren der Augen, Deuten auf die Augen, Gesten im oberen Körperbereich, aufwärts gezielt, fei bewegend | Gesten neben dem Ohr, Berühren des Mundes, des Kinns, des Halses oder der Ohren | Bauch- und Brustkorbberührungen, Gesten im unteren Bereich |

»Ah ja, das ist mir schon aufgefallen«, dachte Jochen, als er einige seiner letzten Gespräche vor seinem geistigen Auge Revue passieren ließ. Er konnte sich an ein paar Kunden in letzter Zeit erinnern, deren Körpersprache und Stimme sehr gut in die visuelle Beschreibung passten. Speziell auf Herrn Hebenstreit, den Fuhrparkleiter von Brot & Co, schien die Beschreibung eines Visuellen perfekt zu passen, beinahe schon klischeehaft. Jochen musste schmunzeln bei dem Gedanken.

## Sinnesspezifisch verkaufen

Jetzt wissen Sie also, wie Sie herausfinden, welches Hauptrepräsentationssystem Ihr Kunde hat. Die Frage, die sich nun stellt, ist: Wie können Sie dieses Wissen anwenden?

Grundsätzlich ist die sinnesspezifische Sprache eine weitere, sehr wirkungsvolle Art des Pacing, die Sie zusätzlich zu den anderen Möglichkeiten des Spiegelns einsetzen können und sollten. Hier gilt nicht »entweder oder«, sondern »und und«.

## Allgemeine Anregungen

Sie als professioneller Kommunikator sollten natürlich nicht nur mit Ihren eigenen bevorzugten Sinnessystemen, sondern auch mit allen anderen gut umgehen können. Sie müssen sich auf einen auditiven Kunden genauso einstellen können wie auf einen kinästhetischen, auch wenn Sie selbst stark visuell sind. Das erfordert Flexibilität, die Sie durch Übung erlangen. Trainieren Sie vor allem jene Sinne und Ausdrucksmöglichkeiten, die Sie sonst nie verwenden.

Sie können das sinnesspezifische Vokabular natürlich auch bewusst dazu einsetzen, um eine Alternative (zum Beispiel die der Konkurrenz) weniger attraktiv erscheinen zu lassen (zum Beispiel bei einem visuellen Kunden).

»Mein Mitbewerber hat Ihnen ja gesagt, was sein Angebot beinhaltet, und vielleicht konnten Sie ja schon ein Gefühl dafür entwickeln. Ich habe Ihnen jetzt unseren Vorschlag gezeigt, und Sie konnten sich ein klares Bild davon machen, wie gut dieser für Sie aussieht. Sehen Sie schon, welche Entscheidung sich für Sie abzeichnet?«

## Umgang mit visuellen Kunden

*Merkmale visueller Kunden:*

- Sie lieben visuelle Informationen.
- Sie sehen Dinge (auch ein Angebot) lieber an, als darüber zu reden.
- Das Aussehen, die Optik, ist sehr wichtig (bei Produkten sowie generell).

*Tun Sie daher Folgendes:*

- Erzeugen Sie mit Ihren Worten möglichst schöne, ausdrucksstarke, kraftvolle, lebhafte, überzeugende Bilder.
- Verwenden Sie visuelle Worte, Ausdrücke und Redewendungen, um den Kunden zu pacen.

- Präsentieren Sie mit möglichst starker visueller Unterstützung in Form von Bildern, Fotos, Computeranimationen, Diashows, Video, Produktmustern, Tabellen und Grafiken. Verwenden Sie gegebenenfalls Overhead oder auch Flipchart, um etwas vor den Augen des Kunden aufzuzeichnen.
- Betreiben Sie »Pencil-Selling« – das heißt, unterstützen Sie Ihre Aussagen durch etwas, das Sie für den Kunden auf Papier zeichnen oder schreiben (idealerweise für Sie verkehrt, sodass es der Kunde sehen kann).
- Blicken Sie ab und zu nach oben. Das verstärkt den Rapport mit dem Kunden und hilft ihm bei der Informationsverarbeitung und -speicherung.
- Erklären Sie dem Kunden einen Vertrag, indem Sie diesen gemeinsam mit dem Kunden auf einem Ausdruck durchgehen, sodass er die Worte auch sehen kann.
- Das Aussehen und das Design der Produkte sind für den Kunden wichtig. Wenn Sie auch das Produkt nicht verändern können, achten Sie darauf, dass es in möglichst »gutem Licht« präsentiert wird (wörtlich wie metaphorisch).
- Auch die Optik anderer Dinge ist für ihn wichtig. Achten Sie auch auf Kleinigkeiten in Ihrem Schriftverkehr, dem Büro, dem Besprechungszimmer, dem Kaffeegeschirr etc. – ihm fällt alles auf.
- Ein Brief, ein Fax oder eine E-Mail sind dem visuellen Kunden oft lieber als ein Telefonat.
- Achten Sie vor allem auf Ihr eigenes Äußeres – was allgemein wichtig ist, jedoch beim visuellen Kunden im extremen Ausmaß: Kleidung, Aktentasche, Uhr, Visitenkarten, Fingernägel, selbst der Kugelschreiber, den Sie verwenden – alles findet Beachtung.

## Umgang mit auditiven Kunden

*Merkmale auditiver Kunden:*

- Sie lieben auditive Informationen …
- … von Ihnen als auch von anderen.
- Sie hören lieber etwas über ein Produkt, als es zu sehen.

*Tun Sie daher Folgendes:*

- Geben Sie ihm viele auditive Informationen, die noch lange nach Ihrem Gespräch in seinem inneren Ohr nachklingen.
- Verwenden Sie vor allem auditive Worte, Ausdrücke und Redewendungen.
- *Erzählen* Sie Ihrem Kunden von dem, was andere Leute (Kunden) über Ihr Produkt gesagt haben. Bringen Sie Referenzen, indem Sie davon erzählen oder sie vorlesen, speziell dann, wenn Sie feststellen, dass Referenzen für den Kunden wichtig sind.
- Achten Sie auf den Einsatz Ihrer Stimme. Verwenden Sie Ihre Stimme, um den Kunden zu pacen, aber auch, um durch Betonung (Lautstärke, Geschwindigkeit, Pausen etc.) wichtige Dinge des Gesagten hervorzuheben.
- Erzählen Sie Ihrem Kunden kurze, lustige, spannende, interessante Geschichten, die möglicherweise einen Bezug zu ihm oder Ihrem Produkt oder Geschäft haben.
- Im Verkaufsgespräch oder in der Verkaufspräsentation sollten Sie, wenn möglich, auditive Unterstützung verwenden – einen Fernseh- oder Radiospot Ihrer Firma vorführen (am Notebook) oder eine vertonte, computeranimierte Präsentation.
- Das Telefon ist naturgemäß für den auditiven Kunden sehr wichtig. Halten Sie regelmäßig telefonischen Kontakt mit ihm. Rufen Sie ihn lieber an, als ihm eine Mail oder ein Fax zu schicken.

### Umgang mit kinästhetischen Kunden

*Merkmale kinästhetischer Kunden:*

- Sie lieben kinästhetische Informationen.
- Sie wollen etwas »zum Anfassen«.
- Sie brauchen ein »gutes Gefühl«, um eine Entscheidung zu treffen.

*Tun Sie daher Folgendes:*

- Verwenden Sie kinästhetische Worte, Ausdrücke und Redewendungen.

- Treffen Sie Ihren kinästhetischen Kunden so oft wie möglich persönlich. Ein Telefonat sowie eine E-Mail sind für ihn kein adäquater Ersatz für ein persönliches Gespräch.
- Arbeiten Sie in der Produktpräsentation möglichst viel mit Produkt- und Materialmustern. Geben Sie diese dem Kunden in die Hand, damit er die Dinge besser »be-greifen« kann. Lassen Sie ihn Ihr Produkt selbst ausprobieren, damit er »ein Gefühl« dafür bekommt.
- Geben Sie dem Kunden möglichst viele gefühlsbetonte Informationen zu Ihrem Produkt und über das, was es bewirkt.
- Schauen Sie immer wieder nach unten. Das verstärkt den Rapport und hilft dem Kunden, ein »gutes Gefühl« für Ihren Vorschlag zu entwickeln.
- Körperkontakt, obwohl in unseren Breiten sehr mit Vorsicht zu genießen, ist für kinästhetische Kunden wichtiger als für andere. Sie haben einen anderen, intensiveren, längeren Händedruck. Manchmal ergreifen Sie Ihre Hand auch mit beiden Händen oder mit der zweiten am Ellenbogen (was auch ein Hinweis auf eine dominante Persönlichkeit sein kann). Berührungen (wenn angebracht) am Oberarm oder ein Schulterklopfen können förderlich sein.

## Umgang mit auditiv-digitalen Kunden

*Merkmale auditiv-digitaler Kunden:*

- Sie bevorzugen auditiv-digitale Informationen.
- Sie haben vorgefertigte Checklisten (schriftlich oder im Kopf) mit Kriterien, die ein Produkt erfüllen sollte, und vergleichen Ihre Liste mit ihrer.
- Sie mögen viel Information.
- Sie verwenden neutrale Worte und sprechen eher monoton.

*Tun Sie daher Folgendes:*

- Verwenden Sie möglichst viele neutrale, sachliche Worte.
- Liefern Sie möglichst viele vernünftige Entscheidungsgründe, die für Ihr Produkt sprechen.

- Arbeiten Sie viel mit Zahlen, Daten und Fakten möglichst in schriftlicher, strukturierter Form.
- Blicken Sie ab und zu nach rechts unten (von Ihnen aus), um auf diese Weise Rapport herzustellen.
- Von allen Sinnestypen hat der auditiv-digitale Typ zu Gefühlen am wenigsten Beziehung. Handschütteln ist okay, aber vermeiden Sie Körperkontakt darüber hinaus. Argumentieren Sie wenig auf der Gefühlsebene.
- Finden Sie die Liste seiner Entscheidungskriterien am besten vor dem Gespräch heraus und richten Sie die Präsentation der Merkmale Ihres Produkts oder Ihrer Dienstleistung danach aus.

## Umgang mit Gruppen oder unbekannten Kunden

Bei einem Verkaufsgespräch mit mehreren Personen, deren Sinnessysteme Sie (noch) nicht kennen, oder wenn in dieser Gruppe alle möglichen Varianten vertreten sind, sowie beim Verkauf an Unbekannte (wie zum Beispiel bei einem Direct Mailing) gilt es ein paar spezielle Regeln zu beachten:

- Verwenden Sie eine Mischung von visuell, auditiv und kinästhetisch ansprechenden Worten. Damit treffen Sie in jedem Fall alle Geschmäcker.
- Verwenden Sie in der Präsentation alle zur Verfügung stehenden Mittel und Unterstützungen visueller Natur (Grafiken, Fotos, Filme, Flipchart etc.), auditive (wie Musik, Werbespots) sowie kinästhetische (Produkt- und Materialmuster).

✦ ✦ ✦

Das war eine Menge an Informationen, alles sehr sinnvoll und einleuchtend, einfach nur sehr viel. Jochen beschloss, diesen letzten Teil die nächsten Tage täglich nochmals zu lesen, um sich die vielen Punkte besser einprägen zu können. Dann blätterte er weiter zum Übungsteil.

## Übungen Monat 5 – Augenbewegungsmuster

- Nutzen Sie jede Gelegenheit, um das Erkennen der Augenbewegungsmuster in einem Gespräch zu üben.
  - Nehmen Sie sich einen Übungspartner und setzen Sie sich gegenüber hin in einer Entfernung von drei bis fünf Metern. Ersuchen Sie diesen, Ihnen zehn Minuten lang irgendetwas zu erzählen (zum Beispiel vom letzten Urlaub etc.). Ihre Aufgabe ist es dabei, alle seine Augenbewegungen anhand einer Strichliste zu notieren. Diese Übung sollten Sie mehrmals durchführen, um Ihre Fähigkeiten zu automatisieren.
  - Achten Sie darauf bei Unterhaltungen mit Kollegen, Freunden, der Familie und mit Kunden. Speziell dann, wenn es eine Gruppe von Personen ist und Sie so nicht ständig sprechen müssen, fällt es Ihnen noch leichter, die Beobachterrolle einzunehmen.
  - Führen Sie während Livediskussionen oder Interviews im Fernsehen eine Strichliste, unterteilt in v-e, v-k, a-e, a-k, k, a-d (Abkürzungen siehe Augenbewegungen), und schärfen Sie so Ihre Wahrnehmungsgenauigkeit, was die Augenbewegungsmuster angeht.
- Sobald Sie im Erkennen der Muster genug geübt sind, gehen Sie dazu über, diese auch zu verwenden. Ganz im Sinne von Pacing/Spiegeln verwenden Sie beim Gespräch dieselbe Art von Worten, die dem Hauptsinnessystem Ihres Gesprächspartners entspricht.

### Donnerstag, 4. Mai 2006

In den letzten Jahren, in denen er als Verkäufer tätig war, hatte er sich immer viel Mühe gegeben, dachte er, und er war damit auch mehr oder weniger erfolgreich gewesen. Der große Durchbruch war ihm aber nie gelungen – bis jetzt. Er hatte immer das Gefühl gehabt zu schwimmen, was bedeutete, dass er weiterkam, wenn er sich anstrengte; wenn er aufhörte mit den Schwimmbewegungen, würde er aber untergehen.

Jetzt hatte er erstmals das Gefühl, dass es auch anders sein konnte. Nicht, dass er sich nicht mehr anstrengen müsste, nein, er wollte nach wie vor viel Energie in seinen Job stecken. Die Dynamik hatte sich allerdings verändert. Wo er vorher an besseren, schnelleren Schwimmstilen geübt hatte, um damit etwas rascher voranzukommen, schien es ihm jetzt, dass er aufs Surfboard umgestiegen war und sich fast mühelos von den Wellen tragen ließ, immer in Bewegung mit den Wellen, nie dagegen.

Früher hatte er oft davon gesprochen, »den Umsätzen nachzulaufen«, wenn die wirtschaftlichen Zeiten etwas schwieriger waren. Ihm war klar geworden, dass das auch bedeutete, dass die Umsätze und somit die Kunden vor ihm davonliefen – und das war keine sehr nützliche Metapher. In den letzten Monaten und Wochen hatte sich auf irgendeine wundersame Weise etwas geändert. Jetzt war es vielmehr so, dass die Umsätze ihm zuflossen und die Kunden auf ihn zukamen.

Was war anders? Die Wirtschaft? Die Kunden? – Wohl kaum. Ihm war klar, dass er sich geändert hatte, und zwar massiv. Er hatte anders zu denken begonnen und dadurch anders gehandelt. Er hatte andere, neue Fähigkeiten erworben, und sein Bild von sich selbst war stark in Veränderung. Manches war wichtiger geworden, anderes in seiner angeblichen Wichtigkeit verblasst.

Er hatte gelernt, Ursache zu sein in vielen Bereichen, in denen er sich vor Monaten einfach nur als Spielball der Umwelt gesehen hatte. Und diese neue Selbstbestimmung gefiel ihm ausgezeichnet. Und er war neugierig geworden, was noch alles in ihm steckte.

Die Telefonate, was die Probefahrtstermine anging, funktionierten inzwischen so gut, dass er manchmal Mühe hatte, alle Kunden, die einen Termin hatten, auch entsprechend zu bedienen, zumal auch die Firmenkundentermine immer zahlreicher wurden. Er hatte an beiden Schrauben im Verkauf gedreht – an der Quantität und an der Qualität –, und die Resultate waren überwältigend.

Inzwischen hatten ihn ein oder zwei seiner Kollegen auf seine vielen Probefahrtstermine angesprochen, und er hatte ihnen erklärt, was er tat. Einer hatte es dann halbherzig versucht mit dem Telefonieren, aber nach ein paar wenigen Telefonaten wieder frustriert aufgegeben, nachdem er keinen Termin vereinbaren konnte.

Jochen konnte nicht umhin, ihm zu sagen, dass eine gewisse Ausdauer ein wichtiger Faktor dabei ist. »Wenn man fünf Telefonate macht und davon dreimal die Zielperson erreicht und keinen Termin kriegt – und die Wahrscheinlichkeit ist sehr hoch –, dann ist man rasch frustriert. Mir ging das vor ein paar Monaten ähnlich. Der Schlüssel zum Erfolg liegt in der Menge, und zwar in zweierlei Hinsicht. Erstens kriegst du mit der steigenden Anzahl der Telefonate mehr Übung und wirst wesentlich besser darin. Du kannst so deine Abschlussquote erhöhen. Zweitens steigt die Wahrscheinlichkeit, dass du einen Termin an Land ziehen kannst. Wenn du 30 Zielpersonen erreichst, dann ist die Wahrscheinlichkeit, dass du den einen oder anderen Termin erhältst, ziemlich groß. Und diese Termine motivieren sehr stark weiterzutelefonieren und trösten leicht über die erfolglosen Telefonate hinweg. Ich habe mir für mich eine Formel zurechtgelegt, die mir sehr hilft. Wenn ich 100 Zielpersonen erreiche, dann kann ich etwa 20 Termine für eine Probefahrt vereinbaren. Daraus ergeben sich zirka zehn konkrete Angebote, wovon ich etwa fünf Aufträge erhalte. Ein Auftrag bringt mir zirka 200 Euro Provision im Schnitt, mal fünf Aufträge macht 1000 Euro. Oder, andersrum gerechnet, macht das zehn Euro pro Telefonat mit einem Kunden. Egal, ob er auflegt oder zu einer Probefahrt kommt, ich verdiene meine zehn Euro dabei.« Jochen grinste, überzeugt von seiner eigenen Logik.

»Ja, aber so kann man das ja nicht sehen«, meinte sein Kollege nach kurzem Überlegen.

»Kann man nicht? Ich sehe es so«, entgegnete Jochen.

»Da belügst du dich ja quasi selbst«, erwiderte der andere Verkäufer.

»Ja, genau, und es funktioniert hervorragend!« Jochen grinste, wandte sich ab und dem Kunden zu, der gerade den Schauraum betreten hatte.

## Freitag, 11. Mai 2006

Die Augenbewegungsmuster, eines der Themen des Programms 12 in diesem Monat, hatten ihn in den letzten Tagen intensiv beschäftigt. Jochen hatte die zehn Minuten Übung mit Robert gemacht, und auch Tina hatte dafür herhalten müssen. Sie machte mit, aber wirklich begeistern konnte er sie für diese Thematik nicht. Er wollte dasselbe noch ein paar Mal üben, suchte aber noch nach geeigneten Übungspartnern.

Er hatte festgestellt, dass es sehr viel Konzentration erforderte, die Augenbewegungsmuster zu erkennen. Oft war es eine Abfolge von Bewegungen, drei, vier, fünf, die sich innerhalb einer guten Sekunde abspielten. Doch er merkte schon nach der zweiten Übung, dass es ihm von Mal zu Mal leichter fiel, diese zuzuordnen.

Das Geschäft im Mai war prächtig angelaufen. Er vereinbarte ein bis zwei Firmenkundentermine pro Woche und führte diese auch durch. Nach und nach wurde ihm die ungewohnte Situation, den Kunden aufzusuchen, anstatt zu warten, bis dieser mehr oder weniger zufällig in den Schauraum kam, vertrauter. Sie hatte Vorteile, er konnte sich sehr genau auf das jeweilige Gespräch vorbereiten. Ab und an gelang es ihm natürlich auch, Firmenkunden in den Schauraum zu bringen, meist zu einem zweiten Termin.

Vor kurzem hatte er in einem Buch das Konzept der verschiedenen Zonen gelesen, in denen man sich aufhielt oder aufhalten konnte. Man konnte es sich als eine Anordnung konzentrischer Kreise vorstellen.

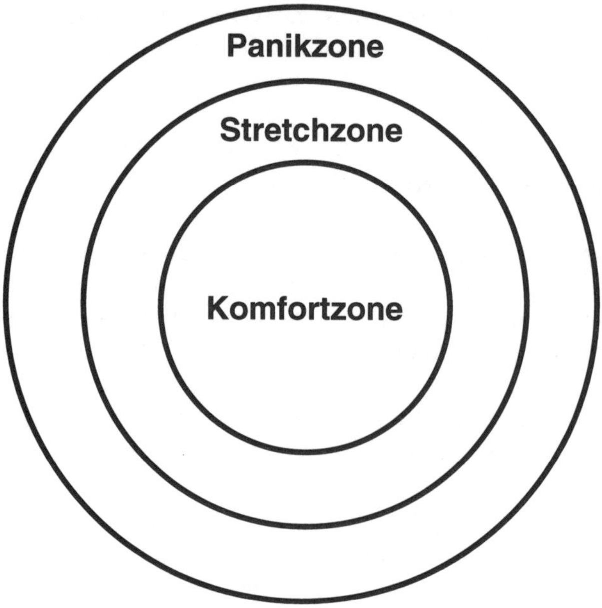


Um es kurz zu machen: Jochen wie auch die meisten anderen Menschen hielten sich bevorzugt in der Komfortzone auf. Dort ist es zwar sehr bequem, und man fühlt sich sicher, doch man lernt nichts Neues. Neues lernt man nur, wenn man sich hinauswagt in die Stretchzone. Das ist zwar anfangs oft unangenehm, und eigentlich wäre es, zumindest kurzfristig, wesentlich einfacher, in der Komfortzone zu verweilen, aber nach einiger Zeit stellt man fest, dass die Stretchzone zur Komfortzone geworden ist und diese somit vergrößert wurde. Natürlich gibt es immer noch eine Stretchzone, es wurden einfach die Grenzen nach außen geschoben. Die äußerste Zone ist die Panikzone – in diese fallen wir, wenn etwas Unvorhergesehenes passiert, das uns möglicherweise vollkommen aus der Bahn wirft. Je öfter wir uns allerdings in die Stretchzone begeben, umso größer wird unsere Komfortzone und umso weiter schieben sich die Grenzen der Stretch- und der Panikzone nach außen. Es reduziert sich also die Gefahr, in die Panikzone zu fallen.

Jochen gefiel dieses Konzept. Es verlieh ihm in den letzten Wochen Energie, immer wieder etwas Neues auszuprobieren und die neu erworbenen Kenntnisse im Rahmen des Programms 12 sowie des absolvierten Verkaufstrainings in seinen Kundengesprächen auch tatsächlich einzusetzen.

Eines der interessanteren Projekte, das sich in den letzten 14 Tagen aufgetan hatte, waren drei ZR 300 mit so ziemlich allen Extras, die der Katalog hergab für die Vorstände einer kleinen, aber offenbar sehr profitablen Privatbank. Jochen stellte sich vor, wie er die Fahrzeuge an die Kunden übergeben würde. Noch war es nicht so weit, noch war der Kaufvertrag nicht unterschrieben, aber die Vorstellung war sehr angenehm, und er fand, sie half ihm, sich auf dieses Ziel zu konzentrieren und es zu erreichen.

Auch ein paar der anderen Kontakte hatten sich als viel versprechend erwiesen, auch wenn es noch kein konkretes Projekt gab. Ihm war es wichtig, den Kontakt herzustellen und dranzubleiben, sodass er der Erste war, den die Kunden anrufen würden, wenn Sie ein Fahrzeug brauchten.

## Montag, 22. Mai 2006

»Guten Tag, wie finden Sie den Wagen?«, fragte Jochen einen älteren Herrn, der seit etwa zwei Minuten den ZR 100 in der Avant-Version begutachtete, der im Schauraum stand.

»Guten Tag, er gefällt mir ganz gut. Ich fahre seit 15 Jahren das Vorgängermodell, müssen Sie wissen. Und eigentlich will ich ja gar keinen Neuen, nur, ich hatte einen Auffahrunfall, und die Reparatur zahlt sich einfach nicht mehr aus.«

»Übrigens, Jochen Berger, mein Name.« Jochen streckte dem Mann seine Hand hin. Sein Gegenüber drückte sie kurz, ohne seinen eigenen Namen zu nennen.

»Und nach welcher Art von Auto suchen Sie?«

»Nun, am liebsten nach dem gleichen, das ich schon habe. Dann brauche ich mich nicht umzugewöhnen. Aber ich fürchte, diesen Wagen gibt es nicht mehr. Dann wäre der da ja wohl die neuere Ausgabe davon.«

»Vollkommen richtig, das ist der neue ZR 100«, sagte Jochen. »Und was ist Ihnen wichtig, wenn Sie sich für ein Auto entscheiden?«

»Was ist mir wichtig?« Der alte Mann dachte kurz und angestrengt nach. »Ich möchte keine Probleme haben mit dem Auto, ich fahre nicht so viel, und da ist es mir wichtig, dass ich keine Probleme habe, wenn ich fahre. Und diesen modernen Schnickschnack brauche ich nicht, Satellitennavigationssystem und wie die ganzen Sachen heißen ...«

Jochen wiederholte: »Sie wollen also keine Probleme haben und brauchen den modernen Schnickschnack nicht.« Sein Kunde nickte.

»Und bevorzugen Sie den Avant, so wie er hier steht, oder die Limousine, so wie die dort drüben?« Jochen wies auf ein Fahrzeug am anderen Ende des Schauraums.

»Nun, ich glaube, der da ist mir lieber, damit ich nicht immer meinen Sohn bitten muss, wenn ich etwas Sperriges zu transportieren habe«, antwortete der Kunde.

»Also lieber den Avant. Und was ist Ihnen noch wichtig?«

»Ich will auch keine Sportsitze, junger Mann, aus dem Alter bin ich raus.«

»Aha, keine Sportsitze.« Jochen hatte begonnen, sich Notizen zu machen. »Und was wollen Sie noch nicht?« Jochen wollte sich auf die Zunge beißen, als er die Frage ausgesprochen hatte, aber da war sie schon raus.

Interessanterweise fiel dem Kunden der Zynismus darin gar nicht auf, wie Jochen verwundert bemerkte. Ganz im Gegenteil, der Kunde dachte nach und sagte dann: »Nun, wenn Sie mich so fragen, die Farbe Schwarz gefällt mir gar nicht und auch keine beigen Bezüge innen, und diese Alufelgen müssen auch nicht sein. Er sollte auch nicht so viele PS haben, damit ich nicht zu viel Steuern zahlen muss.« Jochen notierte mit.

»Lieber einen Benziner oder einen Diesel?«, fragte er weiter.

»Wissen Sie, der Diesel braucht zwar weniger, aber so viel fahre ich nicht, und außerdem habe ich gelesen, dass die Rußpartikel, die aus dem Diesel kommen, stark krebserregend sind, und ich möchte die Umwelt nicht mit solchen Schadstoffen verunreinigen.«

»Aha, ich verstehe, keinen Diesel also«, antwortete Jochen.

»Ja, genau«, bestätigte sein Kunde.

»Na gut, dann lassen Sie mich einmal zusammenfassen, was wir bisher haben.« Jochen begann zu wiederholen, was er aufgeschrieben hatte, und sein Kunde nickte zustimmend.

Nachdem der Kunde weg war und Jochen ein Angebot sowie einen Termin für eine Probefahrt erhalten hatte, ging er zu Hausich, der auch gerade ein paar Minuten Luft hatte.

»Manche Leute sind schon recht eigenartig«, sagte Jochen.

»Wieso, wen meinst du?«

»Den Kunden, den ich hatte. Ich fragte ihn, was er wollte, und er sagte mir, was er nicht wollte, und erklärte mir, warum er es nicht wollte.«

»Und?«

»Ich habe ihm gesagt, was er von mir alles nicht kriegt«, scherzte Jochen.

An diesem Tag hatte er noch ein paar weitere Kundengespräche im Schauraum, zwei davon, bei denen er ein Angebot machte und wo der Abschluss in greifbarer Nähe schien. Abends wollte er sich mit Tina treffen, doch die hatte keine Zeit. Sie studierte und musste für irgendeine Prüfung lernen. In letzter Zeit sahen sie sich immer weniger, fiel ihm auf, immer war irgendetwas anderes, das dazwischenkam.

Er saß über seinem Erfolgstagebuch, das schon beinahe halb voll geschrieben war. Es war ihm zur liebsamen Angewohnheit geworden, abends noch einmal den Tag Revue passieren zu lassen. Er schrieb:

+ **Drei Angebote an Schauraum-Kunden erstellt**
+ **Vier potenzielle Firmenkunden erreicht und einen Gesprächstermin vereinbart**
+ **Mir sind in jedem Kundengespräch die Augenbewegungsmuster meiner Gesprächspartner aufgefallen, und ich konnte trotzdem ein inhaltlich sauberes Gespräch führen.**

Was die Rubrik »anders machen« anging, tat er sich manchmal schwer.

! **In keinem Fall zynisch zu Kunden sein.**

»Was habe ich heute gelernt?«, dachte er. Das Gespräch mit dem älteren Herrn hatte ihn noch eine Zeit lang beschäftigt.

✓ **Manche Leute sagen, was sie wollen, andere sagen das, was sie nicht wollen.**

Dann schloss er das Buch.

## Mittwoch, 31. Mai 2006

Die Monatsgespräche mit dem Chef waren schon zur Routine geworden. Er machte diese mit allen Mitarbeitern, auch mit denen, die das Programm 12 nicht durchmachten.

Es gab wieder sehr Positives zu besprechen. Das Geschäft insgesamt war gut gelaufen, nicht nur bei Jochen, auch bei den anderen Kollegen. Bei Jochen waren es im Mai vor allem die Privatkunden gewesen, mit denen er seine Stückzahlen gemacht hatte. Seine Telefonaktivitäten der letzten Monate machten sich diesbezüglich sehr positiv bemerkbar, er hatte mehr als genug Kunden.

Im letzten Monat hatte er auch daran gearbeitet, die Inhalte des Trainings »Acht Stufen zum Verkaufserfolg« Stück für Stück in die Tat umzusetzen. Er hatte sich eine Präsentation für Firmenkunden erstellt, die er üblicherweise auf seinem Laptop ablaufen ließ. Das bot ihm nebenbei die Möglichkeit, die Logos des Kunden in seine Präsentation zu integrieren und so den individuellen Eindruck zu verstärken.

Außerdem hatte er es sich zur Angewohnheit gemacht, nach Erstgesprächen mit Firmen, wie mit Privatkunden, Dankesbriefe zu verschicken, in denen sich ein kleines Modellauto des Typs befand, für das sich der Kunde interessierte. Sie hatten diese Modelle von allen Fahrzeugen im Programm. Das kam gut an. Viele seiner Gesprächspartner erwähnten das dankend beim nächsten Termin.

Insgesamt hatte er im Mai 20 Neuwagen und elf Gebrauchte verkauft, ganz beachtlich, wie er fand, und er lag damit wieder vor Hausich, wenn auch nur knapp. Auch viele der Kollegen hatten mehr als zehn Neufahrzeuge verkauft. Einen Firmenkunden hatte er an Land gezogen. Was ihn besonders freute, war, dass es sich dabei um die Privatbank mit den drei ZR 300 für die Vorstände handelte. Das machte so viel Umsatz wie etwa neun ZR 100.

»Wie ist es Ihnen mit den Programm-12-Inhalten dieses Monats gegangen?«, fragte Horst Bayer seinen Verkäufer.

»Gut. Sehr interessant fand ich die Sache mit den Augenbewegungsmustern. Ich kämpfe allerdings damit, alles in die Praxis umzusetzen. Es ist inzwischen sehr viel geworden, Spiegeln der Körpersprache, Spiegeln der Stimme, Erkennen der sinnesspezifischen Worte, Erkennen der Augenbewegungsmuster, Zuordnen zu Hauptsinnessystemen und dann noch im Gespräch darauf eingehen und diese Erkenntnisse verwenden. Wenn ich ehrlich bin, dann muss ich sagen, dass mir das nicht alles gleichzeitig gelingt. Mal das eine, mal das andere, mal besser, mal weniger gut«, antwortete Jochen.

»Das ist normal, so ist es mir auch gegangen, und offen gesagt geht es mir noch immer so«, beruhigte Bayer seinen Mitarbeiter.

»Haben Sie das Programm 12 auch gemacht?«, fragte Jochen etwas verwundert, obwohl ihm schon aufgefallen war, dass sein Chef alle diese Fähigkeiten hatte, um die es in dem Programm ging.

»Nein, nicht direkt. Ich habe eine lange Ausbildung gemacht, über mehrere Jahre hinweg, in der alle die Themen des Programms 12 enthalten waren und noch viel mehr. Einer der Trainer in meiner Ausbildung ist der Autor des Buches, das ich Ihnen gegeben habe. Ich bin darauf gekommen, dass ich, je mehr ich mich mit der Materie beschäftigte, umso mehr den Eindruck erhalte, dass ich nur an der Oberfläche dessen kratzte, was es zu wissen und zu können gab. Dabei hatte ich immer wieder mal vergessen, wie viel ich schon gelernt und welche Fortschritte ich inzwischen gemacht hatte. Manchmal ist es wichtig, ein, zwei Schritte zurückzusteigen, um einen besseren Überblick zu erhalten und zu überprüfen: »Was ist schon geschehen? Wo komme ich her, und wo will ich hin?«

Jochen nickte, als er daran dachte, wo er vor einem halben Jahr gestanden hatte und wo er jetzt war. Welch bedeutende Veränderungen hatte er inzwischen vollzogen!

»Und es geht noch weiter. In den nächsten Monaten wartet ein spannendes Kapitel auf Sie, das Thema ›Metaprogramme‹. Für mich eines der spannendsten und aufschlussreichsten überhaupt. Wenn Sie das durchgearbeitet haben, werden Sie sich selbst und somit auch Ihre Umwelt besser verstehen. Sie werden eine Idee davon bekommen, warum sich Ihre Mitmenschen so verhalten, wie Sie sich verhalten, auch wenn uns das manchmal recht eigenartig erscheint«, machte Bayer Jochen den Mund wässrig, was das nächste Monatsthema anging, und es wirkte.

# Juni – Metaprogramme – Teil 1

»Es ist besser, ein kleines Licht anzuzünden,
als über die Dunkelheit zu schimpfen.«

*Laotse*

## Freitag, 2. Juni 2006

Er war schon um 16 Uhr zu Hause. Da er nächsten Vormittag bis 14 Uhr Schauraumdienst hatte, beschloss er, zu Hause zu bleiben. Ausgehen machte meist erst ab 22 Uhr Sinn, vorher waren die interessanten Lokale und Veranstaltungen oft leer. Und dann war er meist vor zwei oder drei Uhr nachts nicht im Bett, Aufstehen um sieben war danach eine Folter, die er sich diesmal ersparen wollte, zumal er in »Die letzten Geheimnisse im Verkauf« weiterlesen wollte.

Er schlug das Buch auf. Es sah schon einigermaßen mitgenommen aus. Jochen hatte viele Textstellen unterstrichen und etliche Seiten mit kleinen gelben Post-its markiert, um die ganz interessanten Stellen rascher wieder zu finden. Er begann zu lesen. Dieses Kapitel über die Metaprogramme war der Stoff für die nächsten drei Monate, den er auf einmal lesen und dann während der nächsten Monate viel üben sollte.

## Metaprogramme

Manche Kunden wollen möglichst rasch einen Überblick bekommen, andere stürzen sich gleich auf die Details, manche wollen vor allem Probleme vermeiden, andere haben ein Ziel vor Augen, das sie verfolgen, die einen sehen nur den Käse, die anderen nur die Löcher im Käse. Kennen Sie solche Verhaltensweisen aus Ihrer Praxis? Diese und ähnliche Verhaltensweisen werden durch die so genannten Metaprogramme bestimmt.

Ziel dieses Abschnitts und der Übungen, der nächsten drei Monate also, ist es, solche Verhaltensmuster zu erkennen und für sich nutzen zu können, um die Kommunikation zu verbessern und so Ihre verkäuferischen Erfolge noch weiter auszubauen. Sie werden lernen, wie Sie in ein paar Sätzen Smalltalk eine wildfremde Person besser kennen lernen können als jemand, der diese Person vielleicht schon seit Jahren kennt.

Wenn Sie denken: »Das ist etwas, das ich im Verkauf sehr gut brauchen kann!«, dann wird das Kapitel über die Metaprogramme und die nächsten drei Monate für Sie besonders spannend.

Was sind Metaprogramme?

**Metaprogramme …**

- sind Wahrnehmungsfilter, die jede Information sichten und so verändern, dass sie mit den bereits vorhandenen Mustern übereinstimmt. Das führt dazu, dass Informationen, die nicht dem Muster entsprechen nicht wahrgenommen werden.
- sind ein Ergebnis unserer frühkindlichen Prägungen, unserer gesammelten Erfahrungen, unserer Einstellungen, Glaubenssätze und Werte;
- sind von Person zu Person unterschiedlich;
- sind zu 80 Prozent durchgängig (das heißt bei einer Person immer gleich);
- sind aber auch zu zirka 20 Prozent situationsabhängig (das heißt, man kann beruflich die Ausprägung X, privat aber die Ausprägung Y haben);
- sind uns größtenteils nicht bewusst;
- steuern all unser Verhalten und Handeln;
- machen in ihrer Gesamtheit einen wichtigen Teil unserer Persönlichkeit aus;

- sind weder gut noch schlecht, sondern manche Ausprägungen sind in manchen Situationen nützlicher als andere.

Es sind mehr als 50 verschiedene Metaprogramme definiert. Mit den für die Kaufentscheidung und damit für den Verkaufsprozess relevantesten beschäftigen wir uns nachfolgend.

Wie erkennt man Metaprogramme?

Welche Metaprogramme in welcher Ausprägung bei Ihrem Kunden wann ablaufen, erkennen Sie durch

- Antworten auf spezifische Metaprogrammfragen;
- nonverbale Hinweise:
  - Körpersprache wie
  - Augenbewegungsmuster,
  - Sprechweise, Betonung.

Sehr oft sind die Struktur der Aussagen, die Wortwahl und die Konstruktion der Sätze viel aussagekräftiger und entscheidender als der Inhalt des Gesagten. Das bedeutet, selbst wenn jemand inhaltlich lügt, lassen sich die Metaprogramme dennoch erkennen, da sie ja unbewusst ablaufen.

Die Ausprägungen der Metaprogramme befinden sich meist auf einem Kontinuum, einer durchgehenden Linie zwischen zwei Extremen. Das heißt, die Ausprägung ist nicht »entweder/oder«, sondern meistens eine Abstufung irgendwo zwischen den beiden Endpunkten. Sehr oft finden sich Teile aller Ausprägungen in einer Person wieder, allerdings durchaus mit gewissen Schwerpunkten.

Welche Metaprogramme gibt es?

Im Folgenden finden Sie eine Auflistung und Erklärung einiger für den Verkauf relevanten Metaprogramme. Wir haben für Sie Fragen aufgelistet, die es Ihnen erleichtern, in der Praxis Hinweise auf das eine oder andere Metaprogramm zu erhalten. Schon nach kurzer Übung werden Sie feststellen, dass es oft nicht notwendig ist, explizite Fragen zu stellen; es reicht, wenn man gut hinhört (und hinsieht). In dem Gesagten befinden sich meist schon viele Hinweise.

Ebenso sind bei jedem Metaprogramm Merkmale angeführt, die ein Hinweis auf die eine oder andere Ausprägung des Metaprogramms sind.

Folgende Metaprogramme finden Sie im Weiteren:

- Orientierung (weg von – hin zu)
- Referenz (intern – extern)
- Aktionsfilter (Prozesse – Optionen)
- Vergleich (Gleichheit/Matching – Unterschied/Mismatching)
- Aktivität (proaktiv – reflektiv)
- Chunkgröße (Detail – Überblick/global)
- Primäre Interessen (Menschen, Orte, Aktivitäten, Informationen, Dinge)

**Anwendung der Metaprogramme im Verkaufsgespräch**

Wenn Sie die Metaprogrammausprägungen Ihres Kunden kennen, wissen Sie, auf welcher Art Prozesse und Überlegungen seine Kaufentscheidung beruht, möglicherweise besser als er selbst, da diese weitestgehend unbewusst ablaufen.

Sie können Ihr Wissen dann verwenden, um Ihre Präsentation und Ihr gesamtes Verkaufsgespräch auf die individuellen Metaprogramme abzustimmen. Im Grunde ist das auch eine Art des Pacing, man gleicht sich in seiner Verhaltensweise (was die Metaprogrammausprägungen betrifft) der des Kunden an. Was genau Sie tun können und was bei den einzelnen Metaprogrammausprägungen zu beachten ist, erfahren Sie anschließend.

✦ ✦ ✦

Jochen hielt kurz inne, um sich ein Bier aus dem Kühlschrank zu holen. So ganz klar war ihm nach dieser Einleitung noch nicht, worum es ging, aber das würde sich ja in den nächsten Seiten zeigen.

## Metaprogramm »Orientierung«

Wir alle bewegen uns entweder weg von etwas oder hin zu etwas. Die Richtung der Bewegung bestimmt unsere Motivation.

**weg von** ●————————● **hin zu**

### Weg von

Menschen, die sich von etwas wegbewegen, wollen in erster Linie Probleme, Schmerz, Konflikte, Nachteile, Verluste, also etwas Negatives, vermeiden. Sie arbeiten, um nicht hungern oder auf der Straße leben zu müssen. Sie verrichten ihre Arbeit ordentlich, um keine Probleme mit dem Chef zu bekommen oder um nicht gekündigt zu werden. Weg von etwas zu wollen ist lebensrettend in Krisensituationen wie bei einem Feuer oder einer anderen Bedrohung. »Weg von«-Menschen wählen zum Beispiel einen Job, weil er das geringere Übel oder nicht so schlecht wie ein anderer ist.

### Hin zu

Menschen mit einer »Hin zu«-Motivation streben etwas an. Ihnen geht es darum, etwas zu erreichen. Sie sind eher aufgrund der Aussicht auf eine Belohnung als aufgrund der Androhung von Strafe zu motivieren. Sie entscheiden sich zum Beispiel für eine Stelle, weil sie dort Karriere machen können.

| **Mögliche Fragen:**<br>Warum möchten Sie dieses Produkt kaufen?<br>Warum ist Ihnen XY wichtig? | |
|---|---|
| **Hinweise zur Erkennung** | |
| **Weg von** | **Hin zu** |
| **Ausdrücke:** vermeiden, verhindern, loswerden, Problem, Verneinungen (nein, kein), Steigerungsform (besser, mehr …)<br>Modalverben: muss, kann nicht, will nicht | **Ausdrücke:** erreichen, bekommen, verwirklichen, Vorteil, ermöglichen<br>Modalverben: können, wollen, möchte |

Jochen dachte nach. Wollte er sich vor allem »von etwas weg« oder »auf etwas zu« bewegen. Er fand Beispiele für das eine wie das andere und war sich nicht ganz sicher, wo sein Schwerpunkt lag. Wobei er den Eindruck hatte, dass früher seine »Weg von«-Motivation deutlich stärker gewesen war als in letzter Zeit. Er konnte sich gut vorstellen, dass das auch mit seiner Zielplanung zu tun hatte. »Schriftlich fixierte Ziele sollten doch die ›Hin-zu‹-Motivation fördern«, dachte er.

Es gab natürlich Situationen, wo eine »Weg von«-Motivation sehr hilfreich sein konnte, speziell in Momenten, in denen eine akute Gefahr droht, der es zu entkommen gilt, Hauptsache weg. Jochen war noch nicht ganz klar, wie er das Wissen im Verkauf konkret einsetzen konnte, daher las er weiter.

Im Verkauf tat man sich mit starker »Hin zu«-Motivation deutlich leichter, zumal das ganze System bis hin zu den Prämien und Incentives auf »Hin zu«-Motivation ausgerichtet war. Da gab es Kollegen, für die es wichtiger, und andere, für die es ganz unwichtig schien, bei Verkaufswettbewerben ganz oben auf der Liste der erfolgreichen Verkäufer zu stehen. Aber vielleicht hatte das ja auch noch mit etwas anderem zu tun. Im Moment hatte Jochen mehr Fragen als Antworten in seinem Kopf.

## Anwendung im Verkaufsgespräch

Die üblichen Verkaufsprogramme und -strategien sind hauptsächlich auf »Hin zu«-Kunden ausgelegt – gut gelaunt und enthusiastisch auftreten und ständig auf die speziellen Vorzüge des eigenen Produkts hinweisen. Das motiviert aber nur etwa 50 Prozent der Kunden, die anderen haben eine »Weg von«-Motivation.

### *»Weg von«-Kunden*

*Verkaufsstrategie für »Weg von«-Kunden:*

- Präsentieren Sie Ihr Produkt/Ihre Dienstleistung als Problemlöser für den Kunden, als etwas, das ihm hilft, negative Auswirkungen zu vermeiden.
- Häufige Motive dieser Kunden sind Kostenreduktion, Einschränkung von Reparaturen, Vermeidung von Stillstands- und Ausfallzeiten, Reduktion der Fehlerquote.
- Führen Sie dramatische, große, negative Szenarien vor Augen, die mit Ihrem Produkt vermieden werden können (wird im Versicherungsverkauf oft gemacht).
- Androhung von negativen Konsequenzen (zum Beispiel Schadenersatzzahlungen in einem Rechtsstreit) sind wirksamer als in Aussicht gestellte Vergünstigungen.

*Mögliche Formulierungen des Verkäufers:*

»... damit vermeiden Sie ...«
»... diese Probleme werden Sie nicht mehr haben ...«
»... nicht optimal, aber das Beste, das Sie kriegen können ...«
»... wäre das nicht furchtbar, wenn ...?«

### *»Hin zu«-Kunden*

*Verkaufsstrategie für »Hin zu«-Kunden:*

- Motive dieser Kunden für eine Kaufentscheidung sind die zu erwartende Freude im Umgang mit dem neuen Produkt oder die tolle Auswirkung der in Anspruch genommenen Dienstleistung.

- Weisen Sie auf die Vorzüge und Vorteile Ihres Angebots hin.
- Malen Sie mit Worten (und anderen Hilfsmitteln, je nach Sinnestyp) schöne, große und beeindruckende Bilder von einer tollen Zukunft, die der Kunde mit Ihrem Produkt oder Ihrer Dienstleistung genießen wird.
- Zusätzliche Vergünstigungen und Lockmittel wie Rabatte, Zugaben und Sonderaktionen sind bei diesen Kunden besonders wirksam.

*Mögliche Formulierungen des Verkäufers:*

»... das bringt Ihnen folgende Vorteile ...«
»... damit erreichen Sie Ihr Ziel ...«
»... wäre das nicht toll, wenn ...?«
»... stellen Sie sich vor, Sie könnten ...«

✦ ✦ ✦

»Starker Stoff, sehr interessant«, dachte Jochen, obwohl er noch nicht wusste, wie er auch noch das Erkennen und Umsetzen der Metaprogramme in einem Verkaufsgespräch auf die Reihe kriegen sollte. Fast süchtig nach mehr las er weiter.

## Metaprogramm »Referenz«

Bei der Referenz geht es um die Frage, wie Menschen die Resultate ihrer Handlungen beurteilen. Es geht darum, wer die Entscheidungen trifft beziehungsweise wo sie getroffen werden.

**intern** ●————————● **extern**

### Intern

Intern orientierte Kunden treffen eine Entscheidung oder beurteilen eine Sache, indem sie auf ihre innere Stimme hören. Diese kann manchmal das Gegenteil von dem sagen, was andere Personen sagen würden. Die innere Stimme, das Gefühl, hat mehr Gewicht als die Aussagen anderer, man weiß es selbst am besten. Diese Haltung drückt also eine sehr stabile eigene Meinung aus und mag auf den ersten Blick sehr vorteilhaft erscheinen.

Dennoch kann sie ebenso von Nachteil sein. Wenn ein Verkäufer zum Beispiel meint, er wisse selbst am besten, was gut für den Kunden ist (besser noch als dieser selbst), dann wird das im Verkauf rasch große Probleme mit sich bringen.

**Extern**

Extern orientierte Menschen richten ihre Meinung primär nach der Meinung anderer aus, um eine Situation zu beurteilen. Sie fragen andere Personen um ihre Meinung, bevor sie sich entscheiden. Sie richten sich oft nach Zahlen, Daten und Analysen. Das ist kein Zeichen von Schwäche. Externe Personen können wesentlich mehr Sensibilität an den Tag legen als interne.

<table>
<tr><td colspan="2">Mögliche Fragen:<br>Wie wissen Sie, ob Sie eine gute Entscheidung getroffen haben?<br>Woran merken Sie, welche Alternative für Sie die interessantere ist?<br>Wie stellen Sie fest, ob das Produkt Ihrem Bedarf entspricht?</td></tr>
<tr><td colspan="2">Hinweise zur Erkennung</td></tr>
<tr><td>Intern</td><td>Extern</td></tr>
<tr><td>Ausdrücke: inneres Gefühl, weiß es einfach, selbst entscheiden, eigene Meinung bilden<br>Augen gehen nach links unten (k) (vom Betrachter aus gesehen)</td><td>Ausdrücke: Feedback von anderen, Zahlen, Fakten, Meinung anderer, um Rat fragen</td></tr>
</table>

Jochen reflektierte wieder über sich selbst, was dieses Metaprogramm anging. War er mehr intern oder mehr extern, oder, besser, in welchen Situationen war er wie? Was war besser, was war schlechter? Wenn ihn sein Chef lobte oder seine Kollegen etwas neidisch auf seine tollen Ergebnisse blickten, dann fühlte er sich gut. Das war eindeutig externes Verhalten. Aber nur extern hieße, sich ausschließlich nach den anderen, Kollegen, Kunden etc. zu richten, und das konnte auch Nachteile nach sich ziehen. Andererseits konnte er auch gut ohne dieses Lob auskommen, und nach Ende eines Kundengesprächs wusste er auch ohne Feedback, ob er ein gutes Verkaufsgespräch geführt hatte, was wiederum auf ein gewisses Maß an interner Ausprägung hindeutete.

Er ging im Geiste seine Kollegen durch. Einer war dabei, der in Verkaufssituationen extrem intern war. Er fragte den Kunden kaum nach dessen Wünschen und Bedürfnissen, sondern ging sehr rasch zur Präsentation über. Er wusste, was das Richtige war für den Kunden, egal, was ihm der Kunde erzählte. Er war der Typ Verkäufer, der den Kunden bei der Tür hereinkommen sah und sofort wusste, was für eine Art Auto dieser brauchte. Dass er damit öfter falsch als richtig lag, zeigten seine Zahlen ganz deutlich.

Das konnte aber auch heißen, dass diejenigen, für die es besonders wichtig war, bei den Verkaufswettbewerben ganz oben auf der Liste zu stehen, vielleicht »hin zu«-motiviert waren und »externe« Referenz hatten. Jemand mit starker interner Referenz könnte sich denken: »Egal, ob ich da jetzt ganz oben stehe oder nicht – ich weiß ohnehin, dass ich gut bin.« Und was hieß das in Bezug auf Kundengespräche?

## Anwendung im Verkaufsgespräch

### *»Interne« Kunden*

*Verkaufsstrategie für »interne« Kunden:*

- Betonen Sie immer wieder, dass die Entscheidung beim Kunden liegt.
- Heben Sie das Fachwissen und die Kompetenz des Kunden hervor, die ihn dazu befähigen, eine qualifizierte Entscheidung zu treffen.
- Stellen Sie sich selbst als Informationslieferanten und Dienstleister dar, dem es aber nicht obliegt, den Kunden in seiner Entscheidung zu beeinflussen.
- Bei solchen Kunden ist es besonders wichtig zu wissen, worauf sie genau Wert legen, um dann in der Präsentation genau darauf einzugehen.

*Mögliche Formulierungen des Verkäufers:*

»... Sie sind der Einzige, der das letztendlich beurteilen kann ...«
»... die Entscheidung treffen Sie allein ...«
»... ich gebe Ihnen gerne die Information, die Sie für Ihre Entscheidung benötigen ...«
»... Sie selbst wissen am besten, was Sie benötigen ...«

### *»Externe« Kunden*

*Verkaufsstrategie für »externe« Kunden:*

- Lassen Sie dem Kunden mehr Zeit für den Entscheidungsprozess. Er muss möglicherweise noch Informationen von anderen einholen.
- Bringen Sie Aussagen und Referenzen (Briefe, Testberichte, Zeitungsartikel, Gütesiegel, Statistiken) von anderen Kunden, der Presse, unabhängigen Instituten etc., die die Qualität Ihres Produkts bestätigen.
- Sorgen Sie dafür, dass der Kunde im Rahmen einer Verhandlung gegebenenfalls Zeit und Gelegenheit hat, sich mit anderen zu beratschlagen (die anderen müssen anwesend sein), um rasch eine Entscheidung herbeizuführen.

*Mögliche Formulierungen des Verkäufers:*

»... Herr X wird Ihnen bestätigen, dass ...«
»... Sie können gerne Erkundigungen über unser Produkt einholen ...«
»... wir sind ISO-9000-zertifiziert ...«
»... diese Zahlen hier belegen, dass ...«
»... x Prozent unserer Kunden bestätigen, dass ...«

✦✦✦

Das war doch überraschend für Jochen. Auch bei Firmenkunden waren also Referenzen nicht immer wichtig und nicht immer von Vorteil. Bei stark internen Entscheidern waren sie egal, möglicherweise sogar kontraproduktiv, denn was andere meinten, war ihnen im Extremfall egal. Jochen dachte darüber nach, dass es ja viele mögliche Kombinationen in den Metaprogrammen gab und so die Wahrscheinlichkeit, dass zwei Personen dieselben Ausprägungen hatten, gleich null war. Er las weiter.

## Metaprogramm »Aktionsfilter«

Wir unterscheiden uns hinsichtlich unserer Vorgehensweise, wenn wir Entscheidungen treffen. Während die einen gern viele Möglichkeiten zur Auswahl haben, durchlaufen die anderen lieber definierte Prozesse.

**Optionen** ●————————● **Prozesse**

### Optionen

Jemand, der hier die Ausprägung »Optionen« aufweist, liebt Möglichkeiten und Alternativen. Ihm ist es wichtig, eine möglichst große Auswahl und ein breites Spektrum zu haben. Durch schrittweises, prozesshaftes Vorgehen fühlt er sich rasch eingeengt. Es ist ihm sehr wichtig, immer wieder Neues zu schaffen.

Eine optionenorientierte Person kann aber durchaus gut Prozesse und Vorgehensweisen erstellen, indem sie aus den vielen möglichen Bausteinen auswählt und einen neuen Prozess konstruiert. Die Durchführung und Abarbeitung des Prozesses liegt ihm allerdings nicht.

### Prozesse

Für eine prozessorientierte Person ist es wichtig, strukturiert und Schritt für Schritt vorzugehen, möglichst in Anlehnung an ein vorgegebenes Muster, ein Schema. Es muss beziehungsweise darf nicht zu viele Möglichkeiten für sie geben, ihr ist es viel wichtiger, eine gute Variante zu haben und diese Schritt für Schritt umzusetzen. Zu viele Alternativen verwirren sie leicht.

**Mögliche Fragen:**
Wie gehen Sie bei einer Kaufentscheidung vor?
Ist es Ihnen lieber, wenn ich Ihnen zuerst alle Alternativen vorstelle oder wenn ich Ihnen anhand eines Beispiels zeige, wie Sie sie Schritt für Schritt umsetzen können?
Ist es für Sie wichtig, dass das Produkt in Ihr Sortiment passt, oder wollen Sie dieses erweitern und neue Möglichkeiten schaffen?

**Hinweise zur Erkennung**

| **Prozesse** | **Optionen** |
| --- | --- |
| Eine zusammenhängende Geschichte wird erzählt.<br>**Ausdrücke:** Notwendigkeit, zuerst, dann, danach, der letzte Schritt, der richtige Weg, 1., 2., 3., Prozess, Verfahren, abarbeiten, Punkt für Punkt<br>Fragt nach einer Agenda/ einem Zeitplan oder präsentiert selbst eine(n) | Einzelne Punkte oder Argumente werden (unzusammenhängend) hingeworfen, Kriterien werden aufgezählt.<br>**Ausdrücke:** Kriterien, Möglichkeit, Gelegenheit, Alternativen, den üblichen Weg verlassen, etwas Neues schaffen |

»Prozesse und Optionen also«, dachte Jochen und war wieder am Überlegen, was ihm mehr lag. An sich mochte er strukturiertes Schritt-für-Schritt-Vorgehen, besonders im Verkauf. Und er hatte auch den Eindruck, dass es gerade dort sehr hilfreich war. Das Training »Acht Stufen zum Verkaufserfolg«, das er besucht hatte, war auch prozessartig konzipiert. Schritt für Schritt machten sie eine Stufe nach der anderen durch, Jochen hatte das sehr praktisch gefunden.

Er konnte sich aber erinnern, dass während des Trainings auch Stimmen laut geworden waren, die sich dagegen gesträubt hatten. Diese Teilnehmer hatten sich durch das Acht-Stufen-Konzept eingeengt gefühlt und gemeint, sie müssten im Verkaufsgespräch individueller agieren und dass ja schließlich nicht jeder Kunde gleich wäre. »War das die ›optionale‹ Sichtweise?«, fragte sich Jochen und entschied für sich, dass im Verkauf jedenfalls prozesshaftes Vorgehen von Vorteil war, was ja nicht bedeuten musste, dass man gar nicht mehr flexibel sein konnte.

Das Programm 12, das er seit ein paar Monaten durchlief, war schließlich auch ein Prozess, und es funktionierte sehr gut für ihn. Vielleicht war das der Grund oder mit ein Grund, warum der eine Kollege, der auch mit dem Programm begonnen hatte, es sehr bald abgebrochen hatte. Könnte sein.

## Anwendung im Verkaufsgespräch

### *»Optionsorientierte« Kunden*

*Verkaufsstrategie für »Optionsorientierte« Kunden:*

- Betonen Sie die vielen Möglichkeiten, die Ihr Angebot für den Kunden bietet.
- Präsentieren Sie viele Alternativen, aus denen der Kunde auswählen kann.
- Optionsorientierte Kunden tun sich manchmal schwer, eine Entscheidung zu fällen, denn wenn sie sich für eine Alter-

native entscheiden, dann entscheiden sie sich gleichzeitig gegen die übrigen. Manchen Sie dem Kunden klar, dass sich mit der Entscheidung für Ihr Produkt eine ganze Fülle von neuen Möglichkeiten für ihn eröffnet.

*Mögliche Formulierungen des Verkäufers:*

»... mit unserem Angebot haben Sie viele Möglichkeiten ...«
»... wir können Ihnen x verschiedene Varianten bieten, Sie haben die Wahl ...«
»... wenn Sie sich für unser Produkt entscheiden, werden Sie feststellen, wie viele Möglichkeiten sich damit für Sie eröffnen ...«

***»Prozessorientierte« Kunden***

*Verkaufsstrategie für »prozessorientierte« Kunden:*

- Machen Sie am Anfang des Verkaufsgesprächs eine Auflistung der zu besprechenden Punkte und betonen Sie, dass Sie diese Punkt für Punkt durchgehen werden.
- Gestalten Sie das gesamte Verkaufsgespräch selbst sehr strukturiert und prozesshaft.
- Erklären Sie, wie der Prozess der Inbetriebnahme des Produkts (oder der Umsetzung des Projekts) abläuft.
- Geben Sie nicht zu viele Auswahlmöglichkeiten vor, das könnte Ihren Kunden rasch überfordern.
- Betonen Sie, dass es Ihnen wichtig ist, dass strukturiert und Schritt für Schritt vorgegangen wird.
- Heben Sie hervor, wie gut organisiert alle Prozesse in Ihrem Unternehmen laufen, speziell diejenigen, die den Kunden betreffen (Produktion, Kundendienst ...).
- Teilen Sie dem Kunden am Ende des Gesprächs mit, was die nächsten Schritte sind.

*Mögliche Formulierungen des Verkäufers:*

»... also, erstens wäre wichtig, dass ..., und zweitens dann ...«
»... mir ist wichtig, dass wir gut strukturiert an die Sache herangehen ...«

»… ich schlage vor, wir machen das Schritt für Schritt …«
»… sobald Sie eine Entscheidung getroffen haben, können wir den Implementierungsprozess beginnen …«

Jochen dachte über weitere Kombinationsmöglichkeiten nach. Schon jetzt waren sie beinahe nicht mehr überschaubar. Ihm wurde klar, dass es sich um kein Schubladensystem handelte. Er hatte schon einmal von Typisierungssystemen gelesen oder gehört, wo man von drei bis fünf Typen ausging, in die man die Menschen einordnete. Dieses Systeme erschienen ihm immer zu unflexibel, Menschen waren zu vielfältig, als dass man sie alle in ein paar Schubladen stecken konnte. Das Konzept der Metaprogramme mit seinen vielen Möglichkeiten gefiel ihm da sehr gut. »Das war jetzt sehr optional gedacht«, fiel ihm in diesem Moment auf, und er lächelte und las weiter, gespannt, was das nächste Metaprogramm bieten würde.

## Metaprogramm »Vergleich«

Wir stellen ständig Vergleiche an zwischen aktuellen Ereignissen und welchen, die wir in unserem Gehirn als Referenz abgespeichert haben. Die Betrachtungsweise dieser Vergleiche kann allerdings hinsichtlich ein und derselben Sache sehr unterschiedlich ausfallen. Manche sehen mehr die Unterschiede, andere eher die Gemeinsamkeiten.

**Gleichheit (Matching)** —— **Unterschied (Mismatching)**

## Gleichheit/Matching

Matcher sehen in allem die Gemeinsamkeiten, mögen die Dinge für andere auch noch so unterschiedlich sein. Sie versuchen immer festzustellen, inwieweit etwas Neues oder eine neue Situation ihren bisherigen Erfahrungen ähnelt oder gleicht. Alles, was anders ist, wird ausgesondert und nicht wahrgenommen. Sie haben ein Bedürfnis nach Regelmäßigkeit und Beständigkeit und passen sich Veränderungen nicht gut an. Rapport ist eine Übung in Matching.

## Unterschied/Mismatching

Jeder kennt typische Mismatcher. Sie sind gut dabei, Unterschiede zu erkennen, und fallen in ihren extremen Ausprägungen oft auf, weil sie im schönsten Käse speziell auf die Löcher hinweisen. Aussagen beginnen bei ihnen oft mit »Ja, aber …«. Sie erzählen gerne, warum das bei ihnen alles anders ist und diese oder jene Regel genau hier keine Anwendung finden kann. Es fällt ihnen schwer, Ähnlichkeiten und Muster zu erkennen. Oft wird Veränderung angestrebt nur um der Veränderung willen. Dinge werden krampfhaft und aus Prinzip anders gemacht als sonst – man will anders sein als die anderen. Ein Mismatcher braucht ziemlich viel Abwechslung. Kinder sind in verschiedenen Altersstufen üblicherweise auch ausgeprägte Mismatcher.

Die extremste Ausprägung des Mismatching nennt man Polarity Response. Das bedeutet, dass, egal, was jemand anderer sagt, er ganz sicher genau der gegenteiligen Meinung ist.

Das sollte aber nicht darüber hinwegtäuschen, dass Mismatching eine sehr gute Fähigkeit ist, um Bestehendes auf Schwächen hin zu analysieren, um es dann zu verbessern (dazu braucht es die Ausprägung »hin zu« – viele berühmte Persönlichkeiten haben und hatten diese Kombination).

| | |
|---|---|
| **Mögliche Fragen:**<br>Welche Beziehung besteht zwischen unserer Lösung und der, die Sie bisher gesehen haben?<br>Wie sehen Sie unser Produkt im Vergleich zum Mitbewerb?<br>Wie läuft Ihr Produktionsprozess jetzt im Vergleich zu vor einem Jahr? | |
| **Hinweise zur Erkennung** | |
| **Unterschied/Mismatching** | **Gleichheit/Matching** |
| **Ausdrücke:** Ja, aber ..., ganz anders, nicht vergleichbar, neu, vollkommen anders, das Einzige, vollkommen verändert, Wechsel, Austausch, Revolution, Neuentwicklung, Widerspruch | **Ausdrücke:** Das Gleiche, keine Veränderung, Zustimmung, Fortführung, wie bisher, wie Sie schon wissen, Evolution, so etwas habe ich auch schon, schon gesehen |

**Anwendung im Verkaufsgespräch**

***»Matcher«-Kunden***

*Verkaufsstrategie für »Matcher«-Kunden:*

- Finden Sie Ähnlichkeiten und Gemeinsamkeiten zwischen Ihrem Kunden und Ihnen selbst, der Firma des Kunden und Ihrer, den Produkten, die er bisher hatte, und den Ihren – jedes Gebiet eignet sich dafür. Auch private Gemeinsamkeiten haben im Smalltalk Platz.
- Matcher werden nach Ihrer Präsentation sagen, dass das, was Sie gesagt haben, sie an etwas erinnert, das sie schon gehört haben oder bereits besitzen. Präsentieren Sie so, dass Sie die Feststellung vorwegnehmen, indem Sie sie schon in Ihre Präsentation einbauen. Vermeiden Sie es, ihnen beweisen zu wollen, dass Ihr Produkt doch ganz anders ist – Matcher suchen nichts ganz anderes.
- Betonen Sie, dass Ihr Produkt bestens zu dem passt, was der Matcher schon hat.

- Rapport ist für diesen Kunden besonders wichtig, denn Matching bedeutet Rapport.

*Mögliche Formulierungen des Verkäufers:*

»... Sie werden feststellen, dass dieses Gerät so funktioniert wie das, das Sie bisher hatten ...«
»... genau dasselbe tun wir auch ...«
»... alles wird nahtlos weiterlaufen wie bisher ...«
»... warum also eine gute Vorgehensweise ändern, wenn sie funktioniert ...?«

***»Mismatcher«-Kunden***

*Verkaufsstrategie für »Mismatcher«-Kunden:*

- Weisen Sie speziell auf die Unterschiede Ihres Produkts oder Ihres Angebots hin.
- Betreiben Sie etwas »negative selling«, indem Sie Ihr Produkt so darstellen, als wäre es möglicherweise gar nicht für den Kunden geeignet oder finanzierbar (speziell bei Polarity Response).
- Der ausgeprägte Mismatcher sagt das Gegenteil von dem, was man vorgibt, hören zu wollen. Nehmen Sie dies vorweg, indem Sie einen Vorschlag machen, den Sie selbst nicht wollen – er wird ihn ablehnen (Minus und Minus ergibt Plus). Man nennt das den Polaritätsdreh oder die Polaritätsreaktion. Beispiel: »Ich glaube ja nicht, dass Sie sich dafür entscheiden würden, aber ...«
- Um mit Mismatchern Rapport aufzubauen, spiegeln Sie am besten ihre Körpersprache und verwenden Sie ihre sinnesspezifischen Sprachmuster.
- Verwenden Sie eingebettete Botschaften. Das bedeutet, dass eine Botschaft in einem Satz eingebettet ist. Vom bewussten Verstand wird dieser Teil nicht als Botschaft verstanden, wohl aber vom Unterbewusstsein. Sie können die Botschaft außerdem noch betonen, indem Sie ihn stimmlich oder körpersprachlich hervorheben. Beispiel: »Ich weiß nicht, ob **Sie wissen, dass unser Produkt das beste ist.**«

*Mögliche Formulierungen des Verkäufers:*

»... das ist ganz anders als die bisherigen ...«
»... ich bin mir nicht sicher, ob das etwas für Sie ist, aber ...«
»... ich glaube, diese Variante scheidet für Sie aus ...«
(Polarity Response)
»... ich weiß nicht, ob Sie das tun werden oder nicht, aber ...«

✦✦✦

»Wow«, dachte Jochen. Er ging im Geiste wieder seine Bekannten durch und war auf ein oder zwei mit Polarity Response gestoßen. Er hatte sich schon immer gewundert und amüsiert über deren Verhalten – manchmal konnte es allerdings auch sehr lästig sein und lange unnötige Diskussionen verursachen, wenn sie grundsätzlich immer anderer Meinung waren als der Rest. Und wenn es in einer Gruppe zwei gegensätzliche Meinungen gab, konnte man sicher sein, dass diese gegen beide waren und eine dritte vertraten.

Wenn er es sich so recht überlegte, dann verhielt er sich oft eher mismatching. Unterschiede fielen ihm auf und waren wichtig für ihn, es gab ja auch eine Menge davon. Interessiert blätterte er weiter.

## Metaprogramm »Aktivität«

Menschen unterscheiden sich hinsichtlich ihrer Aktivitäten. Die einen sind eher zurückhaltend und abwartend, die anderen schreiten mit großer Tatkraft zur Sache.

**proaktiv** ●————————● **reflektiv**

### Proaktiv

Proaktive sind Macher und Tatmenschen. Oft hemdsärmelig packen sie die Dinge an. Es geht ihnen darum, dass sich etwas bewegt, dass die Dinge weitergehen, dass Fortschritte möglichst rasch erzielt werden. Sie schaffen Neues, ergreifen die Initiative und handeln aus eigenem Antrieb heraus. Diese Ausprägung findet sich oft bei Unternehmern.

### Reflektiv

Personen mit reflektiver Ausprägung geht es vor allem darum, die Dinge zuerst gründlich zu analysieren und zu untersuchen. Oft handeln sie erst, wenn es nicht anders geht, wenn sie dazu gezwungen werden. Diese Ausprägung findet sich oft bei Beamten. Man fühlt sich nicht als die treibende Kraft, sondern als jemand, der von den Umständen beeinflusst wird und sich danach richtet. Dinge scheinen oft wie von selbst zu passieren.

| **Mögliche Fragen:**<br>Wollen Sie die Lösung schnellstmöglich einsetzen oder erst noch genau analysieren und überlegen?<br>Können Sie sich gleich jetzt entscheiden oder wollen Sie noch darüber nachdenken?<br>Wie wichtig ist es Ihnen, rasch erste Schritte zu tun? | |
|---|---|
| **Hinweise zur Erkennung** | |
| **Reflektiv** | **Proaktiv** |
| **Ausdrücke:** versuchen, nachdenken, abwarten, mal schauen, könnte, würde, sollte, überlegen, analysieren<br>Passive Form, viele Nebensatzkonstruktionen,<br>lange Sätze | Aktive Form, lebendige, kurze klare Sätze<br>**Ausdrücke:** sofort, handeln, starten, Action, Power<br>Sitzt eher vorne oder zentral (je nach Anordnung der Tische) bei größeren Meetings,<br>meldet sich öfter zu Wort |

Auch zu diesem Metaprogramm hatte er gleich einige Kundenbeispiele parat. Da gab es die, die in den Schauraum kamen, genau wussten, was sie wollten, und ihm ihre Wünsche mitteilten. Mit diesen Kunden konnte man durchaus bei einem ersten Kontakt innerhalb von einer Stunde einen komplett fertigen Kaufvertrag haben, was Jochen als sehr angenehm empfand.

Wesentlich mühsamer kamen ihm da schon die vor, die sich beim Kauf reflektiv verhielten. Da konnte es gut sein, dass es fünf Gesprächen (davon zwei mit Familie), zwei Probefahrten und acht Telefonaten bedurfte, bis sie sich zum Kauf entschließen konnten. Irgendwie hatte er den Eindruck, dass es mehr von diesen gab als von den Ersteren. Das konnte natürlich auch mit der speziellen Situation zusammenhängen. Immerhin ging es ja um eine große Entscheidung und viel Geld, das ausgegeben werden sollte.

Zusätzlich kam ihm in den Sinn, dass diejenigen, die ihre Familie mitbrachten und die Meinung ihrer Frau und Kinder einholten, wenn es um die Entscheidung für den neuen Wagen ging, sich extern verhielten, was in der Situation durchaus sehr vorteilhaft sein konnte. Man erspart sich so einige Diskussionen nach dem Kauf.

## Anwendung im Verkaufsgespräch

### *»Proaktive« Kunden*

*Verkaufsstrategie für »proaktive« Kunden:*

- Proaktive Kunden wollen Aktion und Dynamik. Vermitteln Sie diese schon in der Art, wie Sie Ihr Verkaufsgespräch führen.
- Sagen Sie ihnen, dass es Ihnen wichtig ist, rasch die ersten konkreten Maßnahmen zu ergreifen.
- Legen Sie einen Schwerpunkt Ihrer Erklärungen auf die Umsetzung und die praktische Anwendung Ihres Produkts oder Ihrer Dienstleistung.

- Sprechen Sie darüber, was, wie und von wem zu tun ist.
- Vermeiden Sie lange Analysen, Statistiken und Herleitungen. Das langweilt diese Kunden schnell.
- Geben Sie dem Kunden die Möglichkeit, etwas zu tun, ein Gerät auszuprobieren oder eine Dienstleistung zu testen.
- Seien Sie darauf vorbereitet, dass er Entscheidungen rasch treffen kann, oft rascher, als Sie erwarten.

*Mögliche Formulierungen des Verkäufers:*

»... es geht uns um die praktische Umsetzung ...«
»... Sie können es gleich testen, wenn Sie wollen ...«
»... wir können rasch zur Tat schreiten ...«
»... wenn Sie sich jetzt entscheiden, können wir schon morgen liefern ...«
»... Sie können damit einiges bewegen ...«

***»Reflektive« Kunden***

*Verkaufsstrategie für »reflektive« Kunden:*

- Diese Kunden brauchen länger, um eine Entscheidung zu treffen. Stellen Sie sich darauf ein.
- Geben Sie dem Kunden genügend Material zum Analysieren – Statistiken, Analysen, Prospekte.
- Bauen Sie Ihr Verkaufsgespräch so auf, dass Sie selbst in Ihrer Präsentation sehr reflektiv agieren, indem Sie eher langsam und analytisch vorgehen.
- Weisen Sie auf alle möglichen Konsequenzen hin (mit Schwerpunkt auf die positiven natürlich).
- Setzen Sie ihn unter sanften Druck, um endlich eine Entscheidung zu treffen, und gestalten Sie den Prozess so, dass er dabei möglichst wenig handeln muss (zum Beispiel, anstatt ihn einen Auftrag unterschreiben zu lassen, selbst eine Auftragsbestätigung als Zusammenfassung des mündlich Besprochenen verfassen und zusenden).

*Mögliche Formulierungen des Verkäufers:*

»... wenn man das analysiert ...«
»... ich kann mir vorstellen, dass es diese und jene Auswirkungen haben kann ...«
»... ich schicke Ihnen mit Ihrem Einverständnis eine schriftliche Zusammenfassung unserer Vereinbarung ...«
»... nur nichts überstürzen ...«
»... Sie haben alle Zeit, die Sie brauchen ...«

✦✦✦

Na ja, offenbar half es nichts. Reflektiv agierende Kunden brauchten einfach länger für die Kaufentscheidung als proaktive. Man konnte sie etwas anschubsen, nicht aber drängen. Was den Verkaufsabschluss anging, so hatte Jochen für sich folgendes Bild. Kunden, die ein Auto kaufen, sind wie jemand, der das Fallschirmspringen versuchen möchte. Er schreibt sich zu einem Kurs ein, lernt die Theorie und weiß, dass das Gefühl des freien Falls phantastisch sein würde, und freut sich auch schon sehr darauf. Dann ist es so weit, alles ist vorbereitet, alles erklärt, alles besprochen. Er steigt ins Flugzeug, das ihn auf die passende Absprunghöhe bringt, der Fallschirm ist angelegt und dreifach überprüft. Dann steht er in der Luke ... und ... traut sich nicht rauszuspringen. Jetzt bedarf es eines guten Verkäufers, der den Kunden »aus dem Flugzeug schubst«, wissend, dass es phantastisch für ihn sein wird.

Genauso wie im Verkaufsabschluss, wo oft schon alles klar und die Lösung oder das Produkt perfekt ist, und dennoch zögern die Kunden. Der professionelle Verkäufer tut dem Kunden einen Gefallen, wenn er ihn zur Entscheidung führt. Der durchschnittliche, und davon gab es mehr als genug, stiehlt die Zeit des Kunden und seine eigene. »Proaktive Kunden«, so dachte Jochen, »sind diejenigen, die eher von selbst rausspringen. Manchmal muss man sie sogar ein wenig zurückhalten, um zu überprüfen, ob sie den Fallschirm angelegt haben.«

»Chunkgröße«, las er weiter. »Was für ein eigenartiges Wort!«

# Metaprogramm »Chunkgröße«

Informationen können als Überblick oder im Detail präsentiert werden. Die meisten Menschen gehen von dem einen zum anderen über. Wichtig für Sie ist dabei herauszufinden, welche Sichtweise zuerst benötigt wird. Ein »Chunk« ist ein Teil, und dieser kann groß oder klein sein.

**Überblick** ●————● **Detail**

## Überblick

Jemand, der die Ausprägung »Überblick« hat, will vor allem über das gesamte Bild informiert werden. An den Details ist er weniger interessiert oder will diese erst später erfahren. Er konzentriert sich mehr auf die generelle Richtung des Projekts und neigt dazu, Details zu übersehen. Es fällt ihm auch schwer, sich auf Details zu konzentrieren und diese alle genau durchzugehen, es langweilt ihn, daher delegiert er diese gerne, wenn möglich. Solche Menschen können gut Gesamtzusammenhänge und grundlegende Muster erkennen.

## Detail

Detailorientierte Personen können gar nicht genug Detailinformationen bekommen. Die übergeordnete Struktur einer Aufgabe ist entweder nicht interessant, nicht wichtig oder gar nicht bekannt. Sie fangen mit einem Detail an und arbeiten sich zum nächsten vor und so weiter. Überblickinformationen sind für sie zu vage, nicht stichhaltig oder nur heiße Luft.

| | |
|---|---|
| **Mögliche Fragen:**<br>Wollen Sie gleich alle Details unseres Vorschlags erfahren?<br>Wollen Sie zuerst einen Überblick haben oder soll ich Ihnen bei jedem Punkt gleich die Details erläutern?<br>Ist für Sie wichtiger, dass das Konzept passt oder dass alle Details bereits ausgearbeitet sind? | |
| **Hinweise zur Erkennung** | |
| **Detail** | **Überblick** |
| **Ausdrücke:** Kleinigkeiten, exakt, vom Hundertsten ins Tausendste, außerdem und zwar, übrigens<br>Erzählen selbst viele Details | **Ausdrücke:** Gesamtbild, Überblick, Konzept, passt, im Großen und Ganzen<br>Erzählen selbst nur überblicksmäßig |

Nicht nur die Ausprägungen Überblick oder Detail sind interessant, sondern auch die Richtung. Jemand, der im Überblick beginnt, muss nicht dort bleiben. Manche beginnen im Überblick und gehen dann in die Details, andere beginnen bei den Details und gehen dann zum Überblick. Wiederum andere haben keine Bewegung in ihrem Muster, sondern bleiben im Überblick oder im Detail stecken.

✦ ✦ ✦

Für Jochen war klar, er bevorzugte den Überblick. Zumindest musste er diesen zuerst haben, um, wenn es interessant genug erschien, sich dann das eine oder andere Detail anzusehen. Es machte ihn verrückt, wenn ihn jemand mit Details konfrontierte, bevor er das ganze Bild hatte, und es langweilte ihn, wenn jemand sich zu sehr in Details verrannte.

Auch Kombinationen zu bedenken war wieder sehr interessant. »Proaktiv, Überblick und intern« schien für rasche Handlungen zu stehen, »reflektiv, extern und Detail« konnte lange Zeit beanspruchen. Wenn so jemand dann noch stark kinästhetisch war und sehr langsam sprach, konnte es echt anstrengend werden. Er las weiter.

## Anwendung im Verkaufsgespräch

### *»Überblickorientierte« Kunden*

*Verkaufsstrategie für »überblickorientierte« Kunden:*

- Präsentieren Sie dem Kunden nur die großen Zusammenhänge. Fassen Sie die wichtigen Dinge zusammen und vermeiden Sie zu viele Detailinformationen – diese langweilen ihn rasch.
- Diese Kunden delegieren oft. Stellen Sie fest, wer sich dann um alle Details kümmern wird, um auch mit diesen Personen eine Beziehung aufbauen zu können.
- Geben Sie diesem Kunden nur wenige Unterlagen (Überblicksbroschüren eignen sich gut) in die Hand, verweisen Sie aber darauf, dass er Detailinformationen auf Wunsch haben kann.

*Mögliche Formulierungen des Verkäufers:*

»... als Erstes zeige ich Ihnen einen Überblick ...«
»... wenn Sie mehr Detailinfo wollen, sagen Sie es mir bitte ...«
»... im Großen und Ganzen sieht es so aus ...«
»... grob gesagt, bedeutet das, dass ...«
»... das Gesamtkonzept sieht folgendermaßen aus ...«

### *»Detailorientierte« Kunden*

*Verkaufsstrategie für »detailorientierte« Kunden:*

- Diese Menschen wollen Details, daher bringen Sie in Ihrer Präsentation möglichst viele davon.
- Geben Sie Listen, Zahlen, Statistiken, Produktbeschreibungen etc. auch in Kopie an den Kunden weiter.
- Seien Sie genau und präzise – alles andere kann schnell als Oberflächlichkeit gewertet werden.
- Verweisen Sie auf die Möglichkeit, weitere Detailinformationen erhalten zu können, wenn der Kunde es wünscht.

*Mögliche Formulierungen des Verkäufers:*

»... also, um genau zu sein ...«
»... ich zeige Ihnen das gerne alles im Detail ...«
»... Sie erhalten sämtliche Detailinformationen, die Sie benötigen ...«
»... ich denke, wir sollten uns das genau ansehen, bevor wir eine Entscheidung treffen ...«

✦✦✦

Das schien ihm alles zwar sehr komplex, aber auch sehr einleuchtend und logisch zu sein. Extrem spannend fand er die Idee, dass es gar nicht so sehr um den Inhalt ging, sondern hauptsächlich um die Form des Gesagten. Welche Worte und welche Satzkonstruktionen wurden verwendet? Der Inhalt des Gesagten wird, zumindest meistens, vom bewussten Verstand gesteuert, wir überlegen uns, was wir sagen. Die Form wird unbewusst gewählt und ist daher weniger leicht manipulierbar. An der Form ist wesentlich besser erkennbar, was jemand wirklich denkt oder wie er sich normalerweise verhält. Selbst wenn wir versuchen, uns inhaltlich anders darzustellen, die Form verrät uns.

Jochen hatte ein wenig das Gefühl, sich »geheimes Wissen« angeeignet zu haben, zu dem nur wenige Menschen Zugang hatten, was natürlich Blödsinn war. Jeder konnte dieses Buch kaufen, wenngleich ihm bewusst war, dass es nur sehr wenige lesen würden. Von all seinen Verkäuferkollegen in der Niederlassung hatte keiner in den letzten Jahren auch nur ein einziges Buch zum Thema Verkauf, Kommunikation, Zeitmanagement oder Selbstmanagement gelesen. Jochen selbst auch nur zwei oder drei, aber immerhin. Jetzt fand er das sehr schade. Es gab so viel zu wissen und zu können, von dem die meisten gar nicht wussten, dass es das gab. Beim nächsten Metaprogramm ging es um ...

# Metaprogramm »Primäre Interessen«

Auf die Frage »Wie war der Urlaub?« erzählen manche Leute von netten Urlaubsbekanntschaften, andere vom tollen Hotel, wieder andere von all dem, was sie während ihres Urlaubsaufenthalts unternommen haben, oder man hört etwas über die Geschichte und Kultur des Landes, und manche zeigen all das her, was sie dort gekauft haben. Je nach Interessenschwerpunkt werden also auf eine Frage ganz unterschiedliche Antworten gegeben.

**Primäre Interessen sind:**

- **Menschen**
- **Orte**
- **Aktivitäten**
- **Informationen**
- **Dinge**

**Mögliche Fragen:**
Wofür interessieren Sie sich im Speziellen?
Was steht für Sie dabei im Vordergrund?
Was ist für Sie dabei besonders wichtig?
Was ist Ihnen speziell in Erinnerung geblieben?

**Hinweise zur Erkennung**
Aus den inhaltlichen Schwerpunkten beim Sprechen kann auf die primären Interessen der Person geschlossen werden. Jemand spricht dauernd von seinen Mitarbeitern, von all den Aktivitäten, die vor sich gehen, oder von der Fülle an Informationen, die ihm das neue Computersystem ermöglicht, usw.

Jochen überlegte, was er wohl auf die Frage »Wie war dein letzter Urlaub?« antworten würde. Wahrscheinlich würde er von den vielen Aktivitäten erzählen, die der Club geboten hatte – Segeln, Bogenschießen, Wasserski, Surfen, Beachvolleyball, sogar Schnuppertauchen und Schnuppergolfen –, er hatte alles ausprobiert in diesen beiden Wochen letztes Jahr. Diese Frage war offenbar leicht beantwortet. Das für ihn Zweitwichtigste dabei waren der Club selbst und die Lage. Am liebsten war ihm natürlich direkt am Strand mit weißem Sand, so weit das Auge reicht, und Palmen, die fast ins türkisblaue Wasser hängen.

## Anwendung im Verkaufsgespräch

### *»Menschenorientierte« Kunden (WER?)*

*Verkaufsstrategie für »menschenorientierte« Kunden:*

- Setzen Sie alles, was Sie sagen, in Bezug zu den Menschen, die dem Kunden wichtig sind.
- Sprechen Sie von den Auswirkungen des Produkts oder der Dienstleistung auf ihn selbst, seine Kunden, seine Mitarbeiter, seine Familie, seine Freunde, seine Nachbarn etc. – Das Produkt selbst ist oft gar nicht so wichtig oder nur ein Mittel zum Zweck.
- Sie können davon ausgehen, dass bei diesen Kunden die Beziehung zu Ihnen als Verkäufer für den Verkaufsprozess besonders wichtig ist.
- Erzählen Sie dem Kunden, wer sonst noch Ihr Produkt verwendet.

*Mögliche Formulierungen des Verkäufers:*

»… für Ihre Familie bedeutet das, dass …«
»… stellen Sie sich vor, was Ihre Kollegen sagen werden …«
»… Sie werden sehen, wie toll Ihre Kunden das finden …«
»… Herr X verwendet unser Produkt übrigens auch …«

### *»Orteorientierte« Kunden (WO?)*

*Verkaufsstrategien für »orteorientierte« Kunden:*

- Orte sind von zentralem Interesse, nehmen Sie daher Bezug darauf.
- Sagen Sie dem Kunden, wo er Ihr Produkt oder Ihre Dienstleistung in Anspruch nehmen oder verwenden kann.
- Präsentieren Sie ihm, wo auf der Welt überall Sie tätig sind, möglicherweise unterstützt durch eine Karte.
- Entfernungen und die Lage Ihrer Firma oder der Ort Ihrer Dienstleistung können eine Rolle spielen.

*Mögliche Formulierungen des Verkäufers:*

»... egal, wo Sie sich befinden, unser Service steht Ihnen zur Verfügung ...«
»... wenn Sie nächstes Mal in X sind, können Sie es gleich testen ...«
»... wir haben Kunden in New York, Montreal, Paris, London und sogar Tokio ...«

### *»Aktivitätenorientierte« Kunden (WIE?)*

*Verkaufsstrategien für »aktivitätenorientierte« Kunden:*

- Nicht das Produkt steht für den Kunden im Vordergrund, sondern was man damit machen kann. Erklären Sie daher die vielen Anwendungsmöglichkeiten Ihres Produkts.
- Geben Sie (wenn es das Produkt oder die Dienstleistung zulässt) die Möglichkeit, aktiv zu werden – im Verkaufsprozess oder anschließend durch einen Produkttest.
- Die Schnelligkeit Ihres Services ist ein gutes Verkaufsargument.

*Mögliche Formulierungen des Verkäufers:*

»... Sie haben damit folgende Verwendungsmöglichkeiten ...«
»... Sie können das Produkt für diese Fälle anwenden ...«

### *»Informationenorientierte« Kunden (WARUM? WELCHE INFO?)*

*Verkaufsstrategien für »informationenorientierte« Kunden:*

- Geben Sie Kunden, die an Informationen interessiert sind, möglichst viel davon – oft auch nur um der Information willen. Sie wollen wissen, wie man was mit Ihrem Produkt macht, es tatsächlich zu tun ist oft nicht so wichtig.
- Versorgen Sie den Kunden mit Materialien (Prospekten, Statistiken, Konzepten etc.), passend zu seiner bevorzugten Chunkgröße (Übersicht oder Detail), aber im Allgemeinen reichlich davon.

*Mögliche Formulierungen des Verkäufers:*

»… ich gebe Ihnen alle Informationen, die Sie benötigen …«
»… ich möchte Sie darüber informieren, dass …«

### *»Dingeorientierte« Kunden (WAS?)*

*Verkaufsstrategien für »dingeorientierte« Kunden:*

- Für diesen Kunden steht das Produkt selbst im Vordergrund und nicht so sehr das Produkt als Mittel zum Zweck. Er kauft oft um des Besitzens willen. Aus der Werbung kennen Sie das: »… mein Haus, mein Auto, mein Boot …«.
- Stellen Sie daher Ihr Produkt in den Vordergrund, das Design, die Form.
- Erklären Sie die Funktionsweise, wenn Sie es mit einem technisch interessierten, detailorientierten Kunden zu tun haben.
- Stellen Sie dar, wie sich Ihre Dienstleistung auf die Dinge in seiner Umgebung auswirken wird.
- Achten Sie auf die Dinge in Ihrem Umfeld, die in Kontakt mit dem Kunden kommen (die Büroeinrichtung, das Firmengebäude, Ihr Auto, die Uhr, den Anzug, den Kugelschreiber etc.).

*Mögliche Formulierungen des Verkäufers:*

»… sieht das nicht gut aus …!«
»… unser Produkt hat ein ganz neues Design …«

Das waren also die Metaprogramme oder zumindest ein paar davon. Jochen hatte ein Gefühl, als hätte er 500 Gramm Steak mit einer Riesenmenge Pommes frites und Gemüse verschlungen, nachdem er das Kapitel mit den Metaprogrammen gelesen hatte. Genauso satt fühlte er sich. Das war so eine Riesenmenge an Informationen. Er überflog die Metaprogramme nochmals, indem er die Seiten rasch durchblätterte, und fragte sich, wie er sich das je merken, geschweige denn anwenden sollte. Dann fiel ihm ein, dass er vor Monaten ähnliche Gedanken zu anderen Themen gehabt hatte, deren Umsetzung ihm jetzt schon in Fleisch und Blut übergegangen war.

Die Übungen waren auch für drei Monate ausgelegt, wie er feststellte, Stoff genug war ja für drei Monate da.

## Übungen Monat 6 – Metaprogramme

- Nutzen Sie jede Gelegenheit, um das Erkennen der Metaprogramme in einem Gespräch zu üben.
  - Achten Sie darauf bei Unterhaltungen mit Kollegen, Freunden, der Familie und mit Kunden. Speziell dann, wenn es eine Gruppe von Personen ist und Sie so nicht ständig sprechen müssen, fällt es Ihnen noch leichter, die Beobachterrolle einzunehmen.
  - Livediskussionen oder Interviews im Fernsehen eignen sich auch besonders gut dazu.
- Nehmen Sie sich ein Metaprogramm pro Wochentag vor, also zum Beispiel:
  - Montag: Orientierung (weg von – hin zu)
  - Dienstag: Referenz (intern – extern)
  - Mittwoch: Aktionsfilter (Prozesse – Optionen)
  - Donnerstag: Vergleich (Gleichheit/Matching – Unterschied/Mismatching)
  - Freitag: Aktivität (proaktiv – reflektiv)
  - Samstag: Chunkgröße (Detail – Überblick)
  - Sonntag: Primäre Interessen (Menschen, Orte, Aktivitäten, Informationen, Dinge)

Achten Sie am jeweiligen Tag genau auf dieses Metaprogramm in den Gesprächen, die Sie hören oder führen. Es geht darum, aus dem Gehörten die jeweilige Metaprogrammausprägung des Sprechers zu erkennen. Im Laufe der Zeit werden Sie feststellen, dass Ihnen auch die Metaprogramme auffallen, die nicht Thema an diesem Tag sind.

## Samstag, 3. Juni 2006

Heute war das Metaprogramm »Chunkgröße« an der Reihe. Jochen hatte sich die Metaprogrammzuordnung auf die Wochentage aufgeschrieben und auf seinen Badezimmerspiegel geklebt. So hatte er sie gleich am Morgen beim Zähneputzen und Rasieren im Blick.

Es ging also darum, darauf zu achten, ob die Personen mehr am Überblick interessiert waren oder mehr am Detail. Es gab zwar spezielle Fragen, die man stellen konnte, um die Metaprogrammausprägung herauszukriegen, so wie »Wollen Sie gleich alle Details unseres Vorschlags erfahren?«, aber Jochen hatte gelesen, dass das nicht nötig sei. Er würde es ohnehin an der Sprache merken, ob jemand viele Details erzählte oder verlangte oder im Überblick blieb.

Er war schon etwas spät dran. Er hatte heute Samstagdienst, ausnahmsweise. Meistens machten den ein oder zwei andere Kollegen, die sich förmlich darum rissen. Jochen wusste nicht genau, weshalb, er sah keine deutlichen Vorteile darin, aber es war ihm sehr recht so. Er war am Morgen noch laufen gewesen, obwohl er knapp dran war, aber das Wetter war zu herrlich.

Knapp vor neun Uhr kam er ins Geschäft, gerade noch rechtzeitig, bevor aufgesperrt wurde. »Chunkgröße: Übersicht oder Detail«, rief sich Jochen das Motto des Tages nochmals in Erinnerung. Die ersten Kunden warteten schon. Kaum war er an seinem Platz, stand auch schon einer da. Es war Herr Lange, einer seiner Stammkunden, der vor kurzem den dritten Wagen in den letzten drei Jahren bei ihm gekauft hatte, zwei für ihn und einen für seine Frau.

»Guten Morgen, Herr Lange, was kann ich für Sie tun an diesem herrlichen Tag?«, begrüßte Jochen ihn überschwänglich, ein bisschen aufgeputscht vom morgendlichen Jogging und den dadurch freigesetzten körpereigenen Drogen.

»Guten Morgen«, erwiderte Herr Lange etwas mürrisch. »Er war offensichtlich nicht joggen gewesen«, dachte Jochen amüsiert, ohne es sich anmerken zu lassen, und wechselte fast augenblicklich in die Stimmung des Kunden. Sein Tonfall und seine Körperhaltung veränderten sich, und Jochen spürte, wie das auch seine Emotion veränderte. Allzu lange wollte er da nicht bleiben, sondern den Kunden rasch herausführen, sobald der Rapport stark genug war, um gemeinsam in Jochens Grundstimmung dieses Morgens zurückzukehren.

»Ich brauche einen Dachträger für meinen Wagen«, fuhr der Kunde fort. »Ich habe mir im Internet schon ein paar angesehen und hätte jetzt von Ihnen gerne noch Details erfahren.«

Bei dem Wort »Detail« begann bei Jochen ein Lämpchen zu blinken. »Gerne, wofür brauchen Sie ihn denn?«, begann Jochen mit der Bedarfserhebung ganz automatisch.

»Für Verschiedenes. Meine Frau und ich sind begeisterte Radfahrer. Ich habe ein Mountainbike mit 27 Zoll Reifengröße, meine Frau hat ein etwas kleineres. Manchmal transportieren wir beide mit dem Auto, um sie zum Ausgangspunkt für unsere Radtouren zu bringen. Wissen Sie, wir machen oft bis zu 80 Kilometer pro Tag und bis zu 1000 Höhenmeter.«

»Sie wollen also unterschiedlich große Räder damit transportieren?«, fragte Jochen zusammenfassend und staunte über die vielen Details, die ihm der Kunde nannte.

»Nicht nur das. Im Winter muss eine Skibox drauf. Die ist manchmal recht schwer, da bis zu fünf Paar Ski darin sind. Sie kann dann schon bis zu 50 Kilo wiegen, würde ich schätzen.«

»Sie transportieren im Winter also bis zu fünf Paar Ski in einer Skibox mit bis zu 50 Kilo. Was noch?«, fragte Jochen weiter und spürte, dass er guten Rapport hergestellt hatte.

Herr Lange sprach weiter. So deutlich wie nie zuvor bemerkte Jochen, dass Herr Lange offenbar extrem detailorientiert war. Er war Controller in einer Bank, soweit Jochen wusste. Wahrscheinlich war die Detailorientierung in diesem Job auch sehr brauchbar, vermutete Jochen. Er hatte nur nie so genau darauf geachtet.

30 Minuten später war der Kunde bestens gelaunt vom Platz gefahren. Jochen war auch wieder in seine Ausgangsstimmung zurückgekehrt. Das passende Dachträgersystem war lagernd gewesen, und ein Mechaniker hatte es ihm gleich montiert. Natürlich hatte sich Lange jeden Handgriff ganz genau erklären lassen und Jochen noch bezüglich der technischen Daten gelöchert. Bis wie viel Kilometer pro Stunde bei wie viel Gewicht der Träger getestet sei und derlei mehr interessierte den Kunden.

Samstag war oft ein Tag für Familien. Sie kamen schauen. Mann, Frau, oft mit Kindern und Großeltern, speziell wenn Letztere den Wagen mitfinanzierten. Doch heute nicht. Jochen kümmerte sich ohnehin viel lieber um die Frau, die etwas verloren bei den Gebrauchtwagen vor dem Schauraum herumirrte. Sie war um die 30, schätzte er, und sie sah, soweit er dies aus der Entfernung feststellen konnte, sehr gut aus. Er trat von hinten an sie heran, als sie vor einem zwei Jahre alten ZR 100 stand.

»Wie gefällt er Ihnen?«, fragte er, und sie erschrak, als sie sich umdrehte. Sie hatte ihn nicht kommen hören.

»Im Großen und Ganzen gut«, antwortete sie und blickte ihn an, während ein kurzes Lächeln über ihr Gesicht huschte. Jochen lächelte zurück, fast automatisch, obwohl er deutlich verwirrt war. Sie war nicht nur sehr hübsch, sondern er kannte sie. Er wusste nur nicht, woher. Während er einen Teil seines Gehirns auf die Suche schickte, versuchte er mit dem anderen, ein paar vernünftige Worte zustande zu bringen. Mit einem Schlag war seine professionelle Gewandtheit im Kundengespräch verschwunden.

»Entschuldigung, ich habe mich nicht vorgestellt.« Er streckte ihr lächelnd die Hand hin. »Jochen Berger.«

»Susanne Nentwich«, sagte sie mit einer Stimme, die perfekt zu ihrem Äußeren passte. Ihre Hand fühlte sich wunderbar weich und fest zugleich an, während er sie drückte, den Bruchteil einer Sekunde länger, als es angebracht schien zwischen Verkäufer und Kundin, aber sie ließ es geschehen.

»Was suchen Sie denn?« Jochen begann sich zu fangen und seine verkäuferische Routine wieder aufzunehmen, während der andere Teil seines Gehirns noch am Suchen war.

»Nicht allzu groß, sportlich, gut aussehend«, antwortete sie lächelnd.

»Welches Auto, meinte ich?« Der Rapport war nach den ersten Blicken und Worten schon so stark fühlbar gewesen, dass Jochen diesen Vorstoß wagte.

»Ich auch«, stieg sie in das Spiel ein. »Was meinten Sie denn?«

»Natürlich dasselbe«, antwortete Jochen. »Und was ist noch wichtig für Sie?«, fuhr er fort zu fragen. »Beim Auto natürlich«, flirtete er weiter.

»Ach, wissen Sie, das ist es auch schon. Der hier würde schon passen«, antwortete sie und blickte Jochen dabei direkt in die Augen.

»Wollen Sie ihn ausprobieren? Den Wagen meine ich.«

»Ja, unbedingt. Ich will ja schließlich nicht den Kater im Sack kaufen. Entschuldigung, die Katze im Sack, heißt das wohl«, antwortete Susanne.

»Na, dann besorge ich mal schnell Nummernschilder für uns. Nicht weglaufen.« Obwohl Jochen die Metaprogramme im Moment ziemlich egal waren, war ihm der deutliche Unterschied zu seinem vorigen Kunden, Herrn Lange, aufgefallen. Extremer ging es kaum.

»Wie könnte ich?«, meinte sie und lächelte.

Zwei Minuten später war Jochen zurück und steckte die Nummerntafeln für die Probefahrt in die Halterungen.

»Entschuldigung, ich weiß, das klingt jetzt ganz blöd, aber wir haben uns schon irgendwo gesehen. Ich komme nur nicht drauf, wo«, gestand Jochen, als er ihr den Schlüssel in die Hand drückte und die Tür öffnete.

»Ja, ich weiß«, antwortete sie mit einem wissenden Lächeln. »Es war auf einem Clubbing im Januar, denke ich. Ich hatte Drinks geholt für eine Freundin und mich, aber als ich zurückkam, waren Sie ja schon verschwunden«, sagte sie mit einem vorwurfsvollen, aber nicht ernst gemeinten Unterton.

»Ja, genau, das Clubbing«, wiederholte Jochen voller Begeisterung. Jetzt fiel es ihm wieder ein. »Sie waren die Frau an der Bar. Ich habe Sie gesucht, aber nicht wieder gefunden in dem Gewühl.«

»Und das soll ich Ihnen glauben? Das kann ja jeder sagen«, setzte sie das Spiel fort, als sie den Wagen startete und losfuhr.

Eine halbe Stunde später, als sie zurückkamen, hatte Jochen nicht nur ein Auto verkauft, sondern sie hatten ins wesentlich vertraulichere »Du« gewechselt, er wusste, wo sie wohnte, dass sie gerade 30 geworden war, ihren Beruf als Marketingassistentin in einem internationalen Konzern schon seit drei Jahren und sehr gerne ausübte, Single war, keine Kinder hatte – und noch viel wichtiger: Er hatte eine Verabredung zum Abendessen gleich morgen mit der wunderbarsten Frau, die er je getroffen hatte.

Zu seinem Glück hatte sie die Situation nicht ausgenützt, er hätte ihr jeden Rabatt gegeben, den sie verlangt hätte.

## Sonntag, 4. Juni 2006

An diesem Sonntag wachte er sehr früh auf. Sechs Uhr zeigte der Wecker, aber er wusste, dass er nicht mehr schlafen konnte, also ging er laufen. Zu viel ging ihm durch den Kopf. Das Wetter war genauso herrlich wie am Vortag. Als er nach dem Laufen und einer Dusche beim Zähneputzen vorm Badezimmerspiegel stand, fiel sein Blick auf die Metaprogrammliste.

Sonntag: Primäre Interessen (Menschen, Orte, Dinge, Aktivitäten, Informationen) – stand da. Jochen erinnerte sich, dass sich das am besten im Smalltalk durch eine Frage, nach dem letzten Urlaub zum Beispiel, herausfinden ließ. Da er zu Mittag bei seinen Eltern zum Essen war, beschloss er, das bei seinen Eltern auch gleich zu tun. Sie waren gerade aus Ägypten zurückgekehrt. Sein Vater ging seit Jahren tauchen, und das Rote Meer war bekannt für seine herrlichen Tauchreviere. Seine Mutter nutzte die Zeit, um am Hotelpool in der Sonne zu liegen.

»Hallo, Sohn«, begrüßte ihn sein Vater, als er ihn auf beide Wangen küsste.

»Das Essen ist schon fertig«, rief seine Mutter aus der Küche. Seine Eltern aßen immer pünktlich um zwölf Uhr. Jochen küsste auch sie und setzte sich zu Tisch, da seine Mutter schon damit begonnen hatte, das Essen aufzutragen. Obwohl sie nur zu dritt waren, herrschte eine gewisse Hektik.

»Wie war euer Urlaub?«, fragte Jochen, als er sich Suppe nahm. Beide waren braun gebrannt.

»Toll«, antwortete sein Vater. »Also, ich sag dir, das Tauchen dort ist einfach phantastisch. Ich habe fast jeden Tag zwei Tauchgänge gemacht.«

»Aha, Aktivitäten, dachte ich mir schon«, notierte Jochen auf seiner geistigen Liste.

»Und mich die meiste Zeit allein gelassen, typisch«, setzte seine Mutter vorwurfsvoll, aber nicht ganz ernst fort. »Aber ich bin es ja gewohnt. Das geht ja nun schon seit Jahren so. Du und deine Taucherei.«

Sein Vater überhörte das Gesagte geflissentlich. »Und dann haben wir auch einen Ausflug zu einer der ältesten Ausgrabungsstätten dort gemacht. An den Namen kann ich mich nicht mehr erinnern, war irgendwie kompliziert. War sehr interessant.«

»Und wie hat es dir gefallen?«, fragte Jochen seine Mutter.

»Während dein Vater untergetaucht war, im wahrsten Sinne des Wortes«, sie warf ihm kurz einen vorwurfsvollen Blick zu, »habe ich ein nettes Ehepaar aus der Schweiz kennen gelernt und mich gut unterhalten. Auch das Hotelpersonal war sehr nett.« »Menschen«, dachte Jochen und machte einen weiteren Eintrag auf seiner Liste.

»Das Hotel war auch sehr schön«, setzte seine Mutter fort, »die Zimmer, der Pool, die ganze Anlage. Und der Strand erst. Feinster Sandstrand, türkisblaues Meer, was soll ich dir sagen, traumhaft.« – »Und Orte«, notierte Jochen und merkte, dass seine Mutter in Gedanken schon wieder dort war, als sie die Anlage beschrieb.

Er blieb etwa zwei Stunden bei seinen Eltern, war aber im Geiste schon beim Abendessen mit Susanne.

Es war schon 19.45 Uhr, und Jochen wurde schön langsam nervös. Sie hatten halb acht vereinbart. Die vorsichtig in seinem Hinterkopf aufkeimende Frage »Hat sie mich versetzt?« schob er radikal beiseite, doch mit jeder Minute, die er wartete, fiel ihm das schwerer. »Sie wurde wahrscheinlich aufgehalten und hat meine Nummer vergessen, um mir zu sagen, dass sie sich verspätet«, versuchte er sich zu beruhigen, so gut es ging.

Als sie kurz vor acht endlich das Lokal betrat, saß er schon wie auf Nadeln. Sichtlich erleichtert lächelte er ihr entgegen.

»Entschuldige, dass ich zu spät bin«, begrüßte sie ihn, »aber ich habe eine Ewigkeit nach einem Parkplatz gesucht.« Etwas unsicher küssten sie sich auf beide Wangen. »Macht gar nichts«, log Jochen, »das mit den Parkplätzen hier ist ja wirklich ein Drama.« Sie setzten sich.

Drei Stunden später kam es Jochen vor, als kannten sie sich schon seit Jahren. Es war erstaunlich, in wie vielen Punkten sie Gemeinsamkeiten hatten. Oder war es nur die Art des Hinschauens auf die Gemeinsamkeiten, selektive Wahrnehmung? Das war Jochen egal in diesem Moment. Dass sie sich abwechselnd spiegelten und führten, fiel Jochen gar nicht auf, einerseits, weil er es sich über die letzten Monate hinweg schon zu einer Gewohnheit gemacht hatte, die ihm in Fleisch und Blut übergegangen war, und andererseits, weil es gerade in dieser Situation das Natürlichste auf der Welt war, was zwei Menschen tun konnten. Wie auch immer, sie hatten tollen Rapport.

Jochen war erstaunt über sich selbst. Obwohl ihn das Gespräch mit Susanne gefesselt hatte, war ihm dennoch aufgefallen, dass sie sehr viele visuelle Worte benutzte, und auch die Augenbewegungen deuteten stark auf den visuellen Kanal hin. Er wusste nicht, ob er das auch gespiegelt hatte. Dass sie sehr stark am »Überblick« orientiert war, war ihm ja schon beim Autokauf aufgefallen. Ihre primären Interessen waren Aktivitäten und Informationen. Und soweit er sich an das »Hin zu«-Muster erinnern konnte, meinte er, es bei ihr in starkem Maße festgestellt zu haben. Als ob sie sich schon lange kannten, hatte sie ihm von ihren vielen Zielen und Vorhaben erzählt. Bereits nach so kurzer Zeit war große Vertrautheit zwischen ihnen spürbar.

Ab und zu hatten sich ihre Finger am Tisch fast zufällig berührt, um manchmal den Kontakt den Bruchteil einer Sekunde länger zu halten, als es der Zufall gewollt hätte.

Es war kurz vor halb zwölf, als sie zahlten und sich verabschiedeten mit dem Vorsatz, die nächsten Tage wieder essen zu gehen oder etwas anderes miteinander zu unternehmen. Details würden sie morgen per Mail oder Telefon klären.

Jochen begleitete Susanne noch zu ihrem Wagen und überlegte, ob es angebracht wäre, ihr einen Abschiedskuss zu geben.

Während er noch überlegte, hatte sie ihm, sehr proaktiv, die Entscheidung abgenommen und ihre Lippen sanft auf die seinen gepresst. »Danke für den schönen Abend, ich habe mich sehr wohl gefühlt mit dir«, sagte sie, während sie ins Auto stieg, ihn durch die Scheibe nochmals anlächelte und losfuhr.

»Ja, ich fand es auch sehr schön«, erwiderte er wie in Trance. Diese hatte sich bei dem Kuss eingestellt, und er blieb in diesem Zustand, bis er einschlief.

## Donnerstag, 15. Juni 2006

Jochen war an diesem Morgen schon um sechs Uhr wach gewesen und konnte es kaum mehr erwarten, dass der Tag begann. Nach dem Laufen und einem kräftigen Frühstück war er schon früh in der Firma. Die Zeit vor der Ladenöffnung konnte er gut nutzen, um einiges Administratives zu erledigen, Auslieferungen vorzubereiten, Datenbankeinträge zu machen, seine Telefonlisten zu durchforsten und die Datensätze zu markieren, die er heute anrufen wollte.

Heute fiel es ihm allerdings einigermaßen schwer, sich zu konzentrieren. Er dachte die ganze Zeit über, schon seit dem Aufwachen, an den letzten Abend mit Susanne. Nach ihrem ersten Date am Sonntag hatten sie sich erst wieder für Mittwoch darauf verabredet, da Susanne inzwischen auf einer mehrtägigen Geschäftsreise gewesen war. Das Warten auf das Wiedersehen hatte sich schier endlos in die Länge gezogen.

Sie waren bei einem Japaner gewesen. Das Sushi war sehr gut und die Gespräche intensiv. Sie waren sich deutlich näher gekommen. So nahe, dass der Abend in einer wilden Knutscherei in Jochens Wagen endete, als er Susanne nach Hause gebracht hatte. Einerseits wäre er gerne noch weiter gegangen, andererseits blieb so eine gewisse angenehme Spannung aufrechterhalten, die bis zum nächsten Treffen anhalten würde. Er stellte sich vor, wie dieses wohl verlaufen würde, und wurde recht abrupt von einem Kunden, der plötzlich vor ihm stand, aus seinen Tagträumen gerissen.

»Guten Tag.« Reflexartig streckte ihm Jochen die Hand hin und lächelte. »Jochen Berger.« Sein Gegenüber drückte sie recht kräftig. Es war ein Mann mittleren Alters, ein Stück kleiner als Jochen und sicher um die Hälfte schwerer. Ein großer Teil seines Gewichts konzentrierte sich auf einen gigantischen Bauch, den er wie eine Schwangere vor sich her schob. Er trug blaue Arbeitskleidung, was recht ungewöhnlich war und Jochen daran erinnerte, dass er schon einmal ein Fahrzeug um 70.000 Euro an jemanden in Arbeitskleidung verkauft hatte. Noch dazu hatte der Kunde bar bezahlt. Die anderen Kollegen hatten ihn ignoriert und als »Schauer« abgetan. Kleidung sagt eben nicht immer etwas aus.

»Maywald«, sagte er kurz und sehr bestimmt. »Ich interessiere mich für ein Auto.« Jochen erinnerte sich daran, dass heute, Donnerstag, das Metaprogramm »Vergleich« an der Reihe war. Es ging um Gleichheiten und Unterschiede.

»Und woran haben Sie gedacht?«, fragte Jochen.

»Sehen Sie, ich habe jetzt den ZR 100, das Vorgängermodell, aber ich brauche etwas ganz anderes, Neues, etwas Größeres.«

»Aha, etwas ganz anderes, Neues, Größeres«, wiederholte Jochen.

»Ja, ich war letzte Woche schon einmal da und habe mit einem Kollegen von Ihnen gesprochen. So ein Junger, mit einem Oberlippenbart und Brille«, sagte der Kunde.

»Ah, da meinen Sie sicher Rainer Oberhauser«, sagte Jochen. »Ich hole ihn gleich für Sie. Einen Moment bitte.«

Rainer war ein neuer Verkäufer, mit wenig Erfahrung, aber viel Engagement, der gerade vor einem Monat angefangen hatte.

»Ah, Herr Maywald, schön, Sie wiederzusehen«, begrüßte ihn Rainer. »Sie waren ja letzte Woche schon einmal hier und waren am Überlegen, ob Sie sich jetzt schon einen neuen Wagen kaufen wollen, wenn ich mich recht erinnere.«

Jochen beschloss, bei dem Gespräch dabei zu bleiben und als stiller Beobachter speziell auf Metaprogramme zu achten.

»Nein, ich hatte mich schon entschieden, ein neues Auto zu kaufen. Nur wegen der Marke habe ich noch überlegt«, erwiderte der Kunde.

»Aha, verstehe«, sagte Rainer lächelnd, »und jetzt haben Sie sich für unsere Marke entschieden.«

»Nein, aber sie ist in der engeren Auswahl.«

»Na gut, das ist ja schon einmal ein Anfang«, versuchte Rainer über den holprigen Gesprächsbeginn hinwegzukommen.

»Haben wir letzte Woche eigentlich schon über den neuen ZR 200 gesprochen? Ich glaube nicht, aber ich habe die Unterlagen jetzt reingekriegt. Ein Vorführmodell kommt nächste Woche. Ein tolles Fahrzeug. Der könnte was für Sie sein. So sieht er übrigens aus«, sagte Rainer und deutete auf ein Poster. »Tolles Design, nicht wahr?«

Jochen hatte fast körperliche Schmerzen, als er mitverfolgen musste, wie Rainer einen der Kapitalfehler von Verkäufern beging. Anstatt den Bedarf und die Wünsche des Kunden zu erfragen, ging er gleich mitten in die Präsentation eines Fahrzeugs, das ihm selbst gut gefiel. Ob es den Bedürfnissen des Kunden entsprach, davon hatte Rainer keine Ahnung.

Außerdem war Jochen aufgefallen, dass der Kunde bei so ungefähr allem, was Rainer gesagt hatte, dagegen gewesen war. Das entsprach der Metaprogrammausprägung »Unterschied/Mismatching«. »Möglicherweise ist er sogar ein Polarity Responder«, dachte Jochen, aber das würde sich ja rasch zeigen.

»Nein, also der gefällt mir überhaupt nicht. Der ist ganz anders, als ich mir das vorgestellt habe«, entgegnete der Kunde prompt, und Jochen war kein wenig überrascht.

Rainer hingegen rang sichtlich nach Luft. Wie konnte dieser Kunde sagen, dass ihm das Auto nicht gefiel! Das war fast eine persönliche Beleidigung. »Nun, dieses Fahrzeug hat aber alle internationalen Designpreise für Autos dieses Jahr gewonnen, die es so zu gewinnen gibt«, belehrte Rainer den Kunden und setzte dabei ein siegessicheres Lächeln auf.

»Ich finde ihn aber trotzdem hässlich. Diese Front und die Heckleuchten …«, beharrte der Kunde auf seinem Standpunkt und grub sich noch fester ein, indem er noch mehr Argumente für seine Sichtweise suchte und fand. Seine Miene hatte sich verfinstert.

Bevor das Gespräch noch weiter eskalieren würde, beschloss Jochen einzugreifen. Er erinnerte sich daran, dass ein guter Weg im Umgang mit Mismatchern, speziell Polarity Respondern, der war, Fragen zu stellen, denn da konnten sie nicht dagegen sein.

»Nun, wofür verwenden Sie denn das Auto?«, begann Jochen zu fragen und übernahm das Gespräch. Fünf Minuten und 15 Fragen später wussten Jochen und Rainer alles, was sie wissen mussten. Jochen war überzeugt, dass das ein ZR-300-Kunde war, auch wenn er in seinem Blauzeug nicht so aussah. Er wollte ihm aber Gelegenheit geben, dagegen zu sein.

»Nun, ich dachte zuerst, ich hätte das passende Fahrzeug für Sie, den neuen ZR 300, aber der ist wahrscheinlich doch nichts für Sie«, taktierte Jochen und musste sich beherrschen, nicht zu lachen.

»Was heißt, der ist nichts für mich? Das wollen wir doch mal sehen«, antwortete der Kunde, so wie es Jochen erwartet hatte.

»Na ja, ich kann Ihnen den Wagen ja zeigen, ich glaube aber nicht, dass er Ihnen gefällt«, trieb es Jochen weiter und führte den Kunden zum Vorführmodell.

»Der gefällt mir. Ist doch gleich etwas anderes als dieser ZR 200«, antwortete der Kunde.

»Dabei ist er vom gleichen Designer und …«, mischte sich Rainer wieder ein, bevor ihm Jochen einen scharfen Blick zuwarf, der bedeutete: »Halt den Mund.« Rainer war offenbar auf Gleichheiten fixiert. Er war also in dieser Metaprogrammausprägung das genaue Gegenteil dieses Kunden.

Als der Kunde zehn Minuten später ging, hatten sie eine Termin für eine Probefahrt vereinbart, und Jochen war fest davon überzeugt, dass Herr Maywald unterschreiben würde.

Rainer verstand die Welt nicht mehr und fragte sich, ob er böse auf Jochen sein sollte, weil er sich eingemischt hatte, oder dankbar, dass er das Gespräch gerettet hatte, und entschied sich für Zweiteres.

»Gut, dass du da warst. Der Kunde mochte mich nicht«, sagte Rainer.

»Der Kunde mochte nicht dich nicht, sondern die Art, wie du mit ihm umgegangen bist«, erwiderte Jochen. Er erklärte Rainer, was er gut gemacht hatte und was er hätte anders machen sollen. Angefangen von der Bedarfserhebung, die ganz gefehlt hatte. Als Jochen das Metaprogramm »Vergleich« erklärt hatte, kam Rainer aus dem Staunen nicht mehr heraus und wollte mehr darüber wissen.

»Sprich doch unseren Chef auf ›Die letzten Geheimnisse im Verkauf‹ an, wenn er wieder aus dem Urlaub zurück ist, vielleicht wäre das ja was für dich.«

## Freitag, 30. Juni 2006

»Möglicherweise könnten wir ja überlegen, Ihre Fahrzeuge in Erwägung zu ziehen, wobei wir dabei bedenken müssen, dass es doch einen nicht unwesentlichen Preisunterschied gibt und wir natürlich Ihr Angebot noch genau analysieren müssen, bevor wir das Projekt dem Geschäftsführer zur Entscheidung vorlegen können.«

»Also, wenn das nicht reflektiv war«, dachte Jochen über die Antwort auf seine einfache Frage »Können Sie sich für uns entscheiden?«.

Das war nun schon der dritte Gesprächstermin bei diesem Kunden, und irgendwie hatte Jochen den Eindruck, auf der Stelle zu treten. Wenn das Projekt nicht dafür stünde, hätte Jochen es möglicherweise schon aufgegeben. Aber immerhin ging es um 15 Lieferwägen der 50er-Serie für einen Großinstallateur.

Herr Muster, der Fuhrparkleiter, war sehr groß und dünn, rauchte wie ein Schlot und verhielt sich extrem reflektiv – wie gerade eben jetzt. Und das entsprach nicht Jochens Naturell, aber er wusste inzwischen genug, dass er sich auch hier dem Kunden anpassen musste, um weiterzukommen. Darüber hinaus war Muster nicht der Entscheider, sondern letztlich entschied der Geschäftsführer, Herr Hagedorn, an den Jochen aber noch nicht herangekommen war. Eine etwas verfahrene Situation.

»Nun, ich verstehe gut, Herr Muster, dass Sie die Angebote gut analysieren und alle Für und Wider abwägen müssen, damit Sie letztlich zu einer positiven Entscheidung gelangen können. Immerhin ist es eine große Investition, und wenn Sie und Herr Hagedorn sich entscheiden, müssen Sie sicher sein, dass wir der richtige Partner für Sie sind«, sagte Jochen, und Muster nickte. »Wenn Sie wollen, unterstütze ich Sie gerne bei Ihrer Analyse, und wir können gemeinsam eine Gegenüberstellung machen. Ich habe auch noch einige Daten für diesen Zweck mitgebracht.« Jochen zog eine Mappe mit Mitbewerbsanalysen, Verbrauchs- und Instandhaltungsdaten und einer Menge weiterer Information aus seiner Aktentasche. Muster nahm diese dankbar entgegen. »Haben Sie jetzt Zeit?«, fragte Jochen.

»Nun, Sie werden verstehen, dass ich Ihnen die genauen Angebote Ihrer Mitbewerber nicht zeigen kann«, antwortete Muster, und Jochen nickte. »Aber wenn Sie mir helfen können, die Fahrzeuge zu vergleichen in allen Details, gerne.«

»Das mache ich gerne, Herr Muster, zumal Sie die Fahrzeuge ja schon in zwei Monaten benötigen und wir uns mit dem Bestellen beeilen müssen, um rechtzeitig für Sie liefern zu können.«

Nach einer halbe Stunde hatten sie eine saubere Gegenüberstellung der Modelle ausgearbeitet, das Einzige, was fehlte, waren die genauen Preise, die Muster dann selbst einsetzen wollte. Und Jochen hatte Muster das Zugeständnis abgerungen, dass er Jochens Angebot bei der Geschäftsleitung befürworten würde, was schon die halbe Miete war, wie Jochen meinte.

Zurück in der Firma, füllte Jochen seine Monatsstatistiken aus, die er erst seit Jahresbeginn führte. Er erfasste, unabhängig von den Statistiken, die von der Firma ohnehin geführt wurden, folgende Kennzahlen:

- Anzahl der geführten Telefonate
- Anzahl der telefonisch erreichten Zielpersonen
- Anzahl der vereinbarten Probefahrten
- Anzahl der durchgeführten Probefahrten (manchmal tauchten Kunden nicht auf)
- Anzahl der Angebote
- Anzahl der persönlichen Kundengespräche
- Anzahl der abgeschlossenen Erstgeschäfte
- Anzahl der abgeschlossenen Folgegeschäfte
- Anzahl der verkauften Neufahrzeuge
- Anzahl der verkauften Gebrauchtwagen

Zufrieden betrachtete er das, was er im abgelaufenen Halbjahr erreicht hatte. 121 Neuwagen und 55 Gebrauchte hatte er verkauft. Das hätte er noch vor einem Jahr nicht einmal in seinen kühnsten Träumen zu hoffen gewagt. Irgendwie konnte er es auch nicht so recht glauben, aber die Zahlen standen, und sie stimmten. Auch die Provisionszahlungen waren deutlich gestiegen, was sich gut auf seinem Bankkonto machte.

Und wenn er darüber nachdachte – er hatte sich all das wirklich verdient. Er hatte extrem viel gearbeitet. Die Zeit ohne Kunden genutzt, um zu telefonieren oder Firmenkunden zu akquirieren, während die meisten übrigen Verkäufer nur herumstanden, Kaffee tranken und darüber jammerten, wie schlecht das Geschäft war. Er hatte sogar Hausich überholt und lag nun an erster Stelle in der Verkaufsstatistik der Niederlassung.

Das rief natürlich Neider auf den Plan. Wie damals in der Schule, wurden die mit den besseren Leistungen von den übrigen Schülern oft abfällig betrachtet – zumindest insgeheim, doch das war ihm egal.

Da sein Chef, Horst Bayer, sich gerade auf Urlaub in der Toskana befand, würde das Monatsgespräch mit ihm erst irgendwann gegen Mitte Juli stattfinden.

# Juli – Metaprogramme – Teil 2

»Es werden mehr Menschen durch Übung tüchtig als durch Naturanlage.«

*Demokrit*

## Samstag, 1. Juli 2006

Es war Samstag, und es regnete. Dicke Tropfen klatschten gegen das Fenster. Ein Tag zum Einkaufengehen oder Zuhausebleiben. Einkaufen musste Jochen nicht, das hatte er am Vortag schon erledigt. Am Nachmittag würde Susanne kommen. Ihr Verhältnis war inzwischen ein sehr enges geworden, in sehr kurzer Zeit. Sie hatten sich in den letzten beiden Wochen regelmäßig getroffen und sich zwischendurch Millionen von E-Mails geschrieben. Heute würde Susanne zum ersten Mal bei ihm übernachten, hatten sie vereinbart, und Jochen freute sich schon sehr darauf.

Da er durch den Regen fast gezwungen war, drinnen zu bleiben, beschloss er, den Vormittag mit Lesen zu verbringen. Als Erstes nahm er »Die letzten Geheimnisse im Verkauf« zur Hand und las das Kapitel über die Metaprogramme nochmals. Er hatte es inzwischen schon drei- oder viermal gelesen. Es war so viel Inhalt darin, dass er das wiederholte Lesen für sehr sinnvoll hielt. Jedes Mal entdeckte er etwas Neues darin und festigte das schon Gelernte.

Was die Übungen für Juli anging, so war Folgendes zu finden …

# Übungen Monat 7 – Metaprogramme

Lesen Sie das gesamte Kapitel über die Metaprogramme nochmals und führen Sie die Übungen von Monat 6 weiter (vor allem die Übung »Ein Metaprogramm pro Wochentag«).

- Nutzen Sie jede Gelegenheit, um das Erkennen der Metaprogramme in einem Gespräch zu üben.
  - Achten Sie darauf bei Unterhaltungen mit Kollegen, Freunden, der Familie und mit Kunden. Speziell dann, wenn es eine Gruppe von Personen ist und Sie so nicht ständig sprechen müssen, fällt es Ihnen noch leichter, die Beobachterrolle einzunehmen.
  - Livediskussionen oder Interviews im Fernsehen eignen sich auch besonders gut dazu.

- Nehmen Sie sich ein Metaprogramm pro Wochentag vor, also zum Beispiel:
  - Montag: Orientierung (weg von – hin zu)
  - Dienstag: Referenz (intern – extern)
  - Mittwoch: Aktionsfilter (Prozesse – Optionen)
  - Donnerstag: Vergleich (Gleichheit/Matching – Unterschied/Mismatching)
  - Freitag: Aktivität (proaktiv – reflektiv)
  - Samstag: Chunkgröße (Detail – Überblick)
  - Sonntag: Primäre Interessen (Menschen, Orte, Aktivitäten, Informationen, Dinge)

  Achten Sie am jeweiligen Tag genau auf dieses Metaprogramm in den Gesprächen, die Sie hören oder führen. Es geht darum, aus dem Gehörten die jeweilige Metaprogrammausprägung des Sprechers zu erkennen. Im Laufe der Zeit werden Sie feststellen, dass Ihnen auch die Metaprogramme auffallen, die nicht Thema an diesem Tag sind.

## Zusätzliche Übungen Monat 7

- Nachdem Sie nun schon viel Übung im Erkennen der Metaprogrammmuster haben, gehen Sie jetzt dazu über, auch das eigene Verhalten flexibler zu gestalten. Das bedeutet, dass Sie nun dazu übergehen, diese auch zu verwenden. Ganz im Sinne von Pacing/Spiegeln sind Sie im Gespräch mit jemandem, der sehr proaktiv ist, auch sehr proaktiv, mit jemandem, der sehr detailorientiert ist, ebenso detailorientiert. Konzentrieren Sie sich weiterhin auf jeweils ein Metaprogramm pro Tag.

✦✦✦

Dieses häppchenweise Üben, ein Metaprogramm pro Tag, hatte gut geklappt, er würde es auch weiterhin so tun. Nach einem Monat relativ regelmäßigen Übens merkte er schon deutliche Fortschritte. Oft steckten in einem Satz Hinweise auf mehrere Metaprogrammausprägungen, und es fiel ihm immer leichter, diese zu erkennen. Ab und an fielen sie ihm schon automatisch auf, ohne dass er daran dachte. Je besser das funktionierte, umso mehr konnte er sich darauf konzentrieren, sein Verhalten entsprechend anzupassen und sich auf die Metaprogramme seines Gegenübers einzustellen.

Er war zufrieden mit seinen Fortschritten und legte das Buch weg, um ein anderes zur Hand zu nehmen. Es war ein Roman, den er vor ein paar Tagen gekauft hatte, ein Vatikan-Thriller von einem amerikanischen Autor, der ihn schon nach wenigen Seiten fesselte.

## Montag, 3. Juli 2006

Auch wenn das Wetter nicht so toll war, war es ein phantastisches Wochenende gewesen. Regen konnte sehr schön sein, hatte Jochen festgestellt, wenn er gegen die Scheiben prasselte und man mit der passenden Partnerin unter der Decke lag. Sie hatten nicht nur die Nacht miteinander verbracht, sondern auch den ganzen Sonntag, und Jochen genoss es.

Jetzt stand er gerade mit ein paar Kollegen zusammen, verstrickt in eine wilde Diskussion über das Provisionssystem. Rainer war der Ansicht, es müsse ein höheres Fixum geben, speziell für Anfänger wie ihn.

»Ich möchte ja schließlich nicht weniger verdienen als in meinem alten Job. Solange ich allerdings noch keinen eigenen Kundenstamm habe und speziell jetzt, wo die wirtschaftliche Lage so schwierig ist, ist das allerdings nicht einfach«, erklärte Rainer.

Jochen war mehr Beobachter und dachte, es sei eine gute Gelegenheit, etwas über das Metaprogramm »Motivation« zu lernen. »Deutliche ›Weg von‹-Motivation«, dachte er, als er Rainer zuhörte.

»Ich möchte nicht ›nicht weniger‹ verdienen, sondern definitiv mehr als im Vorjahr. Das war ja ohnehin nicht so toll«, ergänzte ein Weiterer. Jochen war kurz versucht, das als »Hin zu«-Motivation einzustufen, erinnerte sich dann aber daran, dass Steigerungsformen wie »mehr, besser, schneller« und so weiter auch ein Indikator für »Weg von«-Motivation waren.

»Ich plane, dieses Jahr 150 Neuwagen zu verkaufen, so viele wie letztes Jahr. Im Moment liege ich eine Spur hinter Plan, aber es wird sich ausgehen«, mischte sich Hausich ins Gespräch ein. »Dann passt auch mein Verdienst, obwohl, und das stimmt schon, die Provision pro Fahrzeug vor einigen Jahren noch höher war. Die ganze Branche verdient einfach weniger durch die extreme Rabattschlacht.«

»Das war jetzt eindeutig ›hin zu‹«, dachte Jochen und freute sich, dass das so gut klappte mit dem Erkennen der Metaprogramme. Wenn man wusste, worauf zu achten ist, und ein wenig Übung hatte, war es ganz einfach und extrem vorteilhaft in der Kommunikation mit Kunden.

Es war dann noch ein voller Tag gewesen. Er hatte vieles weitergebracht, und doch war einiges liegen geblieben, und so schrieb er in sein Erfolgstagebuch:

**+ Zwei Probefahrtstermine mit Schlummerkunden telefonisch vereinbart**
**+ Einen Firmenkundentermin ausgemacht**
**+ Zwei Angebote an Kunden im Schauraum erstellt (ein Neuwagen, ein Gebrauchtfahrzeug)**
**! Weniger To-Dos für einen Tag vornehmen – Konzentration auf die wichtigen Dinge!**

✓ **Wir überschätzen nicht nur das, was wir in einem Jahr schaffen können, sondern vor allem auch das, was wir an einem Tag schaffen können.**

## Mittwoch, 12. Juli 2006

»Wie war der Urlaub?«, fragte Jochen seinen Chef, als dieser ihm braun gebrannt an seinem ersten Arbeitstag über den Weg lief.

»Sehr schön. Wir sind mit dem Auto hinuntergefahren und haben dabei einen Zwischenstopp in Mailand gemacht. Meine Frau wollte ein wenig shoppen in der Via Monte Napoleone. Ich habe mir inzwischen die Innenstadt angesehen. Abends hatten wir Karten für die Skala und sind dann eine Nacht in Mailand geblieben. Am nächsten Tag sind wir weitergefahren in unser Apartment nahe Siena. Wir waren dort ja schon dreimal, traumhafte Lage. Den ersten Tag haben wir am Pool verbracht, um uns von der Reise ein wenig zu erholen«, sagte Bayer und blickte rasch auf die Uhr. »Ich erzähle Ihnen später gerne mehr davon, habe jetzt allerdings einen Termin mit der Geschäftsführung«, entschuldigte er sich und ging.

Da es heute um die Metaprogrammausprägungen »Prozessorientierung und Optionsorientierung« ging, war Jochen die stark prozesshafte Antwort aufgefallen. Bayer hatte Schritt für Schritt erzählt, wie der Urlaub abgelaufen war, eines nach dem anderen. Auf dieselbe Frage hatte ein anderer Kollege, der auf Urlaub in Ibiza gewesen war, geantwortet: »Du, es war einfach toll. Das Meer war super und das Nachtleben erst! Ab Mitternacht ging da echt die Post ab. So viele hübsche Frauen und viel Alkohol, was eine gute Kombination ist.«

Jochen wunderte sich, wie unterschiedlich Menschen waren und wie sehr sich gewisse Muster durch das Denken und Handeln eines jedes Einzelnen durchziehen. Er war immer mehr davon überzeugt, dass es sich lohnte, sich mit diesen Mustern auseinander zu setzen.

## Dienstag, 18. Juli 2006

»Na, wie geht es denn?«, fragte Bayer Jochen zur Begrüßung. Sie hatten ihr Monatsgespräch.

»Toll, danke der Nachfrage«, antwortete Jochen. »Der Juni war wieder gut von den Zahlen. Mein zweitbester Monat bisher mit 25 Neuwagen und 13 Gebrauchten.«

»Ja, ich habe es schon gesehen. Sie entwickeln sich ja zum absoluten Starverkäufer hier«, meinte Bayer.

»Na ja, man tut, was man kann«, meinte Jochen erfreut über das Lob und grinste.

»Wie geht es Ihnen mit dem Programm 12 und dem Buch ›Die letzten Geheimnisse im Verkauf‹?«

»Sehr gut. Ich finde das Kapitel über die Metaprogramme besonders faszinierend und bin fleißig am Üben. Es macht eine Menge Spaß, andere Menschen zu beobachten und deren Verhaltens- und Kommunikationsmuster zu analysieren.«

»Das kann ich gut verstehen«, ergänzte sein Chef. »Mir ging es genauso, als ich vor Jahren zum ersten Mal in Kontakt mit dem Thema kam. Und ich lerne nach wie vor ständig dazu. Es ist ein sehr weites Gebiet mit vielen Facetten, und ich entdecke immer wieder neue.« Jochen nickte und konnte gut verstehen, was sein Chef meinte.

»Und wie sieht es diesen Monat aus?«, fragte Bayer.

»Mit dem Programm 12 oder mit dem Geschäft?«, fragte Jochen.

»Mit beiden«, antwortete Bayer.

»Nun, was das Programm 12 angeht, so ist bis Ende August noch das Thema Metaprogramme angesagt. Das finde ich gut so, denn ich glaube, es ist wichtig, das intensiv und lange zu üben. Geschäftlich sieht es gut aus, wenn man auch die Urlaubszeit ein wenig merkt. Ich schätze, ich werde knapp 20 Neufahrzeuge verkaufen«, antwortete Jochen und bemerkte, wie locker er von 20 Neuwagen sprach, eine Zahl, bei der er noch vor einem Dreivierteljahr eine Viertelstunde vor Freude im Kreis herumgehüpft wäre. Grenzen verschieben sich offenbar sehr rasch.

Am Nachmittag hatte er einen vereinbarten Probefahrtstermin mit einem Kunden, der überlegte, seinen ein Jahr alten Wagen gegen den neuen ZR 200 zu tauschen. Er schien recht angetan von dem Fahrzeug, als er nach beendeter Probefahrt ausstieg.

»Der ZR 200 ist übrigens Testsieger geworden in der letzten Ausgabe der Zeitschrift ›CAR‹«, versuchte Jochen dem Kunden seine Entscheidung für den Wagen zu erleichtern, doch dieser schien wenig beeindruckt. »Und auch die ersten Kunden, die ihn bereits fahren, sind begeistert«, fügte Jochen hinzu. Doch auch das schien keine Wirkung zu zeigen.

»Wissen Sie«, erklärte der Kunde, »ich verlasse mich da mehr auf mein eigenes Gefühl. Ich fahre seit 20 Jahren bis zu 50.000 Kilometer pro Jahr und habe ein sehr gutes Gespür dafür, ob ein Wagen etwas taugt oder nicht. Was die anderen sagen, interessiert mich wenig. Und ich habe den Eindruck, der ZR 200 taugt etwas.«

Jochen hatte wieder etwas gelernt in Bezug auf »interne« und »externe« Referenz. Jetzt war es ihm klar. Dieser Kunde hatte sehr starke »interne Referenz«, was Autos anging. Da waren jeder Testbericht und die Meinungen anderer nicht nur nutzlos, sondern möglicherweise sogar kontraproduktiv.

»Ah, verstehe. Natürlich ist mir das klar. Ich wollte Ihnen nur ein paar Informationen liefern, wissend, dass Sie auf der Basis Ihrer Erfahrung und Ihres Gefühls selbst entscheiden müssen. Und es freut mich, dass Ihnen das Fahrzeug zusagt«, sagte Jochen ganz auf die starke »interne Referenz« des Kunden angepasst. Dieser nickte zufrieden und starrte etwas geistesabwesend auf den Wagen.

»Wann wollen Sie ihn den haben?«, wagte Jochen den Vorstoß Richtung Abschluss.

»In vier Wochen wäre gut«, antwortete dieser, »vorausgesetzt, Sie können mir ein gutes Angebot machen.«

»Ich mache Ihnen ein Angebot, wobei wir wie besprochen Ihren Gebrauchten übernehmen würden, und Sie beurteilen dann selbst, wie gut es ist.«

Als der Kunde ging, hatte er den Kaufvertrag unterschrieben. »Neuwagen Nummer 12 im Juli«, notierte Jochen auf seiner geistigen Liste.

## Samstag, 29. Juli 2006

Zwischen Jochen und Susanne gab es inzwischen so etwas wie eine feste Beziehung. Sie verbrachten den Großteil der Wochenenden gemeinsam und trafen sich auch mehrmals unter der Woche. Da gab es das gewisse Etwas, das sie magisch anzuziehen schien.

Jochen hatte versucht, sein Know-how aus »Die letzten Geheimnisse im Verkauf« auf ihre Beziehung anzuwenden, speziell, was die Metaprogramme anging. Da waren einige ähnlich und andere sehr unterschiedlich. So betrachteten sie beide zum Beispiel die Dinge im »Überblick«. Andererseits war Susanne die deutlich proaktivere von ihnen, obwohl sich Jochen nicht als extrem reflektiv einstufte. Beide waren sie relativ stark »hin zu«-motiviert.

Ihm war aufgefallen, dass es, je mehr er sich mit Metaprogrammen beschäftigte und darüber nachdachte, welche Ausprägungen bei ihm vorherrschten, umso schwieriger für ihn wurde, sich selbst diesbezüglich einzuordnen. Es wurde mehr und mehr offensichtlich, dass seine Wahrnehmungs- und Verhaltensmuster sehr unterschiedlich waren, je nach Situation, wenngleich es ein paar gab, zum Beispiel »Überblick«, die in allen Situationen vorherrschend zu sein schienen. Das machte es einerseits schwieriger, andererseits auch interessanter und abwechslungsreicher. Was andere Menschen anging, so war es offenbar das Beste zu beobachten, welche Muster sie in einer Situation zeigten, und dann situativ darauf zu reagieren, wissend, dass es in einer anderen Situation auch anders sein konnte.

Es war auch dieser Samstag, an dem sie beschlossen, kurzfristig gemeinsam in den Urlaub zu fahren. Jochen hatte die Toskana vorgeschlagen, nachdem sein Chef ihm so davon vorgeschwärmt hatte, und Susanne zeigte sich rasch einverstanden. Beide waren noch nie da gewesen. »Im Grunde ist es gar nicht so wichtig, wo sie sind, Hauptsache, sie sind gemeinsam da«, dachte Jochen.

## Sonntag, 30. Juli 2006

Der Sonntag war traumhaft schön gewesen. Sie waren bei strahlend blauem Himmel und 30 Grad an einen nahe gelegenen See gefahren. Da waren zwar viele Leute, aber es war schön, sich die Sonne auf die Haut brennen zu lassen und zwischendurch ab und an ins kühle Nass zu springen. Susanne war direkt vom See nach Hause gefahren, da sie noch eine Präsentation für den nächsten Tag vorbereiten musste. So war Jochen allein zu Hause und dachte über die Ereignisse der letzten Monate nach.

Im Juli waren es 19 Neuwagen gewesen, eine beachtliche Zahl für einen Sommermonat. Insgesamt hatte er dieses Jahr schon 140 verkauft und 64 Gebrauchte. Es musste schon mit dem Teufel zugehen, wenn das kein Rekordjahr werden würde, und das nicht nur für ihn. Soweit er wusste, lag der Rekordumsatz eines Verkäufers in einem Jahr bei knapp unter 200, aufgestellt vor etlichen Jahren in einer Phase der Hochkonjunktur. Er hatte noch fünf Monate. Das waren zwölf Autos pro Monat. Das sollte er leicht schaffen.

Er dachte darüber nach, wie sehr sich die Grenzen in verschiedenen Bereichen für ihn verschoben hatten. Verkaufsstückzahlen, wie er sie jetzt monatlich brachte, hätte er vor einem Jahr nie für möglich gehalten. Was war passiert? Was hatte sich geändert? Jochen hatte schon öfter darüber nachgedacht und war zu dem Ergebnis gekommen, dass sich nichts geändert hatte – er hatte sich geändert. Das war auch das Einzige, was er ändern konnte. Er hatte etwas anderes gemacht und dadurch ein anderes Ergebnis erhalten.

Er hatte nicht nur sein Verhalten geändert, sondern vor allem auch sein Denken. So machte er sich zum Beispiel wesentlich weniger Selbstvorwürfe als früher. Stattdessen fragte er sich in Situationen, in denen er versucht war, sich Selbstvorwürfe zu machen, was er daraus lernen konnte. Das gelang ihm nicht immer, aber immer besser.

Wenn er an die 200-Neuwagen-Schallmauer dachte, so hatte er ein deutliches Bild vor Augen. Es war die alljährliche Weihnachtsfeier, auf der immer die erfolgreichsten Verkäufer geehrt wurden. Er stand vorne am Podium, 200 Menschen im Saal, und der Geschäftsführer gratulierte ihm, schüttelte ihm die Hand und überreichte ihm einen Pokal und den Preis für den erfolgreichsten Verkäufer des Jahres, meistens eine Urlaubsreise für zwei Personen. Er konnte den Händedruck des Chefs spüren und den Applaus aller hören. Bei dem Gedanken lief ihm ein Kribbeln über den ganzen Körper, und Tränen der Rührung und Freude standen in seinen Augen, so intensiv erlebte er die Szene, immer und immer wieder. Bei den letzten Weihnachtsfeiern hatte er sich oft schon gewünscht, da vorne zu stehen, als Bester. Diesmal war dieser Wunsch in greifbare Nähe gerückt.

# August – Metaprogramme üben

»Deine Freunde werden dich beim ersten
Zusammentreffen besser kennen
als deine Bekannten in tausend Jahren.«

*Richard Bach*

## Dienstag, 1. August 2006

Das Gespräch mit seinem Chef war diesmal kurz. Erstens hatten sie ohnehin erst vor zwei Wochen das Monatsgespräch für den Juli geführt, zweitens hatte Bayer wenig Zeit. Erfreut über die tollen Juli-Umsätze, gratulierte Bayer Jochen. 19 Neuwagen war das Doppelte vom Schnitt der restlichen Verkaufsmannschaft.

Es war ein ziemlich stressiger Tag. Einige Kunden kamen mit Reklamationen, wegen verspäteter Auslieferungen oder Problemen mit der Werkstätte. Jochen war froh, dass der Tag vorbei war, und freute sich auf einen gemütlichen Abend zu Hause. Susanne war heute verplant, und so beschloss er zu lesen. Als Erstes las er die Übungen für den August in »Die letzten Geheimnisse im Verkauf« …

# Übungen Monat 8 – Metaprogramme

- Lesen Sie das gesamte Kapitel über Metaprogramme nochmals.
- Achten Sie ab nun auf alle Metaprogramme gleichzeitig und verhalten Sie sich entsprechend angepasst (Pacing) in einem Gespräch.

✦ ✦ ✦

... um sich dann seinem Roman zuzuwenden. Um Mitternacht wachte er auf. Er war beim Lesen eingeschlafen. Schlaftrunken zog er sich aus, fiel ins Bett und schlief sofort wieder ein.

## Mittwoch, 9. August 2006

»Hallo, Robert«, begrüßte Jochen seinen Freund am Telefon. Ihm war gestern aufgefallen, dass er Robert schon seit Wochen nicht mehr gehört und gesehen hatte. Zumindest, seit er mit Susanne zusammen war. Er hatte ein bisschen ein schlechtes Gewissen. Als er Single war, hatte er ihn oft getroffen und war froh gewesen, mit ihm wegzugehen. Andererseits hatte sich Robert auch nicht gemeldet.

»Hallo, Jochen, dass es dich auch noch gibt«, antwortete Robert und wollte dabei beleidigt klingen, was ihm aber nicht gelang.

»Ja, einige Zeit nichts gehört voneinander. Was hältst du von einem Bier oder zwei dieser Tage?«, fragte Jochen.

»Gute Idee. Meine Frau ist ohnehin gerade bei ihren Eltern für ein paar Tage. Was mache ich schon allein zu Hause?«, stimmte Robert zu.

Sie verabredeten sich für diesen Abend um halb acht. Jochen war schon eine Viertelstunde früher da, da er direkt aus der Firma gekommen war. Er hatte sich überlegt, an diesem Abend ganz genau auf das Gespräch mit seinem Freund zu achten, um so ein möglichst komplettes Metaprogrammprofil von Robert anzufertigen, natürlich, ohne es ihm vorher zu sagen. Vielleicht würde er ihn nachher in die Geheimnisse der Metaprogramme einweihen.

»Hallo, Jochen«, begrüßte ihn sein Freund beinahe überschwänglich. »Wie lange ist es her? Muss drei Monate her sein oder so. Was gibt es Neues?«

»*Was gibt es Neues?* ... ein Hinweis auf ›Mismatching‹ oder auch auf ›Informationen‹«, dachte Jochen. »Er könnte ja auch gefragt haben: ›*Was tut sich?*‹ ... für Aktivitätenorientierung, oder ›*Wie geht es dir?*‹ ... für Personenorientierung, was die primären Interessen anging.«

»Sehr viel«, antwortete Jochen wahrheitsgemäß, während er Robert kräftig die Hand schüttelte. »Wo soll ich anfangen?«

»Am besten von vorne, und dann eins nach dem anderen«, antwortete Robert neugierig.

*»Eins nach dem anderen also ...«,* dachte Jochen, »wenn das nicht prozessorientiert ist.« – »Na gut, aber lass uns zuerst ein Bier bestellen und was zum Essen, ich bin sehr hungrig«, sagte Jochen und winkte den Kellner herbei.

Sie bestellten zwei Weizenbiere und schmökerten in der Speisekarte. Recht proaktiv schlug Jochen nach ein paar Momenten die Karte wieder zu. »Ich weiß schon, was ich nehme.«

Robert studierte die Karte noch immer. »Was nimmst du denn?«, fragte er Jochen.

»Aha, externe Referenz«, dachte Jochen und sagte dann: »Die Putenstreifen auf Blattsalat, und eine Nudelsuppe vorher.« Jochen war fast erstaunt, wie viele Metaprogrammhinweise man aus einigen wenigen Worten, Sätzen und Verhaltensweisen erhalten konnte, wenn man sich darauf konzentrierte.

Robert vertiefte sich wieder in seine Karte. »Ich weiß nicht. Das habe ich mir auch schon überlegt, andererseits bin ich nicht sicher, ob mich das so richtig satt macht. Ich möchte nicht gleich wieder hungrig sein nach dem Essen«, meinte er und überlegte weiter, während er verschiedene Alternativen abwog.

Jochen dachte: »Das lange Hinundherüberlegen ist möglicherweise ein Hinweis auf reflektives Verhalten, und es war ganz klar eine ›Weg von‹-Motivation bei der Essensauswahl erkennbar. Sein Freund wollte *nicht* gleich wieder hungrig sein nach dem Essen.«

Ihm war aufgefallen, dass er, wenn er mit mehreren Leuten essen war, fast immer der Schnellste war, wenn es um die Auswahl der Speisen ging. Er fragte sich kurz, wieso das so war. Wahrscheinlich hatte er eine andere Vorgehensweise als die anderen, und es hatte sicher auch mit den Metaprogrammen zu tun. Er überlegte sich zum Beispiel schon am Weg zum Lokal, was er heute essen wollte, manchmal zwei oder drei verschiedene Speisen. Er wusste zwar oft nicht genau, was die Speisekarte hergab, allerdings war die Chance recht gut, dass sie zumindest eine seiner Alternativen hatten.

Robert winkte den Kellner heran. »Sagen Sie, was würden Sie mir empfehlen? Ich bin richtig hungrig«, fügte er hinzu und grinste ihn an.

»Da war die ›externe Referenz‹ wieder«, dachte Jochen.

»Dann kann ich Ihnen das Steak empfehlen. 300 Gramm feinstes argentinisches Rind mit Gemüse, und ich sage dem Koch, er soll mit den Bratkartoffeln nicht sparen. Da stehen Sie sicher nicht hungrig auf«, erwiderte der Kellner und hatte ganz unbewusst Roberts »Weg von«-Orientierung angesprochen, wie Jochen auffiel.

Robert überlegte noch eine Zeit, und Jochen bemerkte, dass der Kellner schon ein wenig nervös wurde und sich umblickte, da das Lokal voll war. Endlich traf Robert eine Entscheidung. »Okay, dann nehme ich das Steak, medium bitte«, entschied Robert endlich.

Während sie auf das Essen warteten, erzählte Jochen, was sich inzwischen ereignet hatte und was es Neues gab. Speziell die

Geschichte mit Susanne interessierte Robert, und er löcherte ihn wegen diverser Details, was Susanne und seine Beziehung zu ihr anging, bis Jochen vorschlug, demnächst zu viert auszugehen, dann könnte Robert Susanne selbst kennen lernen. Robert stimmte dem Vorschlag gleich zu. Jochen war noch nie bewusst geworden, dass Robert bei manchen Themen so »detailorientiert« sein konnte.

Robert mäkelte etwas an seinem Essen herum. Das Steak war etwas zu durch für ihn und das Gemüse zu lange gekocht. Jochen schrieb das wieder seiner Ausprägung zu, vor allem »Unterschiede« wahrzunehmen. »Wenn er mehr ›Hin zu‹-Motivation hätte und vielleicht auch mehr ›Proaktivität‹«, dachte Jochen, »dann würde er wahrscheinlich den Kellner rufen und eine Lösung verlangen.« Aber Robert tat nichts dergleichen. Er beließ es beim Mäkeln und aß es.

Am Ende des Abends waren beide am letzten Informationsstand, was den jeweils anderen anging, und sie hatten einen Termin für ein Essen zu viert vereinbart.

**+ Nettes Gespräch mit Robert geführt und trotzdem nebenbei die Metaprogramme herausgefunden**
**+ Zwei Termine mit potenziellen Firmenkunden vereinbart**
**+ Einen Kaufvertrag für einen ZR 100 abgeschlossen**
**! Arbeiten (zum Beispiel Telefonieren) wenn möglich noch mehr blocken!**
**✓ Hinweise auf Metaprogramme können in jedem Wort und jedem Satz stecken, teilweise mehrere in einem.**

## Samstag, 12. August 2006

Jochen hatte sich schon sehr auf den Urlaub gefreut. Sie hatten ein sehr rustikales Apartment im typisch toskanischen Stil auf einem Weingut nahe Siena gebucht, mitten im Chianti-Gebiet. Heute früh ging es los. Sie fuhren bei Regen los, doch ab der italienischen Grenze wechselte das Wetter, und sie hatten strahlenden Sonnenschein. »Ein passender Start in einen schönen Urlaub«, dachte Jochen und lächelte Susanne an, die neben ihm saß und leise den Hit mitsang, der aus dem Radio tönte.

## Sonntag, 20. August 2006

»Es war ein herrlicher Urlaub gewesen«, dachte Jochen auf dem Nachhauseweg und fand es sehr schade, dass er schon vorbei war. Aber sie hatten als Ziel gleich den nächsten geplant, das machte es leichter, nach Hause zu fahren. Sie waren sich sehr viel näher gekommen und hatten darüber gesprochen, im Herbst zusammenzuziehen. Er war glücklich und hatte den Eindruck, Susanne war es auch.

Jochen fürchtete sich schon ein wenig vor seinem ersten Arbeitstag nach dem Urlaub. Das war immer so. Nie wusste man, was inzwischen alles passiert war, wie viele Hunderte E-Mails darauf warteten, gelesen, beantwortet oder weggeschmissen zu werden. Aber erfahrungsgemäß war diese Phase nach einem Tag vorbei, und er konnte wieder seiner täglichen Routine nachgehen.

## Donnerstag, 31. August 2006

Als Jochen die Zahlen für den August in seine Statistiken eintrug, war er sehr zufrieden. Trotz Urlaubszeit und seinem eigenen Urlaub hatte er 20 Neuwagen und 14 Gebrauchte verkauft, was sehr beachtlich und bei weitem der höchste Wert aller Verkäufer, aller Filialen war. Sogar Hausich, der 15 Neue verkauft hatte, hatte er weit hinter sich gelassen. Diese tollen Zahlen hatte er unter anderem einem Firmenkundengeschäft zu verdanken, an dem er schon seit Monaten dran war. Sie hatten gleich nach seinem Urlaub sieben ZR 100 für die Verkaufsmannschaft bestellt.

Auch sein Chef hatte ihm während des Monatsgesprächs, das sie heute geführt hatten, zu seinem Erfolg gratuliert. Bayer hatte erwähnt, dass Jochen mehr als gute Chancen hatte, »Verkäufer des Jahres« zu werden, so die letzten vier Monate des Jahres einigermaßen gut verliefen. Eigentlich, wusste Jochen, dass er den Titel schon fast schon sicher in der Tasche hatte. Er wollte sich aber auf seinen Lorbeeren nicht zu früh ausruhen, denn er wusste, dass das sehr gefährlich sein konnte. Außerdem wollte er wissen, was noch alles möglich war – 200 Neuwagen in einem Jahr oder mehr. Es war sehr spannend. Jochen wusste, dass die Grenzen der Welt nur die Grenzen in seinem Kopf waren und dass er diese ändern konnte, Schritt für Schritt, wie sich in den letzten Monaten deutlich gezeigt hatte.

# September – Suggestion

»Worte waren einst Zauber.«

*Sigmund Freud*

## Freitag, 1. September 2006

Jochen hatte sich diesen Tag freigenommen. Er hatte einen Zahnarzttermin und einige andere private Dinge zu erledigen gehabt. Zu Mittag war er fertig damit. Er überlegte kurz, was er mit dem Nachmittag anstellen sollte. Susanne war noch im Büro und kam erfahrungsgemäß im Moment auch freitags nie vor 18 Uhr heraus. Daher beschloss er, das September-Kapitel in »Die letzten Geheimnisse im Verkauf« zu lesen, setzte sich mit ein paar Stück Kuchen gemütlich auf die Couch und begann.

## Suggestion

Suggerieren stammt von dem Wort »suggerere« ab, was so viel bedeutet wie »von unten herantragen«. Unter »suggerieren« versteht man »jemanden beeinflussen, dass er etwas tut oder denkt« und meistens auch so, »dass er es nicht merkt«. Menschen zu beeinflussen war schon immer ein interessantes und auch enorm wichtiges Thema gewesen – speziell in der Politik, in der Wirtschaft und da natürlich besonders in Werbung und Verkauf. Vor allem die Idee, so zu beeinflussen, dass der Beeinflusste es nicht merkt, ist sehr faszinierend.

In der Politik ging es von jeher darum, das Volk so zu beeinflussen, dass man gewählt oder wieder gewählt wurde, im Verkauf darum, dass der Kunde kauft. Menschen, die die Instrumente der Suggestion beherrschen, sind oft sehr erfolgreich in ihren Bereichen, sei es Politik, Verkauf oder einer der vielen anderen Bereiche, in denen es darum geht, jemand anderen zu überzeugen.

Eine wichtige Basis dafür sind die bereits gelernten Instrumente wie Pacing/Leading und Rapport. Wenn ich die bevorzugten Sinneskanäle und die Metaprogrammausprägungen meiner Gesprächspartner kenne, fällt es mir noch wesentlich leichter, die Instrumente der Beeinflussung einzusetzen.

## Bewusstsein/Unterbewusstsein

Unser bewusster Verstand wirkt wie ein Filter, was die Sinneswahrnehmungen angeht. Allerdings handelt es sich um einen Filter, der relativ rasch am Ende seiner Leistungskapazität angelangt ist. Von zirka zwölf Millionen Bits (Informationseinheiten) pro Sekunde an Sinneseindrücken, die auf uns einstürmen, können wir zirka 16 bis 40 bewusst verarbeiten, also fast gar nichts. Das ist ein Größenverhältnis von zum Beispiel einem kleinen Steinchen, das auf einer Wegstrecke von zwölf Kilometern liegt. Dennoch klammern wir uns in der westlichen Welt sehr stark an unseren bewussten Verstand.

Alle anderen Sinneseindrücke gehen ungefiltert direkt ins Unterbewusstsein, und das sind bei weitem die meisten. Unser Unterbewusstsein hat im Gegensatz zu unserem bewussten Verstand ein paar wesentliche Eigenschaften:

- Es urteilt nicht. Es unterscheidet nicht grundsätzlich in Richtig oder Falsch, sondern nimmt primär auf, und zwar alles, und verarbeitet.
- Es nimmt gesprochene Worte und auch Vorstellungen »wörtlich«. Daher Achtung, was Sie sagen und sich vorstellen.
- Es »denkt« sehr stark in Bildern.
- Es erkennt keine Verneinungen oder negative Formulierungen

(nein, nicht, kein etc.). Das bedeutet, dass es diese einfach weglässt und den Satz so wahrnimmt, wie er ohne diese klingt.
- Es kennt keinen Unterschied zwischen Vorstellung und Realität (Ihr bewusster Verstand schon).

Diese Eigenschaften können wir uns in der Kommunikation gut zunutze machen, wenn es darum geht, jemanden zu überzeugen. Doch vorerst geht es darum, den bewussten Verstand auszuschalten oder abzulenken. Das ist nicht allzu schwierig. Normalerweise ist mit der normalen Sprache und zum Beispiel ein paar Selbstgesprächen, die man währenddessen führt, der bewusste Verstand beim Zuhören voll ausgelastet. Botschaften, die ans Unterbewusstsein gerichtet sind, gehen dann am bewussten Verstand vorbei direkt ins Unterbewusstsein und werden dort bildhaft verankert.

✦ ✦ ✦

Jochen war fasziniert von der Idee, unbewusst zu beeinflussen, und holte sich noch zwei Stück Kuchen, bevor er weiterlas.

### Milton Patterns

Die Techniken kommen aus der Hypnotherapie und wurden unter dem Begriff Milton Patterns bekannt. Milton Erickson, einer der ganz großen Hypnotherapeuten des vergangenen Jahrhunderts, hatte eine Vielzahl von Sprachmustern verwendet, um seinen Klienten Botschaften zu suggerieren mit dem Ziel, sie in Trance zu versetzen und dann Änderungen vorzunehmen, die ihnen halfen, ihre Probleme zu bewältigen. Diese Muster wurden von John Grinder und Richard Bandler, den Begründern des NLP (neurolinguistische Programmierung), analysiert und unter dem Begriff »Hypno-Talk« aufbereitet. Gesagt sei an dieser Stelle auch, dass unser unbewusster Verstand keine Suggestionen zulässt, die uns schaden könnten.

Solange der bewusste Verstand als Wächter fungiert, kann es sein, dass er eine Suggestion erkennt und sich dagegen ausspricht. Es ist daher wichtig, auf einer bewussten Ebene so zu kommunizieren, dass der bewusste Verstand des Gegenübers keine Einwände haben kann. Immer in der allerbesten Absicht natürlich.

Grundsätzlich geht es also darum, so »kunstvoll-vage« zu formulieren, dass der bewusste Verstand keine Einwände haben kann, und dennoch so direkt, dass das Unterbewusstsein genau weiß, was gemeint ist.

Einige dieser Sprachmuster, die Milton Erickson so meisterhaft einsetzte, werden wir uns nun genauer anschauen (andere können Sie in diverser Literatur über Erickson nachlesen). Dann werden Sie möglicherweise ganz rasch merken, dass die Materie wesentlich einfacher ist, als Sie vielleicht noch vor wenigen Augenblicken gedacht hätten.

## Möglichkeitsformen

Das, was normalerweise im Verkauf verpönt ist, nämlich vage Ausdrucksformen, kann, gezielt eingesetzt, ein sehr wirksames Mittel der Überzeugung sein. Indem Sie sich vage ausdrücken, erhalten Sie leichter Zustimmung von Ihrem Gegenüber, und es gibt weniger Möglichkeiten »anzuecken«. So stellen Sie Rapport her über die Verwendung dieses Musters.

Die Aussage »Sie müssen sich für unser Produkt entscheiden« stößt sehr wahrscheinlich auf Widerspruch. »Sie können sich für unser Produkt entscheiden« ist hingegen eine Aussage, die jeder bejahen wird. Das Bild, das für das Unterbewusstsein dennoch produziert wird, ist das, wie jemand sich für das Produkt entscheidet. Das Wort »können« ist sozusagen nur Tarnung, um dieses Bild am bewussten Verstand als Wärter vorbeizuschmuggeln.

Um vage zu formulieren, eignen sich Wörter wie »können«, »vielleicht«, »möglicherweise«.

Beispielsätze:

- »Sie können *(vage Formulierung)* sich jetzt schon für unser Produkt entscheiden, um sich schon morgen die Arbeit damit zu erleichtern *(malt positives Bild von der Zukunft).*«
- »Möglicherweise *(vage Formulierung)* haben Sie ja schon Ideen, wie und wann Sie das Produkt einsetzen werden und welche Vorteile *(malt positives Bild von der Zukunft)* es Ihnen dabei bringen kann *(vage Formulierung).*«
- »Vielleicht *(vage Formulierung)* finden Sie unser Angebot ja so gut, dass Sie sich gleich jetzt dafür entscheiden können, weil Sie sich gut vorstellen können *(vage Formulierung),* welchen Nutzen Sie davon haben *(malt positives Bild von der Zukunft).*«

## Negationen

Unser Unterbewusstsein kann, wie bereits festgestellt, Negationen und negative Formulierungen nicht erkennen und bearbeiten. Stellen Sie sich zum Beispiel Folgendes *nicht* vor: einen rosa Elefanten, der mit gelben Flügeln über eine blaue Wiese flattert. Und, ist es Ihnen gelungen, sich das nicht vorzustellen? Dann wären Sie der Erste.

Das lässt sich natürlich auch sehr gut im Verkauf verwenden, indem man Behauptungen, die man aufstellt, oder Überzeugungen, die man suggerieren möchte, verneint, wissend, dass das Nein vom Unterbewusstsein gelöscht wird und das positive Bild auftaucht.

Beispielsätze:

- »Ich möchte *nicht,* dass Sie sich gleich entscheiden.«
- »Sie können sich wahrscheinlich noch *nicht* vorstellen, welche Vorteile die Zusammenarbeit mit uns bringt und wie Sie davon profitieren.«
- »Es gibt *keinen* Grund, mir jetzt schon zu vertrauen, wir kennen uns ja kaum.«

## Eingebettete Botschaften

Bei dem Sprachmuster »eingebettete Botschaften« geht es darum, die eigentliche Botschaft an das Unterbewusstsein so geschickt in einen Satz zu verpacken, dass der bewusste Verstand nur den ganzen Satz, nicht aber die eigentliche Botschaft wahrnimmt.

Durch »analoges Markieren« wird dem Unterbewusstsein zusätzlich der Beginn (und manchmal auch das Ende) der eingebetteten Botschaft angezeigt. Für das »analoge Markieren« eignet sich zum Beispiel Folgendes:

- Tiefere oder langsamere Stimme
- Eine Handbewegung
- Ein Räuspern
- Vorbeugen oder Zurücklehnen

Die Botschaft können Sie »einbetten«, indem Sie Sprachmuster wie folgt verwenden:

- »Ich habe gehört, dass jemand sagte: ›…‹«
- »Ich weiß nicht, ob *Sie wissen …*«
- »Wenn *Sie meinen, dass …*«
- »Sobald *Sie spüren, dass …*«
- »Es ist nicht nötig, *dass Sie …*«
- »Man sagt ja oft: ›…‹«

Beispielsätze:

- Ein Bekannter hat gesagt (analog markieren): *»Das ist das beste Produkt, das ich in diesem Bereich kenne.«*
- »Ich weiß nicht, ob (analog markieren) *Sie wissen, dass Sie viele Vorteile haben, wenn Sie mit uns zusammenarbeiten.*«
- »Wenn (analog markieren) *Sie meinen, dass unser Produkt das Beste für Sie ist, entscheiden Sie sich jetzt.*«
- »Sobald (analog markieren) *Sie der Überzeugung sind, dass Sie unsere Dienstleistung gut einsetzen können, freuen wir uns auf Ihr Ja zur Zusammenarbeit.*«
- »Es ist NICHT nötig, dass (analog markieren) *Sie jetzt schon alle Vorteile unseres Angebots kennen und nutzen.*«

- »Man sagt ja oft, dass (analog markieren) *es besser ist, sich rasch zu entscheiden, als zu überlegen.*«

**Intonation**

Wie Sie in einem der ersten Kapitel gelesen haben, verwenden wir verschiedene Intonationsmuster beim Sprechen.

- Bei einer Frage heben wir die Stimme am Ende an.
- Bei einer Aussage bleibt die Stimme gleich.
- Bei einem Befehl senken wir die Stimme am Ende des Satzes.

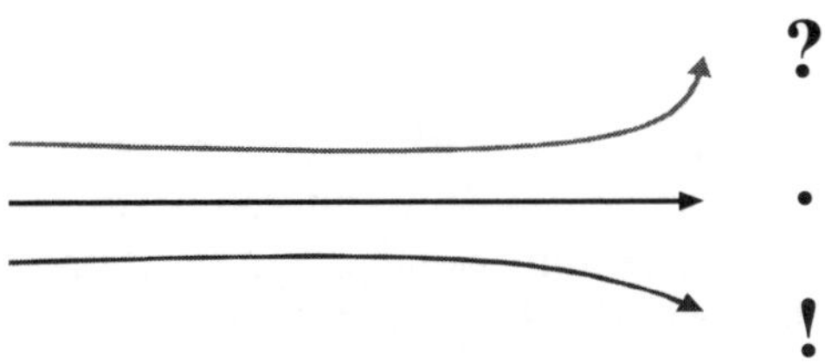


Wenn wir also jemanden auf unbewusster Ebene suggerieren wollen, etwas zu tun, dann kann es hilfreich sein, das als Befehl zu intonieren, auch wenn es für den bewussten Verstand zum Beispiel eine Frage ist.

Zusätzlich wirkt es unterstützend zu nicken. Wenn der Rapport gut genug ist, wird der Gesprächspartner auch nicken, und nicken bedeutet Ja. Dieses Nicken in seiner Bedeutung als Ja ist sehr tief in uns verankert und löst dadurch interne Prozesse aus. Das bedeutet, derjenige, der nickt, beeinflusst sich selbst dadurch. Der bewusste Verstand kriegt von alledem nichts mit, da seine Verarbeitungskapazität schon lange ausgelastet ist.

Beispielsätze (jeweils Intonation als Befehl und Nicken):

- »Möchten Sie dieses Produkt besitzen?«
- »Wissen Sie, ob Sie sich für uns entscheiden?«
- »Sind Sie der Meinung, dass das das richtige Produkt für Sie ist?«

✦✦✦

Jochen klappte das Buch zu. Er war hin und her gerissen. Einerseits war er fasziniert von den Möglichkeiten, die diese Techniken boten, andererseits fragte er sich, ob es moralisch vertretbar war, solche Instrumente anzuwenden. Er war sich nicht sicher.

Man konnte damit viel Gutes tun, aber es wurde in der Geschichte auch schon zum Bösen verwendet, von Diktatoren zum Beispiel, die mittels solcher sprachlichen Techniken mit ihren Reden die Massen manipulierten. Andererseits, war es nicht das, was er ohnehin die ganze Zeit über im Verkauf tat – Kunden dazu zu bewegen zu kaufen, indem er ihnen etwas zeigte und etwas erzählte? War es mit diesen Techniken nicht dasselbe – mit dem Unterschied, dass dieses Messer einfach nur wesentlich schärfer war als die anderen, die er bisher verwendet hatte?

Nach einigem Hinundherüberlegen blieb er bei dieser Auffassung. Es wäre schlecht, das Kind mit dem Bade auszuschütten. Nicht das Messer ist schuld, wenn jemand verletzt wird, sondern immer der, der es in der Hand hat. Daher ist die Absicht desjenigen, der solche Instrumente einsetzt, entscheidend. Und Jochens Absichten seinen Kunden gegenüber waren von der Grundidee des »Win-win« geprägt. Sein erster Chef, als er noch ganz neu im Verkauf war, hatte ihm gleich zu Beginn diese Grundregel beigebracht.

»Jochen«, hatte er gesagt, »wenn du nicht sicher bist, dass Du *und* deine Kunden von dem Geschäft profitieren, dann lass die Finger davon. Du handelst dir nur unzufriedene Kunden und damit Schwierigkeiten ein.« Diese Worte hatten Jochen damals stark beeindruckt und waren noch immer ganz frisch in seinem Gedächtnis verhaftet.

Er schlug das Buch wieder auf und las weiter, neugierig, welche Übungen im September auf ihn zukamen.

## Übungen Monat 9 – Suggestion

- Schreiben Sie zu folgenden Suggestionsmustern jeweils mindestens zehn Sätze auf, die Sie in Situationen in Ihrer Verkaufspraxis anwenden können. Üben Sie diese so intensiv, dass Sie viele davon auswendig können und kongruent (in Übereinstimmung von Inhalt, Stimme und Körpersprache) in Ihrer Praxis anwenden können.
  - Möglichkeitsformen
  - Negationen
  - Eingebettete Botschaften
  - Intonation

- Wenden Sie jeweils eines der Muster schwerpunktmäßig an jedem Tag an (Tag 1: Möglichkeitsformen, Tag 2: Negationen etc.), den ganzen Monat lang, und notieren Sie Ihre Erfahrungen damit in Ihrem Erfolgstagebuch.

## Übungen Monat 9 – Suggestive Sprachmuster

Führen Sie folgende Übungen mit einem Übungspartner aus, indem Sie die Sätze und Abschnitte wechselweise sprechen (nach Satz oder nach Übung Rollentausch). Übertreiben Sie dabei in Betonung und Ausdruck mit der Körpersprache und Stimme. Das ist wichtiger, als jeden Satz wortwörtlich zu lesen.

### 1. Intonationsmuster: Frage – Aussage – Befehl

Betonen Sie folgende Sätze jeweils einmal als Frage, einmal als Aussage und einmal als Befehl und bemerken Sie den Unterschied in der Wirkung (auch auf Sie selbst):

- »Ich denke, ich habe genau das passende Produkt für Sie?.!«
- »Was brauchen Sie noch, um sich für unser Angebot zu entscheiden?.!«

- »Ich weiß nicht, ob Sie auch dieses Zusatzmodul benötigen?.!«
- »Haben Sie sich schon überlegt, um wie viel günstiger Sie mit uns fahren?.!«

## 2. Kombinationen

Sprechen Sie folgende Sätze in Kombination mit körpersprachlichen und stimmlichen Merkmalen (gemäß Anleitung). Wiederholen Sie jeden Satz ein paar Mal, bis Sie und Ihr Partner damit zufrieden sind.

- Verkäufer: »Sehen Sie nun, dass sich mit dieser Lösung die alten Probleme nicht mehr zeigen werden!« *(Betonung als Aussage oder Befehl, unterstützt durch leichtes Kopfnicken)*
- Verkäufer: »Sie sagen also, dass Ihnen das Angebot unseres Mitbewerbers gut gefällt?« *(Betonung als Aussage, unterstützt durch leichtes Verneinen mit dem Kopf)*
- Verkäufer *(und Kunde nach hinten gelehnt)*: »Da ich nun weiß, was genau Sie brauchen, möchte ich Ihnen nun das für Sie Passende zeigen.« *(Verkäufer lehnt sich nach vorn, Kunde folgt)*
- Verkäufer: »Müssen Sie noch irgendetwas firmenintern abklären *(als Aussage, Kopf verneint)*, oder *(Stimme wird etwas tiefer)* wollen Sie, dass ich Ihren Auftrag gleich weiterleite *(als Befehl, Kopf nickt)*, damit die Produkte rechtzeitig zu dem von Ihnen gewünschten Termin da sind?«
- Verkäufer: »Grundsätzlich gebe ich Ihnen da vollkommen Recht, *und* wenn Sie noch bedenken *(Stimme wird etwas lauter)*, dass unser Produkt sofort verfügbar ist, was für Sie wichtig ist, fällt es Ihnen möglicherweise ganz leicht, sich JETZT *(betonen und durch Gestik unterstreichen)* dafür zu entscheiden *(als Befehl)*.«
- Verkäufer: »Ich weiß nicht, ob *(Stimme wird etwas tiefer, Gestik unterstreicht)* Sie wissen, dass Sie keine passendere Lösung für Ihr Problem finden werden *(als Befehl)*.«

✦ ✦ ✦

Jochen hatte noch Zeit. Es war zwei Uhr, und er traf sich erst um sieben Uhr mit Susanne zum Essen. Und so setzte er sich hin, nahm Block und Stift zur Hand und begann nachzudenken. Kurze Zeit später begann er die ersten Sätze aufs Papier zu schreiben.

**... Möglicherweise finden Sie ja, dass der neue ZR 100 eine gute Alternative zu Ihrem bisherigen Fahrzeug ist ...**

## Mittwoch, 6. September 2006

Nachdem er noch am Freitag gleich nach dem Lesen alle Übungsbeispiele aufgeschrieben und gelernt hatte, war er schon alle einmal durch – jeden Tag einen anderen Schwerpunkt, wie in der Übungsanleitung verlangt.

Während er diese Muster die letzten Tage immer wieder eingesetzt hatte, war ihm aufgefallen, dass sie meistens nicht genau voneinander abzugrenzen waren, sondern eher fließend ineinander übergingen. Aber das war wahrscheinlich auch im Sinne des Erfinders, wie Jochen dachte.

Heute war an sich das Muster »eingebettete Botschaften«, aber er achtete nicht mehr so genau darauf und brachte meist in einem Gespräch schon mehrere der Muster. Er wunderte sich ein wenig, wie schnell er diese gelernt hatte und wie leicht sie ihm jetzt schon über die Lippen kamen. Es hatte nach kurzer Zeit schon begonnen, Spaß zu machen, damit herumzuspielen, egal, wo er war und mit wem er sprach. Wenn es nicht gerade ein wichtiges Kundengespräch war, versuchte er zu Übungszwecken durchaus auch zu übertreiben. Er hatte den Eindruck, je mehr er beim Üben übertrieb, desto mehr blieb hängen und umso leichter fiel es ihm, die Instrumente auf einem »normalen Niveau« anzuwenden.

»Guten Morgen, Rainer«, begrüßte er seinen Kollegen. »Wie gut geht es dir heute?«

»Danke, sehr gut, ich habe gestern einen ZR 100 verkauft, und der Kunde braucht für seine Frau wahrscheinlich auch noch ein Fahrzeug«, antwortete Rainer.

Jochen war ihm in den letzten Wochen, so es sich ergeben hatte, in Kundengesprächen immer wieder beiseite gestanden, hatte ihn unterstützt und nach den Gesprächen Feedback gegeben. Rainer profitierte viel davon. Seine Verkaufstechnik war deutlich besser geworden. Auch Jochen profitierte. Dadurch, dass er Rainer Tipps gab und Methoden beibrachte, lernte er sie selbst noch besser. »Durchs Lehren lernen wir«, dachte Jochen, »das hatte doch Aristoteles einmal gesagt.« Über die suggestiven Sprachmuster hatte er ihm allerdings noch nichts erzählt. Das wäre zu früh. Es gab noch etliche andere, grundlegende Instrumente, die Rainer nach Jochens Meinung vorher beherrschen musste.

»Möglicherweise stellst du ja fest, dass es dir von Tag zu Tag leichter fällt, deine Kunden zu überzeugen«, sagte Jochen, um eine Möglichkeitsform unterzubringen.

»Ja, den Eindruck habe ich auch«, antwortete Rainer.

»Ja, das kann damit zu tun haben, dass«, Jochen änderte den Tonfall seiner Stimme, um analog zu markieren, »du inzwischen weißt, dass du verkaufen kannst.« Jochen machte es Spaß, seinem Kollegen auf diesem Weg mehr und mehr Selbstvertrauen zu geben. »Ich möchte aber nicht, dass du denkst, *du bist schon sensationell gut.* Es gibt noch eine Menge zu lernen«, setzte er seine »Geläufigkeitsübung« fort.

»Ja, ist schon klar«, strahlte Rainer und wandte sich ab, als er einen Kunden zur Tür hereinkommen sah, um diesen zu begrüßen.

Abends schrieb Jochen erschöpft, aber sehr zufrieden in sein Erfolgstagebuch, das, wie er dachte, gerade für das Jahr reichen würde:

**+ Die Verwendung der suggestiven Sprachmuster gelingt mir von Tag zu Tag immer besser und besser.**
**+ Drei Kaufverträge !!!! heute unter Dach und Fach gebracht**
**+ Zwei Probefahrten mit potenziellen Neukunden absolviert**
**! Bei Gesprächen mehr auf Metaprogramme achten, auch wenn sie nicht mehr das Thema des Monats sind!**
**✓ Es macht viel Spaß, mit »Sprache zu spielen«.**

## Donnerstag, 21. September 2006

Es war knapp vor 19 Uhr, als Jochen etwas gehetzt das Einkaufscenter betrat und dann erleichtert feststellte, dass an Donnerstagen bis 21 Uhr geöffnet war. Er musste noch ein paar Dinge besorgen, unter anderem eine Kleinigkeit für Susanne, die bald Geburtstag hatte. Wenn er nur wüsste, was. Irgendwie fehlte ihm heute die Strategie dafür. Das war etwas eigenartig beim Einkaufen. Manchmal fand er rasch, was er brauchte, ein andermal lief er einen halben Tag durch die Geschäfte und kaufte nichts.

Nachdem er recht planlos eine halbe Stunde durch das Einkaufscenter gelaufen war, beschloss er, ihr einen netten Abend zu zweit zu schenken. Ein Essen bei dem guten Italiener, den sie so mochte, und Kabarettkarten. Froh, etwas gefunden, wenn auch noch nicht gekauft zu haben, ging er Richtung Ausgang, als er plötzlich ein Lied hörte, das ihn veranlasste, stehen zu bleiben.

Plötzlich war er in der Toskana. Er sah die sanften Hügel mit den wunderschönen Steinhäusern obendrauf, die endlosen Reihen von Zypressen und Oliven, er hörte die sommerlichen Geräusche der Zikaden und fühlte den Wind, der ihm warm ins Gesicht blies. Alles war so real, so nah, fast, als wäre er wirklich dort, und er fühlte sich plötzlich gar nicht mehr gestresst vom Shoppen, sondern sehr entspannt, wie im Urlaub.

»Das war doch das Lied, das wir im Urlaub ständig gehört haben«, dachte er. Sie hatten im Apartment eine CD gefunden von einem italienischen Sänger, die sie dann beim Autofahren immer und immer wieder gehört hatten. Und das war das erste und auch beste Lied auf dieser CD. Nachdem die CD dem Vermieter gehörte, hatten sie sie dort gelassen. Jochen beschloss spontan, dass er sie haben musste, und betrat das Geschäft, eine Boutique, um sich nach dem genauen Titel, den er blöderweise vergessen hatte, zu erkundigen. Zehn Minuten später hatte er sie im CD-Geschäft ein Stück weiter gekauft mit der Idee, dass das die richtige Musik zum Aufstehen war. So konnte er sich jeden Tag in der Früh schon wie im Urlaub fühlen.

## Donnerstag, 28. September 2006

Heute war wieder Monatsgesprächstermin mit Bayer, seinem Chef. Jochen wunderte sich, wie rasch die Monate vergingen. Drei Viertel des Programms hatte er nun schon absolviert. Aufgrund seiner Erfolge waren nun doch auch zwei der anderen Verkäufer neugierig geworden und wollten das Programm machen. Einer davon war Rainer, der im September damit begonnen hatte. Jochen fand es einigermaßen geschickt von seinem Chef, diesbezüglich keinen Druck auszuüben. Die Motivation war schließlich eine ganz andere, wenn sich jemand aus freien Stücken entschloss, so ein Programm durchzuziehen.

»Na, Sie haben ja im September wieder alle Rekorde gebrochen«, begrüßte ihn sein Chef sehr erfreut.

»Na, das nicht gerade, aber mit 31 Neuwagen und 16 Gebrauchten war der September mein zweitbester Monat dieses Jahr«, spielte Jochen das Lob etwas herunter.

»Immerhin haben Sie doppelt so viel verkauft wie der Zweite diesen Monat«, legte Bayer noch nach. »Gratulation!«

»Danke!« Jochen beschloss, das Lob einfach anzunehmen.

Dann sprachen sie über den abgelaufenen Monat und die Inhalte des Programms 12. Jochen gab seinen Bedenken, was die

Suggestionen anging, Raum und wies auf die möglichen Gefahren hin, sagte aber auch, dass er sie anwandte und den Eindruck hatte, gute Erfolge damit zu erzielen. Bayer hörte nur zu, nickte und stellte ab und an eine Frage.

»Das Thema des nächsten Monats sind ›Strategien‹«, sagte Bayer. »Auch sehr interessant. Aber Sie werden es ja bald selbst lesen. Danke übrigens, dass Sie sich um Herrn Oberhauser kümmern, ich habe leider nicht immer die Zeit für ihn, die er im Moment noch braucht.«

»Bitte, das mache ich doch gerne, wir profitieren beide davon«, antwortete Jochen, der wirklich gerne mit Rainer an dessen Verkaufsfähigkeiten arbeitete. Nach einer knappen halben Stunde machten sie einen nächsten Termin aus, und Jochen verließ das Büro seines Chefs.

# Oktober – Strategien

»Der einzige Mensch, der sich vernünftig benimmt, ist mein Schneider. Er nimmt jedes Mal neu Maß, wenn er mich trifft, während alle anderen immer die alten Maßstäbe anlegen in der Meinung, sie passen auch noch heute.«

*George Bernard Shaw*

## Sonntag, 1. Oktober 2006

Wie es sich für einen Oktobertag gehörte, war der Sonntag verregnet. Schon als Jochen morgens aufwachte, goss es in Strömen. Susanne neben ihm schlief noch, es war ja auch erst sieben Uhr, und so beschloss er, sie noch schlafen zu lassen. In letzter Zeit übernachtete sie immer öfter bei ihm oder er bei ihr, sodass die Idee zusammenzuziehen Formen annahm.

Abends zuvor war es später geworden, wenn auch nicht zu spät. Sie waren um eins zu Hause gewesen und hatten sich zuvor bei Freunden zum Kochen getroffen. Das war nun schon das dritte Mal, und es machte Spaß, gemeinsam zu kochen und dann gemeinsam zu essen. Sie waren zu sechst, drei Paare, und jedes Paar war für einen Gang verantwortlich. Gestern waren sie mit der Hauptspeise dran gewesen.

Obwohl Susanne eine gute Köchin war, hatte Jochen gekocht. Er war ganz unerfahren, was das Kochen anging, wollte aber probieren, wie weit er es selbst zustande brachte, und er hatte immer noch Susanne als Back-up, falls alle Stricke reißen sollten. Er entschied sich für Risotto mit Shrimps, eine seiner Lieblingsspeisen. Er hatte ein Rezept und ging danach vor, Schritt für Schritt. Kochen war eine sehr prozessorientierte Tätigkeit, wie er feststellte. Er war selbst erstaunt, wie gut ihm sein Erstlingswerk gelungen war, allen schmeckte es prima, und er war stolz auf sich, zu Recht, wie er fand.

»Es ist erstaunlich«, dachte Jochen. »Wenn man weiß, welche Zutaten in welcher Menge und welcher Reihenfolge wie zuzubereiten und zu mischen waren, und das Schritt für Schritt tat, war das Ergebnis hervorragend, selbst wenn man vorher wenig Ahnung von der Sache hat.« Er fragte sich kurz, ob das nur beim Kochen so war oder ob nicht auch das Verkaufen ähnlich funktionierte, wenngleich es auch komplexer sein mochte.

Da er wach war und Laufen bei dem Wetter definitiv keine Alternative war, stand er auf und ging in die Küche. Er machte sich Tee und dachte daran, dass wieder Monatsbeginn war und das nächste Kapitel von »Die letzten Geheimnisse im Verkauf« anstand. Da er morgens ohnehin gerne las, nahm er das Buch zur Hand und begann zu lesen …

## Strategien

Eine Strategie ist eine Abfolge von Einzelschritten, ähnlich einem Kochrezept. So wie bei einem Kochrezept sind nicht nur die Zutaten, ebenso ist die Reihenfolge von entscheidender Bedeutung für das Ergebnis. Der Kuchen gelingt nur, wenn Sie alle richtigen Zutaten in der richtigen Menge haben und Sie diese in der richtigen Reihenfolge verarbeiten.

Strategien, die im Verkaufsprozess wichtig sind, sind die Motivationsstrategien und vor allem die Entscheidungsstrategien Ihres Kunden. Wenn Sie diese kennen und Sie Ihr Vorgehen an diese anpassen, werden Sie staunen, um wie viel leichter es Ihnen fällt, in sehr starkem Rapport mit Ihrem Kunden diesen zu einem Abschluss zu führen.

Strategien sind oft nicht bewusst. Das bedeutet, wenn Sie jemanden, der etwas gut kann, fragen, wie er das genau macht, werden Sie oft als erste Antwort erhalten: »Ich weiß nicht, ich mache es einfach.«

Die Entscheidungsstrategie Ihres Kunden ist seine Vorgehensweise, wie er seine Kaufentscheidungen trifft. Strategien sind von Person zu Person unterschiedlich, manche sind erfolgreicher als andere.

Eine mögliche Kaufentscheidungsstrategie (zum Beispiel eines Autokaufs) könnte sein:

1. Verschiedene Autos im Schauraum anschauen (v)
2. Produkte angreifen und ausprobieren (k)
3. Informationen darüber vom Verkäufer hören (a)
4. Weitere Informationen im Prospekt sehen (v)
5. Testfahrt machen (k)
6. Über den Preis sprechen (a-d)
7. Entscheidung (a)

Wie finden Sie die Entscheidungsstrategie heraus?

Die einfachste Möglichkeit ist auch hier, danach zu fragen.

*Mögliche Fragen:*

- »Wie gehen Sie bei Ihrer Kaufentscheidung vor?«
- »Welche Schritte führen Sie durch, wenn Sie ein … kaufen?«
- »Was möchten Sie als Erstes tun? … und als Nächstes? …«

Gut ist es auch, die Fragen auf eine gute Kaufentscheidung abzustimmen, die er schon einmal getroffen hat. Inspirieren Sie ihn, die Situation nochmals zu durchleben und so seine Strategie offen zu legen.

Beispiel:

»Wie Sie mir gesagt haben, sind Sie sehr zufrieden gewesen mit Ihrem bisherigen Auto. Wie war das damals, als Sie es gekauft haben? Wie sind Sie vorgegangen?«

Gleichzeitig versetzen Sie den Kunden so in eine positive Stimmung, da er mit dieser Erinnerung eine erfolgreiche Kaufentscheidung verbindet.

**Anwendungsmöglichkeiten im Verkauf**

1. Nehmen Sie die Antworten des Kunden wörtlich. Er sagt Ihnen, was er wann möchte.
2. Passen Sie Ihre Verkaufsstrategie seiner Entscheidungsstrategie an (Pacing).
3. Stimmen Sie Ihr sinnesspezifisches Vokabular auf die bevorzugten Sinnessysteme in den einzelnen Phasen ab.

✦ ✦ ✦

Kaum war er mit dem eher kurzen Kapitel fertig, da hörte er Susannes Stimme aus dem Schlafzimmer: »Was ist das für ein mieser Service hier? Wo bleibt mein Kaffee?« Jochen lächelte, stand auf und ging ins Schlafzimmer.

Am Nachmittag schlug er das Buch nochmals auf, um den Abschnitt mit den Übungen zu lesen.

## Übungen Monat 10 – Strategien

- Finden Sie bis zum Ende des Monats mindestens fünf Kaufentscheidungsstrategien Ihrer Kunden heraus. Schreiben Sie diese auf und vergleichen Sie diese. Denken Sie über Unterschiede und Gemeinsamkeiten der Strategien nach.

✦ ✦ ✦

»Eine kurz formulierte Übung«, dachte Jochen und legte das Buch beiseite.

## Montag, 2. Oktober 2006

Jochen hatte in den letzten Monaten gute Erfahrungen damit gemacht, die Inhalte und Übungen von »Die letzten Geheimnisse im Verkauf«, möglichst rasch nachdem er sie gelesen hatte, umzusetzen oder zumindest mit der Umsetzung zu beginnen, solange sie noch frisch waren.

Im »Acht-Stufen-Seminar« hatte der Trainer von einer 72-Stunden-Regel gesprochen, die sich Jochen sehr zu Herzen genommen hatte. Diese besagte, dass alles das, was man innerhalb von 72 Stunden begann umzusetzen, deutlich größeren Erfolg hatte, tatsächlich realisiert zu werden, als wenn man länger mit dem Start der Umsetzung zuwartete. Seither versuchte er in allen Bereichen möglichst danach zu handeln und hatte gute Erfolge damit erzielt.

Daher nahm er sich vor, gleich heute auf Strategien der Kunden zu achten und zu versuchen, diese herauszufinden. Er überlegte sich, dass er bisher eigentlich immer seine Verkaufsstrategie auf alle Kunden angewandt hatte. Natürlich war er flexibel gewesen, dort und da, auf die Strategie des Kunden hatte er aber nie geachtet, zumal er das Konzept ja auch nicht gekannt hatte. Das hatte bisher ja auch ausgezeichnet geklappt, was nicht bedeutete, dass es nicht noch besser gehen könnte, wenn er die Strategie seiner Kunden in das Verkaufsgespräch mit einbezog.

Und da kam auch schon ein Kunde zur Tür herein. Jochen kannte ihn nicht und begrüßte ihn freundlich. Es stellte sich heraus, dass er einen Transporter brauchte. Er war Kleinunternehmer im Transportgewerbe, und sein jetziges Fahrzeug einer Konkurrenzmarke, mit dem er sehr zufrieden war, war schon mehr als zehn Jahre alt und hatte schon über 250.000 Kilometer auf dem Buckel, und es war höchste Zeit, es gegen ein anderes auszutauschen.

»Das heißt, Sie waren sehr zufrieden mit Ihrem bisherigen Transporter?«, fragte Jochen nochmals zur Bestätigung. Der Kunde nickte.

»Wo haben Sie ihn denn damals gekauft?«, fragte Jochen weiter, um ihn Schritt für Schritt an die Kaufentscheidungsstrategie heranzuführen, die, wie Jochen sicher war, dem Kunden selbst nicht bewusst war.

»Beim Autohaus Zentrum, das gibt es allerdings nicht mehr. Die haben vor einigen Jahren Konkurs gemacht, soweit ich mich erinnere«, antwortete der Kunde. Auch Jochen konnte sich erinnern. Es war ein ziemlicher Skandal gewesen. Steuerhinterziehung und Veruntreuung waren mit im Spiel gewesen, und am Ende hatte der Geschäftsführer Selbstmord begangen.

»Wissen Sie noch, wie Sie damals die Auswahl getroffen haben?«, fragte Jochen weiter.

Der Kunde war kurz überrascht über die Frage und begann dann nachzudenken. »Ich glaube, ich habe mir mehrere Fahrzeuge dieser Marke angesehen und dann zwei in die engere Wahl genommen. Jeden dieser Wagen bin ich probegefahren.«

»Und dann?«, fragte Jochen sehr vorsichtig weiter, um den Kunden mit diesen etwas eigenartigen Fragen nicht vor den Kopf zu stoßen. Aber er hatte das Gefühl, dass der Rapport zum Kunden sehr stark war und er diese Fragen so durchaus stellen konnte. Auch war ihm klar, dass er sicher bei anderen Kunden anders fragen musste, um die Strategie herauszufinden.

»Dann hat mir der Verkäufer beide Fahrzeuge gegenübergestellt auf einem Blatt Papier, auch die Preise, und die Unterschiede erklärt«, antwortete der Kunde nach kurzer Überlegung.

»Und wie haben Sie sich dann entschieden?«, fügte Jochen eine Frage hinzu.

»Dann habe ich mich für das bessere Fahrzeug entschieden, und wir haben dann noch über den Preis verhandelt. Da sind wir uns auch schnell einig geworden, und ich habe am selben Tag noch gekauft«, antwortete der Kunde relativ rasch. Jochen hatte den Eindruck, dass dieser den damaligen Vorgang jetzt gut vor Augen hatte.

»Also«, listete Jochen nochmals vor seinem geistigen Auge auf, »was ist jetzt die Strategie des Kunden? Mehrere Fahrzeuge ansehen, zwei in die engere Wahl nehmen, probefahren mit beiden, Gegenüberstellen der beiden Fahrzeuge auf einem Blatt Papier inklusive der Preise, Entscheidung für eines davon, Preisverhandlung, Kauf.« Der Prozess schien Jochen recht klar zu sein, und er beschloss, den Kunden genau so durch das Verkaufsgespräch zu führen.

Knapp zwei Stunden und zwei Probefahrten später hatte er einen unterschriebenen Kaufvertrag des Kunden vorliegen und war begeistert über seine erste Erfahrung mit Kaufstrategien.

## Samstag, 14. Oktober 2006

Die Entscheidung hatten sie sehr spontan und schnell eine Woche zuvor getroffen. Jochen hatte das Thema angesprochen, und Susanne hatte spontan zugestimmt, zu ihm zu ziehen. Die Wohnung war zwar eigentlich zu klein für zwei, aber für eine Zeit lang würde es irgendwie gehen, und dann könnten sie sich immer noch eine größere suchen.

Wie es der Zufall so wollte, fand sich eine Freundin von Susanne, die gerade eine Wohnung suchte, als Nachmieterin von deren Wohnung, und so konnte alles recht einfach und unkompliziert geregelt werden.

Robert und zwei andere Freunde von Jochen halfen, Susannes Siebensachen zu Jochen zu schaffen. Zum Glück waren keine sperrigen Möbel dabei, viel davon hätte in Jochens Wohnung ohnehin nicht Platz gefunden. Sie brauchten noch einen Schrank, aber der, den Susanne hatte, war zu groß, und so wollten sie einen neuen anschaffen.

Samstagabends fielen Jochen und Susanne erschöpft, aber sehr glücklich aufs Sofa. Die Transporthelfer waren gerade gegangen, und das Gröbste war erledigt. Für ein paar von Susannes Dingen hatten sie noch keinen Platz gefunden, aber für heute war es genug. Sie öffneten eine Flasche Champagner, die Jochen extra dafür gekauft hatte, um auf den vollbrachten Umzug anzustoßen.

Jochen war klar, dass in diesem Moment ein neuer Abschnitt in seinem und Susannes Leben begann, und er war schon sehr neugierig, was er wohl bringen würde.

## Dienstag, 31. Oktober 2006

In sehr guter Laune betrat Jochen das Büro seines Chefs. Er hatte auch allen Grund dazu, nachdem er gerade seine monatliche Statistik komplettiert hatte – 26 Neuwagen und neun Gebrauchte hatte er im Oktober verkauft, das war immerhin der drittbeste Monat in diesem Jahr gewesen.

Vor kurzem war Jochen auch mit einem Finanzberater zusammengesessen, den ihm sein Kollege als sehr seriös empfohlen hatte. Er hatte festgestellt, dass sich inzwischen beachtliche Provisionen auf seinem Gehaltskonto angesammelt hatten, sodass er überlegen musste, was er damit tun sollte. Das Geld einfach auf seinem Gehaltskonto oder einem Sparbuch liegen zu lassen war eindeutig zu wenig, das war ihm klar. Bei den niedrigen Zinsen würde er dabei Geld verlieren, wenn er die Inflation mit einbezog. Der Berater hatte ihm verschiedene Alternativen empfohlen, und Jochen wollte sie durchdenken und ihm in ein paar Tagen Bescheid geben.

Er hatte einmal kurz hochgerechnet, was sein Jahreseinkommen anging, und war auf die stolze Summe von deutlich mehr als 100.000 Euro brutto gekommen. Er hätte sich nie träumen lassen, so schnell so viel zu verdienen. Er war sich fast sicher, dass er damit mehr als sein Chef verdiente, von seinen Kollegen ganz zu schweigen. Die Situation, über so viel Geld zu verfügen, war neu für ihn, und er hatte sich vorgenommen, sich von nun an intensiver mit Gelddingen zu beschäftigen.

Das Gespräch mit Bayer verlief wie immer in einer sehr angenehmen, fast freundschaftlichen Atmosphäre. Sein Chef lobte ihn wieder für die tollen Leistungen, und sie sprachen über den abgelaufenen Monat.

»Der nächste Monat wird sehr spannend für Sie«, sagte Bayer. »In ›Die letzten Geheimnisse im Verkauf‹ geht es um die Methode des Ankerns. Ich will ja nicht zu viel verraten, aber das ist etwas, das mir persönlich sehr viel gebracht hat. Im Verkaufsgespräch, aber auch für mich selbst. Ich habe damit einige der Probleme, die ich hatte, wesentlich besser in den Griff gekriegt. Zum Beispiel war ich früher immer extrem nervös, wenn ich vor einer Gruppe sprechen sollte. Inzwischen fühle ich mich richtig wohl dabei. Die Methode des Ankerns hat mir dabei sehr geholfen. Aber probieren Sie es am besten selbst aus.«

# November – Ankern

»Sex ist nur schmutzig, wenn er richtig gemacht wird.«

*Woody Allen*

## Samstag, 4. November 2006

Gleich nach dem Mittagessen nahm Jochen »Die letzten Geheimnisse im Verkauf« zur Hand und schlug den Monat 11 auf. Susanne hatte sich auch mit einem Buch in ihren Lieblingssessel verzogen.

## Ankern

Sie hören ein Lied und erinnern sich sofort an den Urlaub. Bei diesem Lied haben Sie mit Ihrer Urlaubsbekanntschaft zum ersten Mal getanzt. Unmengen von Bildern, Tönen, Erinnerungen stürzen auf Sie ein, der ganze Urlaub ist vor Ihrem inneren Auge wieder da, und Sie fühlen sich phantastisch – ausgelöst durch ein Lied.

Das ist das, was als »Anker« bezeichnet wird. Durch einen Auslöser werden Gefühle, Stimmungen oder auch Handlungen, die mit diesem Anker verknüpft sind, hervorgerufen. Die Glocke, die Pawlow bei seinen berühmten Versuchen zur klassischen Konditionierung von Hunden verwendet hat, war nichts anderes als ein Anker.

Jetzt können solche Effekte zufällig passieren, oder Sie können sie auch bewusst hervorrufen, bei sich wie auch bei anderen. Wenn Sie also den Kunden quasi auf »Knopfdruck« in einen guten Zustand versetzen können oder vielleicht, noch wichtiger, sich selbst, dann ist das möglicherweise ein für Sie sehr nutzbringendes Wissen. In den nächsten Absätzen werden Sie das Wichtigste darüber erfahren.

## Arten von Ankern

Verschiedenstes kann als Anker fungieren:

- Lieder
- Töne (die Pausenglocke lässt uns aufspringen und entspannen)
- Der Klang einer Stimme (die wie die meines Lateinprofessors klingt und mich erzittern lässt)
- Berührungen
- Dinge
- Personen
- Gerüche und Geschmäcker (so hat es immer gerochen, wenn meine Oma gebacken hat)
- Orte oder Räume (schon das Wartezimmer eines Zahnarztes löst ein gewisses Gefühl aus)

Auch Begriffe wie »Ja« und »Nein« sowie Vergangenheit und Zukunft sind für viele Personen im Raum fest verankert. Diese Raumanker werden oft in Form von Richtungen oder Seiten mit den Händen angezeigt.

- Ja/Nein
- Vergangenheit/Zukunft
- Positiv/Negativ

Erkennen können Sie die Raumanker, indem Sie genau hinsehen und hinhören. Beachten Sie die Äußerungen Ihres Gegenübers in Kombination mit den Gestiken.

Beispiele:

- »Einerseits (Gestik rechte Hand) will ich mich ja von meinem jetzigen Auto nicht trennen, andererseits (Gestik linke Hand) sehe ich die Vorteile eines Umstiegs.«
- »Früher (Gestik nach hinten über die Schulter) war die Qualität der Produkte viel besser.«
- »Das Gute daran ist (Gestik mit rechter Hand) ...«

**Anwendungsmöglichkeiten im Verkauf**

Wenn Sie wissen, wo für Ihren Kunden welche Begriffe verankert sind, in welchen Richtungen Vergangenheit und Zukunft liegen oder welche Hand für positiv oder negativ steht, können Sie diese Information für Ihre Präsentation nutzen.

- Positionieren Sie Ihr Angebot auf der »positiven« Seite.
- Unterstreichen Sie Ihre Argumente mit einer Gestik auf der »Ja«-Seite, um Zustimmung des Kunden zu fördern.
- Nutzen Sie die »Nein«- oder »Negativ«-Seite, wenn Sie vom Mitbewerber sprechen (ohne dass Sie deshalb Ihre Konkurrenz inhaltlich angreifen).

Eine andere Möglichkeit, als die bestehenden Anker Ihres Kunden zu verwenden, ist, selbst bestimmte Anker zu setzen. Wie funktioniert das? Ganz einfach.

Fragen Sie den Kunden zum Beispiel nach einer guten Kaufentscheidung, die er getroffen hat, und lassen Sie ihn davon erzählen. Setzen Sie dann einen Anker durch »analoges Markieren«.

- Tonfall der Stimme
- Pause
- Bestimmte Gestik (kratzen, ans Ohr greifen etc.)
- Mit den Fingern auf den Tisch klopfen
- Körperhaltung etc.

Präsentieren Sie Ihr Angebot oder Ihren Vorschlag und lösen Sie den Anker aus. Das Ganze geht natürlich auch mit negativen Ankern, die manchmal auch recht nutzvoll sind.

## Wirksamkeit von Ankern

Die Wirksamkeit eines Ankers ist von folgenden Faktoren abhängig:

*Intensität der Erfahrung/des Zustands*

Je intensiver die Erfahrung/Erzählung des Kunden, umso besser.

*Timing*

Der Anker muss kurz vor dem Höhepunkt der Erfahrung gesetzt werden.

*Unverwechselbarkeit des Reizes*

Je unverwechselbarer der Anker ist, umso besser wirkt er und desto praktischer ist er einsetzbar. Am besten wirken Anker, die mehrere Sinnessysteme mit einbeziehen. Sie können zum Beispiel mit den Fingern auf den Tisch klopfen, langsamer sprechen und sich nach vorne lehnen …

*Wiederholung*

Je öfter Sie den Anker in derselben Art setzen, umso besser wird er funktionieren.

## Selbst ankern

Sie können Anker auch dazu verwenden, um sich selbst in einen bestimmten Zustand zu versetzen. Das funktioniert technisch genauso wie vorhin für ein Gespräch mit einer anderen Person beschrieben. Es ist sogar noch einfacher, da Sie es mit sich selbst ganz offen machen können. Eine Anleitung dazu finden Sie im Übungsteil.

✦✦✦

Jochen blätterte weiter zu den Übungen zum Thema Ankern.

# Übungen Monat 11 – Ankern

- Definieren Sie für sich einen fixen Anker für »positiv« und einen für »negativ«, den Sie im Gespräch mit anderen verwenden.
- Testen Sie diese in Gesprächen und tragen Sie die Erkenntnisse daraus in Ihrem Erfolgstagebuch ein.
- Setzen Sie für sich selbst zumindest einen Anker für einen positiven Zustand (zum Beispiel Entspannung, Konzentration, gute Laune, Energie, Motivation etc.).

### Selbst ankern

Gehen Sie dabei wie folgt vor:

1. Legen Sie fest, welche Emotion/welchen Zustand Sie ankern wollen (Entspannung, Energie, Motivation etc.).
2. Legen Sie den Ankerreiz dafür fest (zum Beispiel Druck auf eine bestimmte Körperstelle verbunden mit einem Wort, das Sie sagen, etc.). Der Reiz sollte zur Emotion passen (das heißt, um Entspannung zu verankern, sollten Sie nicht laut Juhu schreien).
3. Setzen Sie sich entspannt hin und schließen Sie die Augen.
4. Nehmen Sie eine Referenzerfahrung (eine Situation, in der Sie genau den gewünschten Zustand hatten) und assoziieren Sie hinein (stellen Sie sich vor, Sie wären in dieser Situation) – werden Sie sich bewusst, was Sie sehen, hören, fühlen, schmecken und riechen, und lassen Sie das zu verankernde Gefühl dabei immer stärker werden.
5. Setzen Sie den Ankerreiz knapp vor dem Höhepunkt der Emotion (wann immer Sie das Gefühl haben, dass es so weit ist).
6. Öffnen Sie die Augen.
7. Wiederholen Sie dieselbe Übung für denselben gewünschten Zustand mit mehreren verschiedenen Ressourcesituationen.

Jochen war absolut fasziniert von dem Thema Ankern. Die Beschäftigung mit diesen Gedanken eröffnete ganz neue Perspektiven für ihn. Er nahm sich vor, sich mit dem Thema noch intensiver auseinander zu setzen, und sah im Anhang nach, welche Literatur es noch gab. Was ihn auch interessierte, war ein Seminar zu solchen Themen wie Ankern. Er war überzeugt, dass er davon persönlich sehr viel profitieren könnte.

Er wollte sogleich einen Anker für »positiv« und einen für »negativ« festlegen, die er von nun an in Gesprächen mit anderen verwenden würde. Es sollte etwas sein, das er ganz unauffällig in Gesprächen einsetzen konnte. Nach ein paar Momenten des Nachdenkens entschied er sich für ein Reiben am rechten Ohrläppchen kombiniert mit einem leisen, kurzen »Hmm« als Anker für »positiv« und ein leichtes Räuspern verbunden mit einem Kratzen an seinem Kinn für »negativ«, und er war zufrieden mit der Lösung. So hatte er jeweils einen auditiven und einen visuellen Ankerreiz kombiniert. Er beschloss, diese Anker ab sofort bei jeder Gelegenheit einzusetzen.

## Mittwoch, 8. November 2006

In den letzten Tagen hatte er mit dem Einsatz von Ankern im Gespräch schon viel geübt und herumgespielt. Er fand, es half sehr, wenn er das Ganze nicht als ernsthafte Übung, sondern als Spiel betrachtete. Beim Spielen lernt es sich wesentlich leichter, Kinder machen uns das ständig vor.

Obwohl er die Anker in Gesprächen verwendet hatte, konnte er nicht sagen, ob oder wie sie gewirkt haben, das machte ihn ein wenig unsicher in Bezug auf diese Methode – obwohl er schon das Gefühl hatte, dass das Auslösen der Anker beim Gesprächspartner einen gewissen Effekt hatte. Er wollte es aber einfach weiter probieren, um noch besser dabei zu werden. Im Grunde war er von der Wirksamkeit ja überzeugt.

Eine Kundin, die er schon seit mehreren Jahren kannte und die schon zwei Autos bei ihm gekauft hatte, betrat den Schauraum und blickte sich suchend um. Als sie ihn sah, kam sie zielstrebig auf ihn zu. Sie war Geschäftsfrau, Inhaberin mehrerer gut gehender Boutiquen und eine sehr dynamische Person.

»Guten Tag, Frau Groß«, begrüßte sie Jochen lächelnd und reichte ihr die Hand. »Schön, dass Sie bei uns vorbeischauen.«

»Guten Tag, Herr Berger, es ist wieder mal so weit, ich habe das Gefühl, ich brauche einen neuen Wagen. Meiner gefällt mir nicht mehr, und er ist jetzt auch schon drei Jahre alt, und wie Sie wissen, fahre ich ja viel. Es sind schon fast wieder 100.000 Kilometer am Tacho, und da dachte ich mir, dass es vielleicht gut wäre, den Wagen gegen einen neuen auszutauschen, bevor die Reparaturen anfangen. Außerdem habe ich auch den neuen ZR 300 in der Werbung gesehen.«

»Und der interessiert sie?«, fragte Jochen, als die Kundin kurz Luft holte.

»Ja, den finde ich sehr schön«, antwortete sie.

Jochen fasste sich ans rechte Ohrläppchen, rieb daran und sagte: »Hmm, verstehe.«

»Und man gönnt sich ja sonst nichts«, fügte sie verschmitzt lächelnd hinzu.

Jochen lächelte auch. »Wie gehen die Geschäfte, Frau Groß?«

»Ich wage es ja fast nicht laut zu sagen, aber es läuft exzellent. Wir haben fast 50 Prozent mehr Umsatz als im Vorjahr«, antwortete sie hinter leicht vorgehaltener Hand, während Jochen wieder an seinem Ohrläppchen rieb, begleitet von einem leisen »Hmm«.

»Wie sind Sie denn mit Ihrem jetzigen Auto zufrieden? Sie fahren ja das ZR-100-Coupé, wenn ich mich recht erinnere«, sagte Jochen.

»Ah, Sie haben ein gutes Gedächtnis. Ich muss sagen, ich war die letzten Jahre sehr zufrieden. Er lief immer sehr zuverlässig.« Jochen verankerte jede positive Meldung. »Aber in letzter Zeit macht er mir echt Sorgen. Dauernd ist irgendetwas. Offenbar kommt er in die Jahre, und die Reparaturen nehmen deutlich zu.« Die Kundin blickte plötzlich deutlich ernsthafter. Jochen bemerkte das schon, während sie sprach, fasste sich ans Kinn und räusperte sich kurz.

»Wobei ich nicht sicher bin, ob es der ZR 300 wird, sage ich Ihnen gleich ganz offen«, fuhr Frau Groß fort. »Ich habe mir schon zwei Modelle anderer Marken angesehen und muss sagen, dass mir die Entscheidung da nicht leicht gemacht wird.«

»Ja, die Konkurrenz schläft ... nicht«, antwortete Jochen. »Ich verstehe gut, dass Sie verschiedene Alternativen brauchen, um dann die für Sie optimale Entscheidung zu treffen. Die kann ich Ihnen ohnehin nicht abnehmen. Sie wissen am allerbesten, welches das optimale Fahrzeug für Sie ist.« Er wusste aus der Historie heraus, dass die Kundin starke »interne Referenz« hatte.

»Was sagen Sie zu dem Wetter, übrigens?«, fuhr er fort. Einerseits, um thematisch weg von der Konkurrenz zu kommen, andererseits, um die Kundin in einen Zustand zu führen, den er negativ ankern konnte. »Grässlich, oder?«

»Ja, seit Tagen nur Regen. Das merken wir immer gleich im Geschäft. Die Leute gehen nicht einkaufen, wenn es so schlecht ist.« Die Stimme der Kundin klang etwas betrübt, und Jochen ankerte das.

»Hmm, aber zum Glück gibt es Erfreulicheres zu besprechen«, wechselte Jochen das Thema und rieb dabei sein rechtes Ohrläppchen, während er die Kundin sehr genau beobachtete. Fast augenblicklich hellte sich ihre Miene auf. »Den neuen ZR 300 zum Beispiel. Darf ich Sie dort hinüberbitten, da steht er.«

Bewundernd stand die Kundin vor dem Wagen. »Darf ich mich hineinsetzen?«, fragte sie. Offenbar war das der nächste wichtige Schritt in der Kaufstrategie der Kundin. Jochen hatte gelernt, die Kunden möglichst ihre Strategie durchlaufen zu lassen, ohne die seine dabei zu vernachlässigen. Nachdem er den Gesprächseinstieg gemacht hatte, war der nächste Schritt für ihn die Bedarfserhebung.

»Nur zu«, antwortete Jochen. »Was ist Ihnen denn wichtig, wenn ...« – seine Stimme wurde etwas tiefer – »... Sie an die Anschaffung eines ZR 300 denken?« Früher hätte er den Fehler gemacht und jetzt schon präsentiert, da die Kundin ja schon im Wagen saß. Aber er wusste noch zu wenig, und es war gefährlich zu präsentieren, wenn man noch zu wenig wusste, das hatte er leidvoll gelernt. Er hatte ihr die Tür geöffnet und sich dann selbst auf den Beifahrersitz gesetzt. Der Rapport war so wesentlich besser.

»Nun, in erster Linie muss er mir gefallen, und ich muss ein gutes Gefühl haben, wenn ich drinsitze und damit fahre«, antwortete die Kundin, während ihre Hände beinahe liebkosend über die Armaturen und das Lenkrad strichen.

»Hmm.« Jochen griff sich ans rechte Ohr. »Was noch?«, fragte er weiter.

»Ich muss trotzdem genügend Platz auf den Rücksitzen oder im Kofferraum haben, um ab und zu die eine oder andere Kollektion zu transportieren. An sich gibt es dafür zwar unseren Lieferwagen, aber manchmal, für Modeschauen oder so, nehme ich sie gleich selbst mit.«

»Was noch?«, fragte Jochen weiter.

»Und der Preis muss passen«, sagte sie rasch, »das versteht sich ja von selbst.« Jochen fielen die starken kinästhetischen Anteile bei seiner Kundin auf.

»Er soll also gut aussehen, genügend Platz für die eine oder andere Kollektion bieten, und der Preis muss passen. Habe ich das richtig verstanden?«, wiederholte Jochen fast automatisiert und nickte dabei leicht.

»Ja.« Die Kundin nickte und blickte Jochen kurz an, bevor sie sich wieder den reichlichen Innenausstattungen des ZR 300 zuwandte.

»Was ist Ihnen noch wichtig?«, fragte Jochen.

»Das war es. Ich weiß dann schon, ob es mein Fahrzeug ist«, antwortete die Kundin kurz.

»›Überblick‹ und ›intern‹ als wichtige Metaprogrammausprägungen«, dachte Jochen.

Da er noch einige Details wissen wollte, setzte er die Bedarfserhebung mit einer anderen Art zu fragen fort. »Wie viel in etwa werden Sie mit diesem Auto fahren?«, meinte er, wobei er auf den ZR 300 deutete. Nach ein paar Minuten hatte er alle Informationen, die er brauchte, bereit, um zur Präsentation überzugehen.

Die Kundin schien sehr angetan vom ZR 300, und Jochen wies in seiner Präsentation immer wieder darauf hin, wie toll der Wagen aussah und was es für ein gutes Gefühl war, mit ihm zu fahren, und er demonstrierte ihr, wie viel Platz er innen hatte, obwohl er von außen recht schnittig aussah.

Die Kundin wollte gleich eine Probefahrt machen. Da Jochen gerade Zeit hatte, beschloss er mitzufahren, was er schon bald bereute. Da die Kundin so etwas wie Tempolimits nicht kannte oder zumindest dachte, sie würden für sie nicht gelten, war Jochen froh, wieder aussteigen zu können, ganz verkrampft vom Festklammern am Sitz.

»Hmm … nun, was haben Sie für ein Gefühl?«, fragte er Frau Groß, als er sich wieder etwas entspannt hatte, und löste dabei den positiven Anker aus.

»Hat sich gut angefühlt, ordentlich PS unter der Haube. Und er sieht gut aus, Kompliment«, antwortete die Kundin.

»Wie wollen Sie in Ihrer Entscheidungsfindung weitermachen?«, fragte Jochen, wissend, dass die Kundin stark intern war und diese Frage zu schätzen wusste.

»Nun, ich schlage vor, Sie machen mir ihr bestes Angebot, das ich dann mit den Mitbewerberangeboten vergleichen kann«, antwortete sie.

»Hmm ... was finden Sie denn am ZR 300 besser« – Jochen rieb sein Ohrläppchen – »als an den Angeboten der Mitbewerber?«, fragte er und löste beim zweiten Halbsatz den negativen Anker aus.

Sie sprachen noch etwa eine halbe Stunde über Ausstattungen, Preise, die Mitbewerbermodelle und zuletzt über interessante Urlaubsziele, und Jochen hatte ein gutes Gefühl, das Geschäft abzuschließen. Die Kundin hatte das Geld, sie konnte alleine entscheiden, sie hatte alle anderen Angebote bereits und war sehr proaktiv, was eine rasche Entscheidung erleichtern sollte.

Obwohl sie ihm signalisiert hatte, dass sie sich bis zum Samstag entscheiden wollte, wollte Jochen noch einen Abschlussversuch starten. Er wusste, dass es gefährlich war, die Kundin ohne Unterschrift gehen zu lassen. Inzwischen konnte sie irgendwoanders kaufen.

»Frau Groß, darf ich ihnen noch eine Frage stellen?«, fragte er, als sie gerade gehen wollte.

»Ja, natürlich«, antwortete die Kundin.

»Sie sind den ZR 300 probegefahren und haben erlebt, wie toll er sich fährt« – er löste den positiven Anker aus – »Sie haben alle Informationen erhalten, die Sie interessieren. Sie haben selbst festgestellt, wie geräumig er innen ist und wie viel Platz er bietet, und Sie wissen es ja am allerbesten, dass Sie immer wieder Ihre Kollektionen transportieren. Ich habe Ihnen als Stammkundin ein hervorragendes Angebot gemacht.« Jochen löste wieder den positiven Anker aus und nickte.

»Ja«, sagte die Kundin und nickte bestätigend.

»Ich weiß, Sie haben gesagt, Sie wollten sich bis Samstag entscheiden, und ich lasse Ihnen alle Zeit der Welt, um Ihre Entscheidung zu treffen. Aber ich kenne Sie. Sie sind eine erfolgreiche Geschäftsfrau und treffen gerne rasche und gute Entscheidungen. Ich frage mich daher, ob ich irgendetwas vergessen habe, das Sie zögern lässt.« Halb fragend beendete Jochen diesen Satz.

»Nein, ich denke nicht«, antwortete die Kundin.

Jochen griff sich ans Ohrläppchen. »Hmm … Was brauchen Sie also noch, um sich …« – Jochens Stimme wurde etwas tiefer« – … jetzt für Ihren ZR 300 zu entscheiden?« Er deutete dabei auf das Fahrzeug.

Die Kundin sah nach links unten, von Jochen aus gesehen, und antwortete nach ein paar Sekunden, die Jochen wie eine Ewigkeit vorkamen, lächelnd: »Sie haben Recht, ich weiß alles, was ich wissen will, und am Samstag habe ich ohnehin nicht wirklich Zeit. Bringen wir es also unter Dach und Fach.« Jochen lächelte und hätte am liebsten laut gejubelt. Obwohl er inzwischen einige ZR 300 verkauft hatte, war es immer noch ein tolles Erfolgserlebnis, einen Wagen um 70.000 Euro zu verkaufen.

»Und noch etwas«, fügte die Kundin hinzu. »Sie sind ein toller Verkäufer, sollten Sie einmal Ihren Job wechseln wollen, melden Sie sich bitte bei mir.«

»Danke für das Kompliment und das Angebot«, antwortete Jochen. »Im Falle des Falles komme ich auf Sie zurück.«

## Sonntag, 19. November 2006

Was die Übung, den Anker bei sich selbst zu setzen, anging, hatte Jochen festgestellt, dass er das eigentlich schon gemacht hatte, bevor er überhaupt etwas über das Ankern wusste. Die CD des italienischen Sängers, die er sich vor anderthalb Monaten gekauft hatte, war der perfekte auditive Motivationsanker für ihn. Er hatte sie im CD-Player im Bad und hörte sie jeden Morgen beim Zähneputzen. Amüsiert stellte er fest, dass dabei seine Hüften fast automatisch zu schwingen begannen und seine Stimmung deutlich besser wurde, egal, ob sie schon gut war oder noch im Keller. Die Musik wirkte fast wie eine Droge. Natürlich hatte Jochen das auch schon früher mal, vor allem als Teenager, festgestellt. Damals war Musik sehr wichtig für ihn, und die Botschaften und Rhythmen der Songs waren in manchen schwierigen Phasen fast so etwas wie Therapie für ihn. Doch jetzt wusste er erstmals, wie es funktionierte, und er setzte diesen Anker ganz bewusst ein.

## Sonntag, 26. November 2006

Es war kalt, und der Regen peitschte schon frühmorgens ans Fenster. Jochen beobachtete Susanne beim Schlafen und beschloss, noch liegen zu bleiben. Das war eine gute Zeit, um ein wenig nachzudenken. Bald war der Dezember da, und Jochen wusste, dass die Planung der Ziele für das nächste Jahr bevorstand. Er hatte schon einige Ideen. Die Tatsache, dass es jetzt Susanne in seinem Leben gab, hatte einiges verändert. Er hatte auch in »Die letzten Geheimnisse im Verkauf« schon ein wenig vorgeblättert und gesehen, dass Ziele im Dezember ohnehin auf dem Programm standen.

Er reflektierte über das fast abgelaufene Jahr und über die Ziele, die er sich vorgenommen hatte. Vieles hatte er erreicht, manches weit übertroffen, und einiges hatte er auch nicht erreicht. Ihm war jetzt klar, dass er sich zum Teil zu viele verschiedene Dinge für ein Jahr vorgenommen hatte. Er schrieb das seinen optionalen Anteilen zu. Für das nächste Jahr, das war ihm klar, würde er sich noch mehr konzentrieren, um in weniger Gebieten noch mehr zu erreichen. Indem er darüber nachdachte, bekam er richtig Lust, gleich aufzustehen und sich an die Zielplanung zu machen.

»Guten Morgen«, murmelte Susanne, die gerade erwacht war und sich unter ihrer Decke streckte.

»Guten Morgen, Süße.« Jochen lächelte sie an. »Gut geschlafen?«

»Mmmh«, sagte sie und zog ihn an sich heran.

## Donnerstag, 30. November 2006

Das Monatsgespräch mit dem Chef wurde abrupt von einem dringenden Telefonat unterbrochen. Sie waren die Novemberzahlen durchgegangen, die wieder hervorragend waren – 22 Neufahrzeuge und elf Gebrauchte hatte Jochen verkauft. Während sein Chef telefonierte, dachte Jochen darüber nach, ob das mit den Stückzahlen ewig so weitergehen konnte. Er hatte die letzten Monate keinen wirklichen Durchhänger gehabt, was die Umsätze anging. Schön langsam wurde es ihm fast unheimlich, obwohl er sich schon an das höhere Niveau gewöhnt hatte.

Jochen hatte Bayer auch schon von seinen Erfahrungen mit dem Ankern berichtet, und sein Chef lächelte, als er ihm erzählte, welche positiven und welche negativen Ankerreize er für sich definiert hatte.

»Ich möchte mit Ihnen noch kurz die Planung für das nächste Jahr besprechen«, sagte Bayer, als er fertig telefoniert hatte und sich wieder Jochen zuwandte. Jochen hatte das schon befürchtet. Wahrscheinlich würde er einen Umsatzplan bekommen, der sich gewaschen hatte nach dem sensationellen Ergebnis in diesem Jahr. Es war üblich, dass der Plan für das jeweils folgende Jahr sich am Ergebnis des laufenden Jahres als Basis orientierte und dort dann noch etwas draufgeschlagen wurde.

»Nun«, sagte Bayer, »ich habe die Planzahlen für das kommende Jahr von der Geschäftsleitung erhalten. Was den Umsatz angeht, so ist ein Wachstum um zehn Prozent geplant, was nicht leicht wird nach einem alles in allem recht erfolgreichen Jahr. Aber wir haben nächstes Jahr eine Menge Neuerungen im Produktbereich und dabei auch zwei, vielleicht sogar drei Relaunches von wesentlichen Umsatzträgern. Daher denke ich, dass das Ziel durchaus erreichbar ist.«

Jochen begann, im Kopf bereits zu rechnen. Er kannte das Prozedere aus früheren Jahren. Die Planzahl der Geschäftsleitung konnte erstens nicht mehr diskutiert werden, und zweitens wurde jedem Verkäufer recht gleichmäßig verteilt draufgeschlagen. Das hieß, er konnte sich auf ein Ziel von fast 300 Neuwagen einstellen, ihm wurde schwindelig bei dem Gedanken.

»Was Sie angeht, so denke ich, dass Sie dieses Jahr Enormes geleistet haben, und das macht mich auch zuversichtlich für das nächste Jahr. Wenn die anderen Verkäufer auch nur die Hälfte Ihres Zuwachses von heuer schaffen würden, dann sind die zehn Prozent absolut kein Thema mehr. Ich bin so gesehen fest davon überzeugt, dass die Grenzen, die wir sehen, vor allem die Grenzen sind, die sich in unseren Köpfen befinden. Ich denke, Sie werden dieses Jahr um die 250 Neufahrzeuge verkaufen und damit sicher Verkäufer des Jahres werden. Mir ist klar, dass Sie dafür hart gearbeitet haben und dass bei dem einen oder anderen Firmenkundengeschäft auch ein wenig Glück dabei war. Es gibt größere Geschäfte dieser Art nicht immer. Andererseits denke ich, dass durchaus noch viel Potenzial in Ihnen steckt. Wir sollten uns gemeinsam ansehen, wo es Engpässe gibt. Mir ist klar, dass Sie zum Beispiel zu viel mit Administrativem zu tun haben.«

Jochen nickte. Darüber hatte er sich schon öfter geärgert und bei seinem vorigen Chef auch manchmal beschwert. Nur hatte es nichts genützt, daher hatte er es aufgegeben.

»Ich denke, was Sinn machen würde, ist, dass Sie eine Liste erstellen mit allen Tätigkeiten, die Sie während einer Woche machen. Dazu schreiben Sie auch jeweils, wie viel Zeit Sie damit verbringen. Sie sind ein sehr wertvoller Mitarbeiter für die Firma und haben sich zu einem exzellenten Verkäufer entwickelt. Wenn ich an den Deckungsbeitrag denke, den Sie heuer für die Firma erwirtschaften, und diesen auf Ihre Arbeitsstunden herunterbreche, so komme ich auf das Mehrfache eines Gehalts einer Sekretärin. Daher möchte ich Sie dabei unterstützen, dass Sie Ihre Zeit noch mehr als bisher für den Verkauf einsetzen können. Die Frage, die ich mir immer stelle, ist: Was kann jemand anderer genauso gut oder besser, aber um weniger Geld? Und all das sollten Sie auf Ihrer Liste markieren.«

Jochen war verwirrt. »Heißt das, ich kriege Unterstützung?«

»Ich kann es noch nicht hundertprozentig versprechen, aber es sieht gut aus, und ich arbeite daran. Wir müssen natürlich aufpassen, dass wir die anderen Verkäufer damit nicht vor den Kopf stoßen. Andererseits gebe ich jedem gerne eine Kraft zur Unterstützung, der so gute Leistungen bringt wie Sie. Das rechnet sich einfach.«

»Danke, schon im Voraus«, sagte Jochen noch immer entgeistert. Das hatte er sich im Traum nicht erwartet. »Was heißt das für mein Umsatzziel für das nächste Jahr?«, fragte er und sah die Ziele dadurch im Geiste bereits noch höher steigen.

»Langer Rede kurzer Sinn«, sagte Bayer. »In Anbetracht der unglaublichen Steigerung dieses Jahr ist Ihr offizielles Ziel für das nächste Jahr 260 Neufahrzeuge, also nur eine kleine Steigerung, weil es bereits sehr hoch ist. Dennoch glaube ich persönlich, dass Sie nächstes Jahr noch mehr verkaufen werden.«

Vor einem Jahr noch hätte Jochen bei so einer Zielsetzung wahrscheinlich gekündigt oder zumindest alle Beteiligten für vollkommen verrückt erklärt. Nach den Erfahrungen des abgelaufenen Jahres und der Ankündigung, dass er Unterstützung bekommen würde, schien ihm dieses Ziel aber durchaus erreichbar, so gigantisch es klang. Er wunderte sich über sich selbst.

+ **Aussicht auf eine Unterstützungskraft im nächsten Jahr dank meiner guten Leistungen während dieses Jahres**
+ **Trotz hohen Umsatzzieles für das nächste Jahr positiv gestimmt geblieben**
+ **Ich habe es geschafft, das beinahe unmöglich Erscheinende für möglich zu halten.**
! **Thema Gehalt ansprechen, wenn es um Umsatzziele geht, und dieses Thema vor dem Gespräch mit dem Chef vorbereiten**
✓ **Die Grenzen in meinem Kopf sind flexibel.**

… schrieb Jochen abends noch rasch in sein Erfolgstagebuch, bevor er schlafen ging.

# Dezember – Ziele visualisieren

»Glaube an Grenzen, und sie gehören dir.«

*Richard Bach*

## Sonntag, 3. Dezember 2006

Der Dezember hatte begonnen, wie man sich einen Dezember vorstellte, mit Kälte und Schnee. Nach den Schneefällen schien jetzt die Sonne. Jochen mochte dieses kalte Winterwetter, nur das Grau in Grau, Nieselregen und Temperaturen um null Grad waren ihm zuwider.

Er saß auf dem Sofa und hatte eben das letzte Kapitel in »Die letzten Geheimnissen im Verkauf« aufgeschlagen.

## Ziele visualisieren

Sie sind nun beim letzten Kapitel angelangt. Ein Zyklus schließt sich, ein neuer beginnt. Am Ende eines Zyklus sowie am Beginn von etwas Neuem ist es immer angebracht, zurückzublicken und zu reflektieren über das, was war, und das, was nicht war. Genauso wichtig ist es, nach vorne zu schauen und neue Ziele zu planen, die Richtung und Energie geben für den neuen Start.

Lesen Sie daher das erste Kapitel »Zielplanung« nochmals – jetzt!

Was das Nach-vorne-Schauen angeht, so möchte ich Ihnen dafür eine Technik erklären, die auf dem »Timeline«-Konzept beruht.

Zeit ist ein im Grunde sehr eigenartiges Konzept:

- Zeit nimmt eine zentrale Stellung in all unserem Denken ein.
- Zeit existiert nicht – das Einzige, was existiert, ist der gegenwärtige Moment.
- Zeit wird räumlich dargestellt, zum Beispiel durch eine Uhr. Zeit hat auch eine Richtung im Raum, oft ist die Vergangenheit links von uns und die Zukunft rechts (das kann individuell aber auch unterschiedlich sein)
- Obwohl Zeit nicht existiert, haben Vergangenheit und Zukunft oft massive Auswirkungen auf die Gegenwart. Wir leiden zum Beispiel noch immer unter etwas, das vor Jahren passiert ist, und wir machen uns Sorgen über etwas, das in der Zukunft passieren könnte.

Leider nutzen wir diese Charakteristika der Zeit oft nur zu unserem Nachteil, zum Beispiel, um uns Sorgen zu machen über Dinge, die – erwiesenermaßen – in über 90 Prozent der Fälle gar nicht eintreten, und das, obwohl durch das intensive Vorstellen von negativen Geschehnissen die Wahrscheinlichkeit steigt, dass sie dann wirklich eintreten.

Was Sie in diesem letzten Kapitel lernen, ist, das Konzept Zeit zu Ihrem Vorteil zu nutzen, indem Sie zukünftige, positive Situationen visualisieren. Sie kommunizieren damit mit Ihrem Unterbewusstsein, das ja »in Bildern denkt«, und programmieren es so auf ein erwünschtes Zielbild hin.

Mit dieser Übung erhalten Sie eine Referenzerfahrung, wie es ist, wenn Sie eine Aufgabe bravourös gemeistert oder ein Ziel erreicht haben. Diese Referenzerfahrung ist wichtig. Sie zeigt Ihrem Unterbewusstsein ganz genau, wie es sich anfühlt, anhört und wie es aussieht, dort zu sein, wo Sie hinwollen.

Mit der Abspeicherung dieser Referenzerfahrung weiß Ihr Unterbewusstsein nun viel besser, was genau es zu erreichen gilt und wie genau das sein soll. Es tut sich leichter, ein Ziel zu erreichen, das es schon einmal durchlebt hat. Sie bauen so einen festen Glauben an die Erreichbarkeit und die Machbarkeit auf.

Aus eigener Erfahrung wissen Sie, dass es oft am schwierigsten ist, etwas das erste Mal zu tun oder zu schaffen. Danach wird es von Mal zu Mal einfacher. Ihr Glaubensatz »Ich kann das!« wird dadurch gestärkt, dass Sie es schon einmal erreicht haben, wenn auch nur in Ihrer Vorstellung. Doch für Ihr Unterbewusstsein ist Ihre Vorstellung genauso real wie tatsächlich Wahrgenommenes. Stellen Sie sich zum Beispiel intensiv vor, in eine Zitrone zu beißen und daran zu saugen. Was ist die Wirkung? Genau, Speichelfluss, Verziehen des Gesichts etc. – Ihr Unterbewusstsein unterscheidet nicht zwischen Vorstellung und Realität (ihr bewusster Verstand schon).

Die Technik selbst ist höchst einfach, und Sie können Sie auf alle Ihre Ziele anwenden. Sie können Sie auch mehrmals auf dasselbe Ziel anwenden, um die Wirkung noch zu verstärken. Sie finden Sie im Übungsteil.

✦ ✦ ✦

Jochen war neugierig und blätterte gleich weiter zum Übungsteil.

## Übungen Monat 12 – Ziele planen

- Erstellen Sie Ihren persönlichen Zielplan für das kommende Jahr. Nehmen Sie den Plan des laufenden Jahres als Basis, erstellen Sie neue kurzfristige Ziele und passen Sie Ihre mittel- und langfristigen Ziele entsprechend an.

## Übungen Monat 12 – Ziele visualisieren

- Führen Sie die folgende Übung für einige oder alle ihrer größeren Ziele durch (kurz-, mittel- und langfristige).

## Ziele visualisieren

1. Setzen oder legen Sie sich entspannt hin, in einem ruhigen Raum, schließen Sie die Augen und atmen Sie eine Minute ganz bewusst ein und aus, rhythmisch und ruhig.
2. Stellen Sie sich vor, Sie befänden sich in der Zukunft, und zwar zirka 15 Minuten nachdem Sie das Ziel erreicht haben (Position 1). Sie haben es bereits geschafft.

3. Blicken Sie zurück auf die genaue Situation der Zielerreichung und machen Sie sich ein Bild, in dem Sie sich selbst sehen. Gestalten Sie das Bild möglichst attraktiv für Sie, indem Sie es größer und farbiger machen. Mischen Sie passende Töne, Geräusche, Musik oder Stimmen dazu, die Ihnen zum Beispiel gratulieren. Denken Sie auch an die Kinästhetik. Da gibt es vielleicht Menschen, die Ihnen die Hand drücken und gratulieren. Vielleicht gibt es auch etwas Angenehmes zu riechen oder zu schmecken. Sprechen Sie dabei alle Ihre Sinne so intensiv an, dass Sie sich stark zu diesem Bild hingezogen fühlen. Verweilen Sie in diesem Zustand und kosten Sie das gute Gefühl aus.
4. Nachdem Sie ja jetzt wissen, wie es sein wird, das Ziel erreicht zu haben, wissen Sie auch – unbewusst –, wie Sie dahin gelangt sind und was Sie gelernt haben. Nehmen Sie all dieses Wissen aus der Zukunft mit zurück in die Gegenwart, um jetzt schon davon zu profitieren.
5. Kommen Sie zurück ins Hier und Jetzt, öffnen Sie die Augen, strecken Sie sich und werden Sie wieder ganz wach.

✦ ✦ ✦

Jochen war neugierig und wollte die Technik gleich ausprobieren. Wie üblich schlief Susanne am Sonntag gerne etwas länger, und so hatte er die Zeit und die Ruhe, die dafür nötig waren. Er hatte zwar seine Ziele für das kommende Jahr noch nicht geplant, aber zumindest wusste er sein Verkaufsziel schon – 260 Neufahrzeuge –, und er beschloss, die Übung damit zu machen.

Wie in der Übungsanleitung angegeben, setzte er sich entspannt hin und atmete etwa eine Minute lang sehr bewusst, ruhig und regelmäßig ein und aus. Dabei merkte er, dass er sich noch weiter entspannte, mit jedem Atemzug mehr und mehr.

Die Reise in die Zukunft ging rasch. Ihm war, als ob er flog und als ob unter sich sein Leben entlang einer Linie sah, eine sehr eigenartige und neue, aber interessante Erfahrung. Er landete dann wie angegeben kurz nach dem Moment der Erreichung des Zieles. Als solchen hatte er die Firmenweihnachtsfeier des nächsten Jahres ausgewählt.

Er blickte zurück und sah sich selbst, wie er am Podium stand, als Verkäufer des Jahres. Vor ihm ein Saal voll mit Kollegen und Führungskräften der Firma. Alle standen und applaudierten kräftig. Viele fröhlich lachende Gesichter unter ihnen. Neben ihm stand der Geschäftsführer, schüttelte ihm die Hand und klopfte ihm auf die Schulter, als er ihm dazu gratulierte, dass er zum zweiten Mal in Folge Verkäufer des Jahres geworden war und dabei seinen Vorjahresrekord sogar noch übertroffen hatte – 280 Neuwagen. Passende Musik untermalte die Szenerie. Die Scheinwerfer waren auf ihn gerichtet, und er sprach ein paar Worte des Dankes an alle, die ihn dabei unterstützt hatten. Obwohl er sich selbst dabei nur zusah, merkte er, dass ihm ein wohliger Schauer über den Rücken jagte und ihm Tränen der Rührung in die Augen stiegen.

Gerne verweilte er noch und betrachtete dieses Bild des Erfolgs, bevor er sich dann doch losriss und die Reise zurück in die Gegenwart antrat. Dabei dachte Jochen daran, die Lernerfahrung mitzunehmen, und hoffte, dass sein Unterbewusstes die Anordnung befolgte. Zurück im Hier und Jetzt, öffnete er die Augen. Er hatte keine Ahnung, wie viel Zeit vergangen war, aber es mussten so ein oder zwei Minuten gewesen sein. Als er auf die Uhr blickten, stellte er mit Erstaunen fest, dass er fast eine Viertelstunde für die Übung gebraucht hatte.

Er fühlte sich gut, um nicht zu sagen großartig. Etwas hatte sich verändert. Er hatte vorher schon daran geglaubt, dass er das Umsatzziel im nächsten Jahr erreichen könnte, jetzt, da er es schon erlebt hatte, war er fast sicher. Fast magisch zog es ihn in diese Richtung.

»Eine tolle Übung«, dachte Jochen und beschloss, sie auch mit den anderen Zielen zu machen, sobald er sie konkretisiert hatte.

Später am Tag begann er mit seiner Zielplanung für das kommende Jahr. Susanne war in die Firma gefahren, obwohl Sonntag war, da sie für ein größeres Meeting noch an einer Präsentation arbeiten wollte. Jochen war das ganz recht. Er konnte es kaum erwarten, über seine kommenden Ziele nachzudenken und sie zu Papier zu bringen.

## Freitag, 22. Dezember 2006

Endlich war es so weit. Obwohl alle wussten, dass Jochen Verkäufer des Jahres werden würde, war dennoch eine gewisse nervöse Anspannung zu verzeichnen. Normalerweise wurde es geheim gehalten, wer den Titel des »Verkäufers des Jahres« erhalten würde, aber in diesem Jahr war es kaum zu verheimlichen. Er hatte im Dezember noch 16 Neufahrzeuge und zehn Gebrauchte verkauft. Sein Jahresumsatz war so auf enorme 255 Neuwagen und 122 Gebrauchte gewachsen, eine in der Firmengeschichte noch nie da gewesene Zahl eines einzelnen Verkäufers. Es flossen zwar auch noch ein paar andere qualitative Faktoren in die Wertung mit hinein, aber es konnte keinen Zweifel geben, wer den Titel kriegen würde. Dennoch war er angespannt. Die Spannung löste sich erst, als sein Name aufgerufen wurde.

Er erhob sich wie in Trance von seinem Platz und ging vor zum Podium. Der ganze Saal stand und applaudierte. Er nahm das alles wie durch einen Schleier wahr, ein bisschen so, als ob er betrunken wäre, aber er hatte erst ein Glas Bier getrunken und das nur halb. Die nächsten Momente, die Nennung seiner Zahlen, die Gratulationen, die Überreichung der Urkunde und des Kuverts mit dem Gutschein für einen Urlaub für zwei Wochen zu zweit in der Karibik versank alles in diesem eigenartigen Trancezustand. Die Worte, die er vom Podium sprach, nahm er so wahr, als ob er neben sich stand und sich dabei beobachtete und zuhörte.

Erst als er wieder an seinem Tisch saß und seine Kollegen ihm nochmals gratulierten, ein paar aufrichtig, andere neidisch, spürte er sich wieder und realisierte, was geschehen war. Es war ein großartiges Gefühl. Jochen war der unumstrittene Superheld des Abends und genoss es in vollen Zügen. Er hatte es sich verdient. Er wusste in diesem Moment, dass er das wieder erfahren und in einem Jahr wieder da vorne stehen wollte. Jetzt, da er es auch real erlebt hatte, war er sich noch sicherer, dass er es konnte.

## Dienstag, 26. Dezember 2006

Die größte Hektik der Weihnachtsfeiertage war vorbei, die allermeisten Verwandtenbesuche überstanden und alle Päckchen ausgepackt. Jochen hatte von Susanne ein paar sehr interessante Bücher geschenkt bekommen und wollte sich während der Feiertage gleich darauf stürzen.

Auch seine Zielplanung für das nächste Jahr wollte er noch vor Jahresende vollenden, um gleich am ersten Tag des neuen Jahres voll losstarten zu können. Er freute sich schon.

Neben seinen Umsatzzielen hatte er auch ein paar andere größere Dinge für das kommende Jahr geplant.

Er hatte beschlossen, seine sechs Kategorien

- Familie,
- Beruf,
- Finanzen,
- Körper/Gesundheit,
- persönliche Entwicklung und
- Ort/Lebensstil

beizubehalten, aber nur ein kurzfristiges Muss-Ziel zu jeder Kategorie zu definieren. Weitere Ziele formulierte er als Kann-

Ziele, die aber keine Priorität hatten. Er wollte sich konzentrieren, um noch erfolgreicher zu sein. Das hatte er im abgelaufenen Jahr gelernt.

Er wollte zum Beispiel eine größere Wohnung für sich und Susanne haben, und, da er im abgelaufenen Jahr eine Menge Geld verdient hatte, er wollte, dass sein Geld besser für ihn arbeitete. Dafür war das Ziel, eine Rendite von mindestens acht Prozent auf das veranlagte Kapital zu erwirtschaften. Jochen hatte vor kurzem in einem Buch die Idee aufgeschnappt, von seinen Zinseinkünften leben zu können, und das auch gleich zu einem seiner langfristigen Ziele gemacht.

Da er schon in den ersten Dezemberwochen gut vorgearbeitet hatte, konnte er an diesem Tag seine Zielplanung abschließen. Zufrieden blickte er am Ende des Tages auf das Flipchart mit den gelben Post-its, das ihm auch dieses Jahr wieder als Übersicht diente, sowie auf den ausgearbeiteten Maßnahmenplan. Es gab wieder eine Menge zu tun, und er freute sich darauf.

Es war ihm auch klar, dass einiges anders kommen würde, als er es geplant hatte, und das war okay so. Wichtig war es, bei der ganzen Zielplanung flexibel zu bleiben und Ziele sowie Maßnahmen immer wieder anzupassen, wenn sich Rahmenbedingungen grundlegend änderten. So eigenartig es klang, aber für Jochen waren Ziele gar nicht primär da, um sie alle zu erreichen, sondern vor allem gut dafür, eine Richtung anzugeben und für die Energie und Motivation zu sorgen, die er brauchte, um loszulegen.

## Sonntag, 31. Dezember 2006

Ein letztes Mal in diesem Jahr nahm er das Buch zur Hand, das ihn die letzten zwölf Monate begleitet hatte und ihn so massiv beeinflusst hatte wie kein anderes Buch zuvor. Er blätterte im Schnelldurchlauf durch alle Kapitel und entdeckte auch jetzt wieder Dinge, die er überlesen oder schon wieder vergessen hatte. Lernen und Wachstum, das war Jochen inzwischen klar geworden, war ein permanenter Zustand und nichts, das man einmal tut und dann ad acta legen konnte. Ganz am Ende sah er, dass es noch Schlussbemerkungen gibt, die er noch gar nicht gelesen hatte.

# Schlussbemerkungen

»Je größer die Insel des Wissens,
umso länger die Küstenlinie des Wunders.«

*Ralph W. Sockman*

Sie haben mit den in diesem Buch erklärten und in den Übungen trainierten Inhalten sehr mächtige Instrumente in der zwischenmenschlichen Kommunikation in die Hand bekommen. Es liegt nun an Ihnen, diese zu Ihrem Wohl und zum Wohl Ihrer Kunden, Kollegen, Freunde und der Familie einzusetzen. Mit einem Messer kann man ein Steak schneiden oder auch jemanden in den Rücken stechen – das Messer ist nur das Instrument. Ihre Gesinnung entscheidet darüber, ob der Ausgang positiv oder negativ ist.

Was den Verkauf angeht, so bedeutet das, dass ich der festen Überzeugung bin, dass nur die Umsetzung des Win-win-Gedankens eine solide, langfristige und für Kunden und Verkäufer profitable Beziehung schafft. Nur wenn der Kunde *und* Sie als Verkäufer von einem Geschäft profitieren, sollten Sie dieses Geschäft machen – ansonsten heißt es: Finger weg. Nur zufriedene Kunden kommen wieder und kaufen. Es wäre auch viel zu mühsam, sich immer neue Kunden suchen zu müssen und auf die Geschäfte mit Stammkunden zu verzichten.

Unser Appell lautet daher: »Verwenden Sie Ihr Messer, um zu essen!« Nutzen Sie Ihre Möglichkeiten, um bei Ihren Kunden gute Gefühle für das für sie passende Produkt zu erzeugen.

Sie haben in den letzten Monaten schon viel geübt, viel gelernt und vieles an sich verändert. Dadurch haben Sie auch viel bewirkt, und Dinge in Ihrem Umfeld haben sich, beeinflusst durch Ihr verändertes Verhalten, geändert. Das war ein guter Start, doch der Weg hat gerade erst begonnen. Wenn Sie sich weiter mit diesen oder ähnlichen Themen auseinander setzen, werden Sie feststellen, dass es noch sehr viel zu lernen gibt, von dem Sie heute noch gar nicht wissen, dass Sie es nicht wissen.

Und Wissen alleine ist nur ein kleiner Teil. Wenn Sie weiterhin auf Ihrem Weg mehr und mehr Erfolg haben wollen, dann geht es darum, dieses Wissen in die Praxis umzusetzen. Und dafür gilt nach wie vor das alte Sprichwort:

**Übung macht den Meister!**

Viel Spaß dabei!

P. S.: Falls Sie Gefallen an dem Konzept des Erfolgstagebuchs gefunden haben, können Sie das Original VBC-Erfolgstagebuch unter www.vbc.at bestellen. Als kleines Dankeschön für den Kauf des Buches, das Sie gerade in den Händen halten, erhalten Sie bei Angabe der ISBN-Nummer das Erfolgstagebuch um 20 Prozent günstiger.

✦ ✦ ✦

Jochen schlug das Buch zu und war ein wenig ergriffen aufgrund der Tatsache, dass er jetzt damit durch war. Er fühlte, dass es wichtig war, neue Ziele zu haben, nachdem oder, noch besser, bevor man alte erreicht hat, ansonsten ist die Gefahr sehr groß, in ein tiefes Loch zu fallen. Doch das würde ihm nicht passieren, an Zielen mangelte es ihm keineswegs.

## Donnerstag, 29. Dezember 2011

»Schatz!« Die Stimme seiner Frau Susanne riss Jochen aus seinen Gedanken. »Was magst du denn heute zu Abend essen?«

»Ach, ich weiß nicht, was gibt es denn?«

»Ich könnte uns Pasta machen, mit frischem Pesto, geht schnell und schmeckt lecker«, antwortete sie.

»Gute Idee, ich habe ohnehin schon Hunger«, antwortete er noch immer etwas gedankenverloren und kippte wieder in seine Erinnerungen an die letzten Jahre zurück.

Nachdem er 2006 zum ersten Mal Verkäufer des Jahres gewesen war, waren die Erwartungen für 2007 recht hoch gesteckt – die der Kollegen, der Firmenleitung, seines Chefs und natürlich auch seine eigenen. Es war nicht leicht, und er erinnerte sich, dass er extrem viel gearbeitet hatte dieses Jahr. So gelang es ihm abermals, seinen eigenen Rekord zu übertreffen und 2007 beinahe 300 Neufahrzeuge zu verkaufen. Das war ihm unter anderem deshalb gelungen, weil er, wie sein Chef versprochen hatte, im März des Jahres für 20 Stunden die Woche auf die Sekretärin des Werkstattleiters mit zugreifen konnte. Sie war für ihn im administrativen Bereich eine enorme Hilfe. So konnte er sich noch wesentlich mehr darauf konzentrieren, Geschäfte abzuschließen, und das war es, was er am liebsten tat.

Aus diesem Grund war er sich auch nicht sicher, ob er in eine Führungsposition wollte, als ihn sein Chef Ende 2007 erstmals darauf ansprach. Er liebte seinen Job und verdiente eine Menge Geld damit, mehr als so mancher Verkaufsleiter in der Firma, da war er sicher. Warum sollte er das alles aufgeben? Es dauerte eine Weile, bis er sich mit dem Gedanken angefreundet hatte. Und er beschloss für sich, das als Entwicklungsalternative ins Auge zu fassen, wenn die Rahmenbedingungen stimmten.

2007 war auch sonst ein Jahr, das es in sich hatte, was Überraschungen anging. Im März eröffnete ihm Susanne, dass sie schwanger war. Sie hatten zwar über Kinder geredet, aber so konkret geplant war noch keines. Dennoch war die Freude bei beiden groß. Im Oktober kam dann ihr Sohn David zur Welt, noch bevor sie im Dezember, an einem klirrend kalten Wintertag, heirateten.

2008 war es dann so weit. Im Rahmen einer Umstrukturierung der Organisation war großes Sesselrücken angesagt, und sein damaliger Chef, Horst Bayer, bekam eine Stelle in der Zentrale angeboten, die er annahm. Der Job des Verkaufsleiters war vakant, und man bot Jochen die Stelle an. Er fühlte sich geehrt und sagte nach kurzer Bedenkzeit zu. Die Bedingungen waren auch zu gut, um Nein sagen zu können, und er konnte immer noch den einen oder anderen Kunden betreuen.

Das war es auch, was ihm fast zum Verhängnis geworden wäre. Er liebte den Verkauf so sehr, dass er in den ersten Monaten immer noch erster Verkäufer war, anstatt sich auf seine Führungsaufgabe zu konzentrieren. Erst als er merkte, dass es nicht gut lief, änderte er radikal den Kurs und konzentrierte sich ganz auf seine Managementaufgaben, auch wenn es ihm anfangs schwer fiel, sich aus dem Verkauf zurückzuziehen.

Nach einer Weile bemerke er, dass die Managementfunktion für ihn wieder eine komplett neue Herausforderung darstellte, in der er wachsen konnte, genau so, wie er die Jahre zuvor in seiner Verkäufertätigkeit gewachsen war. Er besuchte einige Trainings, las viel zum Thema und konsultierte einen Coach, der ihn dabei unterstützte, die neuen Herausforderungen zu meistern.

Die Anstrengungen machten sich bezahlt. Trotz eines schwachen Starts wurde das Jahr 2008 noch zu einem vollen Erfolg für die Niederlassung und damit auch für Jochen. Er hatte es geschafft, sich darauf zu konzentrieren, es seinen Verkäufern noch leichter zu machen, viel zu verkaufen. Durch diese Hebelwirkung wurde das Jahr zum Rekordjahr für die Niederlassung. Inzwischen war das Programm 12 im Buch »Die letzten Geheimnisse im Verkauf« zum Standard für alle neuen Verkäufer geworden, und die beiden neuen, die er hatte, entwickelten sich prächtig. Auch die länger gedienten Verkäufer wollten jetzt mit dabei sein, weil ihnen bewusst geworden war, dass sie sonst sehr rasch auf dem Abstellgleis landen würden, wenn ihnen die neuen alle davonziehen.

Ein Jahr darauf konnten sie den Rekord des Vorjahres noch übertreffen, und im Sommer bekamen Susanne und Jochen ihr zweites Kind, ein Mädchen, das sie Hannah nannten.

2010 war das Jahr gewesen, in dem Jochen in die Firmenleitung berufen wurde, um von dort das Konzept, das er in seiner Niederlassung umgesetzt hatte, in allen Filialen umzusetzen, was wiederum eine neue große Herausforderung für ihn darstellte. Ab und zu sehnte er sich nach seiner Verkäufertätigkeit zurück, die doch in den vergangenen Jahren sehr auf der Strecke geblieben war. Ab und zu, wenn ihm Zeit blieb, bediente er noch den einen oder anderen Laufkunden. Natürlich war er bei den größeren Geschäften mit Firmenkunden dabei, um seine Verkäufer oder Verkaufsleiter bei wichtigen Gesprächen zu unterstützen, aber es war nicht mehr dasselbe.

Aber er wollte nicht klagen. Seine neuen Aufgaben machten ihm enormen Spaß, und er wusste nicht, ob er als Vollzeitverkäufer noch glücklich wäre. Zu viel hatte sich seither verändert, zu viel hatte er sich verändert seit diesen Tagen.

Und da stand er jetzt, blickte durch die Terrassentür seines Hauses in den Garten und konnte sein Glück kaum fassen. Es war wieder einer der Momente, wo er es für angebracht hielt, dankbar zu sein. Er hatte viel getan, um das zu erreichen, was er heute hatte, und dennoch, das allein war es nicht. »Danke«, flüsterte er leise in den schneebedeckten Garten hinaus, »danke.«

## Donnerstag, 12. Januar 2006

Der Wecker läutete, und Jochen wurde jäh aus dem Schlaf gerissen. Sein Kopf schmerzte ein wenig, er war ganz verdreht gelegen.

»Was war denn das für ein Zeug, das ich da geträumt habe?«, murmelte er halblaut vor sich hin. Noch war die Erinnerung frisch. Es ging um ihn und seinen neuen Chef, und er war Verkäufer des Jahres geworden und hatte eine Frau, war zweimal Vater geworden und letztendlich in der Firmenleitung gelandet. »Wirres Zeug«, dachte er, »Träume sind Schäume.« Mit jedem Moment verblassten die Erinnerungen an den Traum immer mehr.

Mühsam quälte er sich aus dem Bett, das Aufstehen fiel ihm schwer. Doch heute durfte er nicht zu spät kommen. Er hatte einen Termin mit seinem neuen Chef, Horst Bayer. Das wäre kein guter Start, wenn er zu spät kommen würde. Er stellte sich unter die Dusche, um richtig wach zu werden, und das warme Wasser spülte die letzten Reste des Traumes weg.

Ein paar Stunden später betrat er ziemlich nervös zum ersten Mal das Büro seines neuen Chef. Er hatte umgestellt und sich teilweise neu eingerichtet. Jochens Blick fiel auf ein merkwürdiges Schild, das an der Wand hing. Darauf stand in großen Buchstaben nur

**BE CAUSE**

Jochen wusste nicht warum, aber irgendwie kamen ihm diese Worte bekannt vor …

# Anhang

## Übungen

### Übungen Monat 1 – Zielbildung

Erstellen Sie Ihren eigenen Zielplan gemäß der Anleitung im Kapitel über Zielplanung.

### Übungen Monat 2 – Spiegeln/Pacing – Körpersprache und Atmung

- Suchen Sie sich einen Übungspartner und nehmen Sie sich eine Stunde Zeit. Verteilen Sie die Rollen, sodass die ersten 30 Minuten Sie Ihren Partner spiegeln und die zweiten 30 Minuten Ihr Partner Sie. Derjenige, der gespiegelt wird, kann alles tun, was er/sie möchte und wo immer er/sie möchte. Derjenige, der spiegelt, muss alles möglichst exakt nachmachen. Achten Sie dabei vor allem auf die Körpersprache und Bewegungsabläufe.
- Nutzen Sie jede Gelegenheit, um das körpersprachliche Spiegeln zu üben – in öffentlichen Verkehrsmitteln, mit Kollegen, Freunden, der Familie und mit Kunden. Lenken Sie dabei Ihre Aufmerksamkeit auf Details und spiegeln Sie auch diese bewusst.
- Nutzen Sie passende Gelegenheiten, um das Spiegeln der Atmung zu üben – in öffentlichen Verkehrsmitteln, mit Kollegen, Freunden, der Familie und mit Kunden. Sie schärfen damit auch Ihre Sinne und erhöhen Ihre Wahrnehmungsgenauigkeit, was das Erkennen von Details angeht.

## Übungen Monat 3 – Spiegeln/Pacing – Stimme und Sprache

- Suchen Sie sich einen Übungspartner und üben Sie das Spiegeln der Stimme. Gehen Sie dabei folgendermaßen vor:
  - Verteilen Sie die Rollen – Kunde/Verkäufer.
  - Der Kunde meldet sich am Telefon, der Verkäufer wiederholt genau die Meldung des Kunden (Wort für Wort) und spiegelt dabei die Stimme möglichst exakt in allen Details (Tempo, Stimmlage etc.). Wiederholen Sie das so lange, bis beide finden, dass es genau gleich klingt. Dabei kann es helfen, wenn Sie die Augen schließen, um sich noch besser auf die Stimme konzentrieren zu können.
  - Gehen Sie dann dazu über, dass sich der Kunde am Telefon meldet und der Verkäufer antwortet (wie bei einem realen Telefonat; das heißt, die Worte sind andere) und dabei die Stimme so exakt wie möglich spiegelt.
  - In einer dritten Phase können Sie ein kurzes Gespräch führen, wobei Sie ständig auf das Spiegeln der Stimme achten müssen.
- Nutzen Sie jede Gelegenheit, um das Spiegeln der Stimme und Sprache zu üben – bei Unterhaltungen mit Kollegen, Freunden, der Familie und mit Kunden. Lenken Sie dabei Ihre Aufmerksamkeit auf Details und spiegeln Sie auch diese bewusst.
- Eine gute Möglichkeit, das Spiegeln der Stimme zu üben, gibt es beim Radiohören während des Autofahrens. Wiederholen Sie jeweils Sätze des Sprechers und achten Sie dabei auf die Details der Stimme und spiegeln Sie diese.

## Übungen Monat 3 – Leading/Führen

Führen Sie folgende Übungen mit einem Übungspartner aus, indem Sie die Sätze und Abschnitte wechselweise sprechen (nach jedem Satz oder jeder Übung Rollentausch). Übertreiben Sie dabei in Betonung und Ausdruck mit Körpersprache und Stimme. Das ist wichtiger, als jeden Satz wortwörtlich zu lesen.

## 1. Von positiver Grundhaltung zur »freudigen Erregung«

Lesen Sie folgenden Abschnitt (Präsentation eines Produkts für einen kinästhetischen Kunden) so, dass Sie im eher langsamen Tempo (mit eher tiefer Stimme) beginnen und kontinuierlich schneller werden, höher sprechen, Ihre Atemfrequenz dabei erhöhen und auch etwas freudige Erregung in Ihrer Stimme mitschwingen lassen (und übertreiben Sie dabei!).

*Lassen Sie mich also nochmals zusammenfassen: Sie und Ihr(e) Partner(in) möchten für zwei Wochen in den Urlaub fahren. Wichtig ist Ihnen, dass Sie Gelegenheit haben, stressfrei auszuspannen. Am liebsten wäre Ihnen ein komfortabler Club mit bequem eingerichteten, sehr geräumigen Zimmern, irgendwo, wo Sie auch im Winter die warme Sonne auf Ihrer Haut spüren können. Vom Budget her können Sie alles bis 2000 Euro pro Person in den Griff bekommen. Habe ich das alles richtig begriffen? (Kunde nickt oder sagt Ja).*

*Nun, ich habe den Eindruck, da habe ich das Richtige für Sie (nach vorne lehnen und ein Prospekt zeigen, Kunde geht mit): Ich habe das Gefühl, diese Anlage wird auch Sie beeindrucken. Die Zimmer sind bequem und geräumig eingerichtet, sodass Sie sich auf Anhieb wohl fühlen werden. Auf der Terrasse können Sie Ihr Frühstück genießen, während Sie die ersten Sonnenstrahlen auf Ihrer Haut spüren. Der Strand, der direkt davor liegt, eignet sich perfekt zum Schwimmen oder auch um ausgedehnte Spaziergänge zu unternehmen. Sie können sich aber auch ganz einfach nur entspannen und sich die Sonne auf den Bauch scheinen lassen, während Sie einen eisgekühlten Cocktail trinken. Haben Sie das Gefühl, dass Sie dort Ihren Urlaub verbringen können? (leicht mit dem Kopf nicken)*

## 2. Von hektischer Betriebsamkeit zur »zufrieden stellenden Entscheidung«

Lesen Sie den folgenden Abschnitt (Präsentation eines Produkts für einen visuellen Kunden) so, dass Sie in eher raschem Tempo (mit höherer Stimme) beginnen und kontinuierlich langsamer werden und dabei etwas tiefer sprechen. Dabei atmen Sie automatisch auch etwas ruhiger. Lassen Sie diese Ruhe und die Sicherheit auch in Ihrer Stimme mitschwingen.

*Lassen Sie mich Ihnen also nochmals einen Überblick geben: Sie und Ihr(e) Partner(in) möchten für zwei Wochen in den Urlaub fahren. Ihnen ist wichtig, dass das Wetter auch im Winter schön ist und die Sonne oft scheint. Sie möchten ein helles Zimmer in einem modernen Hotel. Besonders wichtig ist Ihnen dabei, dass Sie vom Balkon aus Meerblick haben. Beim Budget betrachten Sie 2000 Euro pro Person als Ihre Grenze. Sehe ich das richtig? (Kunde nickt oder sagt Ja.)*

*Nun, ich habe da etwas im Auge, was mir für Sie ideal erscheint (nach vorne lehnen und ein Prospekt zeigen, Kunde geht mit): Ich kann mir gut vorstellen, dass Ihnen diese Anlage gefallen wird. Ihr Apartment befindet sich in einer der schönsten Anlagen in der Gegend. Die Räume sind hell und sonnig. Die verwendeten Farben sind perfekt aufeinander abgestimmt. Farbenprächtige Bilder von lokalen Künstlern schaffen ein Ambiente, das Ihren Augen schmeichelt. Von der Terrasse aus haben Sie einen phantastischen Ausblick auf das blaue Meer. Rechts sehen Sie den Jachthafen mit den vielen bunten Schiffen, links den langen weißen Strand, und jeden Abend können Sie mit eigenen Augen miterleben, wie die rote Sonne im Meer versinkt. Ist das eine Anlage, die Sie sich vorstellen können? (leicht mit dem Kopf nicken)*

## Übungen Monat 4 – Sinnesspezifische Sprache

- Nutzen Sie jede Gelegenheit, um das Erkennen der sinnesspezifischen Worte in einem Gespräch zu üben.
  - Achten Sie darauf bei Unterhaltungen mit Kollegen, Freunden, der Familie und mit Kunden. Speziell dann, wenn es eine Gruppe von Personen ist und Sie so nicht ständig sprechen müssen, fällt es Ihnen noch leichter, die Beobachterrolle einzunehmen.
  - Führen Sie während Livediskussionen oder Interviews im Fernsehen oder im Radio eine Strichliste unterteilt in VAKOG und schärfen Sie so Ihre Wahrnehmungsgenauigkeit, was die sinnesspezifische Wortwahl angeht.

- Sobald Sie im Erkennen der Worte geübt genug sind, gehen Sie dazu über, diese auch zu verwenden. Ganz im Sinne von Pacing/Spiegeln verwenden Sie beim Gespräch dieselbe Art von Worten oder sogar dieselben Worte wie Ihr Gesprächspartner.

## Übungen Monat 5 – Augenbewegungsmuster

- Nutzen Sie jede Gelegenheit, um das Erkennen der Augenbewegungsmuster in einem Gespräch zu üben.
  - Nehmen Sie sich einen Übungspartner und setzen Sie sich gegenüber hin in einer Entfernung von drei bis fünf Metern. Ersuchen Sie diesen, Ihnen zehn Minuten lang irgendetwas zu erzählen (zum Beispiel vom letzten Urlaub etc.). Ihre Aufgabe ist es, dabei alle seine Augenbewegungen anhand einer Strichliste zu notieren. Diese Übung sollten Sie mehrmals durchführen, um Ihre Fähigkeiten zu automatisieren.
  - Achten Sie darauf bei Unterhaltungen mit Kollegen, Freunden, der Familie und mit Kunden. Speziell dann, wenn es eine Gruppe von Personen ist und Sie so nicht ständig sprechen müssen, fällt es Ihnen noch leichter, die Beobachterrolle einzunehmen.
  - Führen Sie während Livediskussionen oder Interviews im Fernsehen eine Strichliste unterteilt in v-e/v-k/e-e/a-k/k/a-d und schärfen Sie so Ihre Wahrnehmungsgenauigkeit, was die Augenbewegungsmuster angeht.
- Sobald Sie im Erkennen der Muster geübt genug sind, gehen Sie dazu über, diese auch zu verwenden. Ganz im Sinne von Pacing/Spiegeln verwenden Sie beim Gespräch dieselbe Art von Worten, die dem Hauptsinnessystem Ihres Gesprächspartners entspricht.

## Übungen Monat 6 – Metaprogramme

- Nutzen Sie jede Gelegenheit, um das Erkennen der Metaprogramme in einem Gespräch zu üben.
  - Achten Sie darauf bei Unterhaltungen mit Kollegen, Freunden, der Familie und mit Kunden. Speziell dann, wenn es

eine Gruppe von Personen ist und Sie so nicht ständig sprechen müssen, fällt es Ihnen noch leichter, die Beobachterrolle einzunehmen.
  - Livediskussionen oder Interviews im Fernsehen eignen sich auch besonders gut dazu.
- Nehmen Sie sich ein Metaprogramm pro Wochentag vor, also zum Beispiel:
  - Montag: Orientierung (weg von – hin zu)
  - Dienstag: Referenz (intern – extern)
  - Mittwoch: Aktionsfilter (Prozesse – Optionen)
  - Donnerstag: Vergleich (Gleichheit/Matching – Unterschied/Mismatching)
  - Freitag: Aktivität (proaktiv – reflektiv)
  - Samstag: Chunkgröße (Detail – Überblick)
  - Sonntag: Primäre Interessen (Menschen, Orte, Aktivitäten, Informationen, Dinge)

Achten Sie am jeweiligen Tag genau auf dieses Metaprogramm in den Gesprächen, die Sie hören oder führen. Es geht darum, aus dem Gehörten die jeweilige Metaprogrammausprägung des Sprechers zu erkennen. Im Laufe der Zeit werden Sie feststellen, dass Ihnen auch die Metaprogramme auffallen, die nicht Thema an diesem Tag sind.

### Übungen Monat 7 – Metaprogramme

Lesen Sie das gesamte Kapitel über Metaprogramme nochmals und führen Sie die Übungen von Monat 6 weiter (vor allem die Übung »Ein Metaprogramm pro Wochentag«).

- Nutzen Sie jede Gelegenheit, um das Erkennen der Metaprogramme in einem Gespräch zu üben.
  - Achten Sie darauf bei Unterhaltungen mit Kollegen, Freunden, der Familie und mit Kunden. Speziell dann, wenn es eine Gruppe von Personen ist und Sie so nicht ständig sprechen müssen, fällt es Ihnen noch leichter, die Beobachterrolle einzunehmen.
  - Livediskussionen oder Interviews im Fernsehen eignen sich auch besonders gut.

- Nehmen Sie sich ein Metaprogramm pro Wochentag vor, also zum Beispiel:
  - Montag: Orientierung (weg von – hin zu)
  - Dienstag: Referenz (intern – extern)
  - Mittwoch: Aktionsfilter (Prozesse – Optionen)
  - Donnerstag: Vergleich (Gleichheit/Matching – Unterschied/Mismatching)
  - Freitag: Aktivität (proaktiv – reflektiv)
  - Samstag: Chunkgröße (Detail – Überblick)
  - Sonntag: Primäre Interessen (Menschen, Orte, Aktivitäten, Informationen, Dinge)

  Achten Sie am jeweiligen Tag genau auf dieses Metaprogramm in den Gesprächen, die Sie hören oder führen. Es geht darum, aus dem Gehörten die jeweilige Metaprogrammausprägung des Sprechers zu erkennen. Im Laufe der Zeit werden Sie feststellen, dass Ihnen auch die Metaprogramme auffallen, die nicht Thema an diesem Tag sind.

Zusätzliche Übungen Monat 7:

- Nachdem Sie nun schon viel Übung im Erkennen der Metaprogrammmuster haben, gehen Sie jetzt dazu über, auch das eigene Verhalten flexibler zu gestalten. Das bedeutet, dass Sie nun dazu übergehen, diese auch zu verwenden. Ganz im Sinne von Pacing/Spiegeln sind Sie im Gespräch mit jemandem, der sehr proaktiv ist, auch sehr proaktiv, mit jemandem, der sehr detailorientiert ist, ebenso detailorientiert. Konzentrieren Sie sich weiterhin auf jeweils ein Metaprogramm pro Tag.

**Übungen Monat 8 – Metaprogramme**

- Lesen Sie das gesamte Kapitel über Metaprogramme nochmals.
- Achten Sie ab nun auf alle Metaprogramme gleichzeitig und verhalten Sie sich entsprechend angepasst (Pacing) in einem Gespräch.

## Übungen Monat 9 – Suggestion

- Schreiben Sie zu folgenden Suggestionsmustern jeweils mindestens zehn Sätze auf, die Sie in Situationen in Ihrer Verkaufspraxis anwenden können. Üben Sie diese so intensiv, dass Sie viele davon auswendig können und kongruent (in Übereinstimmung von Inhalt, Stimme und Körpersprache) in Ihrer Praxis anwenden können.
  - Möglichkeitsformen
  - Negationen
  - Eingebettete Botschaften
  - Intonation
- Wenden Sie jeweils eines der Muster schwerpunktmäßig an jedem Tag an (Tag 1: Möglichkeitsformen; Tag 2: Negationen etc.), den ganzen Monat lang, und notieren Sie Ihre Erfahrungen damit in Ihrem Erfolgstagebuch.

## Übungen Monat 9 – Suggestive Sprachmuster

Führen Sie folgende Übungen mit einem Übungspartner aus, indem Sie die Sätze und Abschnitte wechselweise sprechen (nach jedem Satz oder jeder Übung Rollentausch). Übertreiben Sie dabei in Betonung und Ausdruck mit Körpersprache und Stimme. Das ist wichtiger, als jeden Satz wortwörtlich zu lesen.

### 1. Intonationsmuster: Frage – Aussage – Befehl

Betonen Sie folgende Sätze jeweils einmal als Frage, einmal als Aussage und einmal als Befehl und bemerken Sie den Unterschied in der Wirkung (auch auf Sie selbst):

- »Ich denke, ich habe genau das passende Produkt für Sie?.!«
- »Was brauchen Sie noch, um sich für unser Angebot zu entscheiden?.!«
- »Ich weiß nicht, ob Sie auch dieses Zusatzmodul benötigen?.!«
- »Haben Sie sich schon überlegt, um wie viel günstiger Sie mit uns fahren?.!«

## 2. Kombinationen

Sprechen Sie folgende Sätze in Kombination mit körpersprachlichen und stimmlichen Merkmalen (gemäß der Anleitung). Wiederholen Sie jeden Satz ein paar Mal, bis Sie und Ihr Partner damit zufrieden sind.

- Verkäufer: »Sehen Sie nun, dass sich mit dieser Lösung die alten Probleme nicht mehr zeigen werden!« *(Betonung als Aussage oder Befehl, unterstützt durch leichtes Kopfnicken)*
- Verkäufer: »Sie sagen also, dass Ihnen das Angebot unseres Mitbewerbers gut gefällt?« *(Betonung als Aussage, unterstützt durch leichtes Verneinen mit dem Kopf)*
- Verkäufer *(und Kunde nach hinten gelehnt)*: »Da ich nun weiß, was genau Sie brauchen, möchte ich Ihnen nun das für Sie Passende zeigen.« *(Verkäufer lehnt sich nach vorne, Kunde folgt)*
- Verkäufer: »Müssen Sie noch irgendetwas firmenintern abklären *(als Aussage, Kopf verneint)*, oder *(Stimme wird etwas tiefer)* wollen Sie, dass ich Ihren Auftrag gleich weiterleite *(als Befehl, Kopf nickt)*, damit die Produkte rechtzeitig zu dem von Ihnen gewünschten Termin da sind?«
- Verkäufer: »Grundsätzlich gebe ich Ihnen da vollkommen Recht, UND wenn Sie noch bedenken *(Stimme wird etwas lauter)*, dass unser Produkt sofort verfügbar ist, was für Sie wichtig ist, fällt es Ihnen möglicherweise ganz leicht, sich JETZT *(betonen und durch Gestik unterstreichen)* dafür zu entscheiden *(als Befehl)*.«
- Verkäufer: »Ich weiß nicht, ob *(Stimme wird etwas tiefer, Gestik unterstreicht)* Sie wissen, dass Sie keine passendere Lösung für Ihr Problem finden werden *(als Befehl)*.«

## Übungen Monat 10 – Strategien

- Finden Sie bis zum Ende des Monats mindestens fünf Kaufentscheidungsstrategien Ihrer Kunden heraus. Schreiben Sie diese auf und vergleichen Sie diese. Denken Sie über Unterschiede und Gemeinsamkeiten der Strategien nach.

## Übungen Monat 11 – Ankern

- Definieren Sie für sich einen fixen Anker für »positiv« und einen für »negativ«, den Sie im Gespräch mit anderen verwenden.
- Testen Sie diese in Gesprächen und tragen Sie die Erkenntnisse daraus in Ihrem Erfolgstagebuch ein.
- Setzen Sie für sich selbst zumindest einen Anker für einen positiven Zustand (zum Beispiel Entspannung, Konzentration, gute Laune, Energie, Motivation etc.).

## Selbst ankern

Gehen Sie dabei wie folgt vor:

1. Legen Sie fest, welche Emotion/welchen Zustand Sie ankern wollen (Entspannung, Energie, Motivation etc.).
2. Legen Sie den Ankerreiz dafür fest (zum Beispiel Druck auf eine bestimmte Körperstelle verbunden mit einem Wort, das Sie sagen etc.). Der Reiz sollte zur Emotion passen (das heißt, um Entspannung zu verankern, sollten Sie nicht laut Juhu schreien).
3. Setzen Sie sich entspannt hin und schließen Sie die Augen.
4. Nehmen Sie eine Referenzerfahrung (eine Situation, in der Sie genau den gewünschten Zustand hatten) und assoziieren Sie hinein (stellen Sie sich vor, Sie wären in dieser Situation) – werden Sie sich bewusst, was Sie sehen, hören, fühlen, schmecken und riechen, und lassen Sie das zu verankernde Gefühl dabei immer stärker werden.
5. Setzen Sie den Ankerreiz knapp vor dem Höhepunkt der Emotion (wann immer Sie das Gefühl haben, dass es so weit ist).
6. Öffnen Sie die Augen.
7. Wiederholen Sie dieselbe Übung für denselben gewünschten Zustand mit mehreren verschiedenen Ressourcesituationen.

## Übungen Monat 12 – Ziele planen

- Erstellen Sie Ihren persönlichen Zielplan für das kommende Jahr. Nehmen Sie den Plan des laufenden Jahres als Basis, erstellen Sie neue kurzfristige Ziele und passen Sie Ihre mittel- und langfristigen entsprechend an.

## Übungen Monat 12 – Ziele visualisieren

- Führen Sie die folgende Übung für einige oder alle ihrer größeren Ziele durch (kurz-, mittel- und langfristige).

### Ziele visualisieren

1. Setzen oder legen Sie sich entspannt hin, in einem ruhigen Raum, schließen Sie die Augen und atmen Sie eine Minute ganz bewusst ein und aus, rhythmisch und ruhig.
2. Stellen Sie sich vor, Sie befänden sich in der Zukunft, und zwar zirka 15 Minuten nachdem Sie das Ziel erreicht haben (Position 1). Sie haben es bereits geschafft.

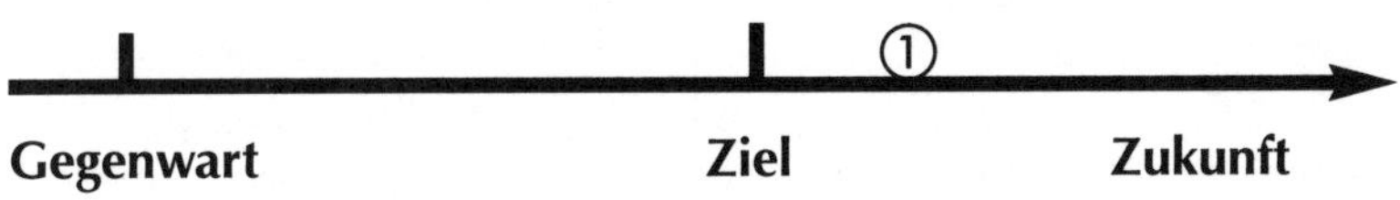


3. Blicken Sie zurück auf die genaue Situation der Zielerreichung und machen Sie sich ein Bild, in dem Sie sich selbst sehen. Gestalten Sie das Bild möglichst attraktiv für Sie, indem Sie es größer und farbiger machen. Mischen Sie passende Töne, Geräusche, Musik oder Stimmen dazu, die Ihnen zum Beispiel gratulieren. Denken Sie auch an die Kinästhetik. Da gibt es vielleicht Menschen, die Ihnen die Hand drücken und gratulieren. Vielleicht gibt es auch etwas Angenehmes zu riechen oder zu schmecken. Machen Sie es so, dass Sie alle Ihre Sinne so intensiv ansprechen, dass Sie sich stark zu diesem Bild hingezogen fühlen. Verweilen Sie in diesem Zustand und kosten Sie das gute Gefühl aus.
4. Nachdem Sie ja jetzt wissen, wie es sein wird, das Ziel erreicht zu haben, wissen Sie auch – unbewusst –, wie Sie da-

hin gelangt sind und was Sie gelernt haben. Nehmen Sie all dieses Wissen aus der Zukunft mit zurück in die Gegenwart, um jetzt schon davon zu profitieren.

5. Kommen Sie zurück ins Hier und Jetzt, öffnen Sie die Augen, strecken Sie sich und werden Sie wieder ganz wach.

## Sinnesspezifische Worte und Ausdrücke

### Visuell

| Hauptwörter | Zeitwörter | | Eigenschaftswörter |
|---|---|---|---|
| Anschauung | anschauen | reflektieren | angesichts |
| Aspekt | (an)starren | sehen | anschaulich |
| Auge | aufblitzen | schauen | ansehlich |
| Augenweide | aufzeigen | scheinen | aussichtsreich |
| Ausblick | ausmalen | schielen | ausgezeichnet |
| Aussicht | aussehen | schimmern | bildhaft |
| Bild | beaufsichtigen | spiegeln | blendend |
| Blickwinkel | beäugen | starren | deutlich |
| Diagramm | beleuchten | strahlen | dunkel |
| Dunkel | beobachten | übersehen | düster |
| Durchblick | besehen | überwachen | einleuchtend |
| Einblick | betrachten | veranschaulichen | farbig |
| Einsicht | bezeichnen | visualisieren | finster |
| Fokus | blicken | vorhersehen | fleckenlos |
| Geistesblitz | blinzeln | vorstellen | funkelnd |
| Gesamtbild | dämmern | zeigen | glasklar |
| Grafik | demonstrieren | zielen | grafisch |
| Horizont | durchblicken | zugucken | hell |
| Illusion | durchleuchten | zurückblicken | klar |
| Klarheit | einsehen | | kristallklar |
| Kurzsichtigkeit | einleuchten | | kurzsichtig |
| Licht | erklären | | leer |
| Linie | erscheinen | | nebelig |
| Perspektive | enthüllen | | rund |
| Rücksicht | erkennen | | scheinbar |
| Scheuklappen | erleuchten | | schemenhaft |
| Sicht | fokussieren | | sichtbar |
| Show | gucken | | sichtlich |
| Spiegel | hereinschauen | | sonnenklar |
| Szene | illustrieren | | trüb |
| Tunnelblick | klar machen | | unklar |
| Übersicht | klären | | unsichtbar |
| Vision | lesen | | verschwommen |
| Vogelperspektive | leuchten | | versehentlich |
| Vorschau | mustern | | weitsichtig |
| Vorstellung | nachsehen | | zwielichtig |
| Weitblick | offenbaren | | |

| **Ausdrücke und Redewendungen** | |
|---|---|
| ich sehe, was du meinst | trübe Aussichten |
| sich ein Bild machen | für die Zukunft schwarz sehen |
| der Schatten des Zweifels | eine blendende Idee |
| unter die Lupe nehmen | vor dem inneren Auge |
| der blinde Fleck | vor dem geistigen Auge |
| der Blick ist getrübt | etwas im Auge haben |
| auf den ersten Blick | mit anderen Augen sehen |
| eine strahlende Zukunft | Licht werfen auf |
| die Folgen sind unübersehbar | Licht in die Angelegenheit bringen |
| im Dunkeln tappen | ins rechte Licht rücken |
| vom Schicksal gezeichnet | macht das Leben bunter |
| das leuchtet mir ein | neue Perspektiven eröffnen |
| wie Schuppen von den Augen fallen | den Blick werfen auf |
| den Durchblick haben | klar wie Kloßbrühe |
| eine verschwommene Vorstellung | das zieht sich durch wie ein roter Faden |
| den Wald vor lauter Bäumen nicht sehen | |

## Auditiv

| Hauptwörter | Zeitwörter | | Eigenschafts-wörter |
|---|---|---|---|
| Akzent | ankündigen | mitteilen | ausgesprochen |
| Antwort | anmerken | musizieren | blechern |
| Aussage | anrufen | murmeln | deutlich |
| Dialog | ansagen | Musik machen | dissonant |
| Dissonanz | (an)klingen | nachfragen | dumpf |
| Donnerwetter | argumentieren | nuscheln | einstimmig |
| Einklang | artikulieren | pfeifen | einvernehmlich |
| Explosion | aufhören | plaudern | fraglich |
| Frage | äußern | proklamieren | harmonisch |
| Gehör | ausdrücken | quatschen | hellhörig |
| Gespräch | ausplaudern | quietschen | hörbar |
| Geräusch | ausposaunen | raunen | klingend |
| Gerede | ausrufen | rasseln | laut |
| Gleichklang | aussprechen | rattern | leise |
| Harmonie | befragen | ratschen | monoton |
| Klang | bejahen | reden | mündlich |
| Klatsch | bellen | reinhören | musikalisch |
| Knackpunkt | beschreiben | rufen | nichts sagend |
| Knall | besprechen | sagen | ruhig |
| Krach | betonen | scheinen | schrill |
| Lärm | brüllen | schweigen | schwerhörig |
| Missklang | brummen | schnurren | sprachlos |
| Musik | diskutieren | schreien | stimmig |
| Reim | donnern | schwatzen | stimmungsvoll |
| Resonanz | einstimmen | sprechen | taub |
| Rhythmus | ein-/ausstellen | stimmen | unsagbar |
| Ruhe | erklären | summen | verständlich |
| Schall | erklingen | tönen | viel sagend |
| Sprechweise | erwähnen | übereinstimmen | viel versprechend |
| Stichwort | erzählen | überhören | wohlklingend |
| Stimme | flüstern | verneinen | wortreich |
| Stimmung | fragen | versprechen | |
| Stille | gehört werden | verstärken | |
| Sinfonie | gurren | verstehen | |
| Ton | gutheißen | verkünden | |
| Unterton | harmonisieren | vorschlagen | |
| Wort | heißen | widerhallen | |
| Zwischentöne | hören | wispern | |
| | informieren | zuflüstern | |
| | klingen | zuhören | |
| | knistern | zurufen | |
| | kommentieren | zustimmen | |
| | labern | | |
| | lärmen | | |
| | lauschen | | |

| **Ausdrücke und Redewendungen** | |
|---|---|
| in den Griff bekommen<br>ein gutes Gefühl haben<br>etwas begreiflich machen<br>Kontakt herstellen<br>sich in Verbindung setzen<br>halte mal eine Sekunde<br>bis auf die Knochen (Haut)<br>nur noch Haut und Knochen<br>die Hand dafür ins Feuer legen<br>den Kopf dafür hinhalten<br>daran zerbrechen<br>eine feste Grundlage haben<br>das ist unfassbar<br>in eine Form pressen<br>die Grenze (Schwelle) überschreiten<br>auf die Nerven gehen<br>den Nerv töten<br>es hält sich die Waage<br>da läuft es mir kalt über den Rücken<br>ein flaues Gefühl im Magen haben<br>im Magen liegen<br>Wut im Bauch haben<br>einen Kloß im Hals haben<br>nicht auf den Kopf gefallen<br>flatternde Knie<br>das kratzt mich nicht<br>den Boden unter den Füssen weg-ziehen<br>die Karten auf den Tisch legen<br>das geht unter die Haut<br>schießen Sie los<br>zurande kommen<br>eine Laus ist über die Leber gelaufen<br>ein gestandener Mann | etwas deutlich zum Ausdruck bringen<br>nichts daran zu rütteln<br>ich kann dir da nicht folgen<br>damit kannst du bei mir nicht landen<br>die Fäden ziehen<br>in Anspruch nehmen<br>die Hemdsärmel hochkrempeln<br>sich in etwas reinknien<br>ein harter Bursche<br>harte Schale, weicher Kern<br>an der Oberfläche kratzen<br>mehr in die Tiefe gehen<br>unter Kontrolle haben<br>Halt finden (bieten)<br>ein schwerwiegendes Argument<br>unter Druck stehen<br>da muss man gleich zuschlagen<br>sich zusammenreißen<br>das lässt mein Herz schneller (höher) schlagen<br>mein Herz springt vor Freude<br>mit beiden Beinen fest im Leben stehen<br>eine guten Eindruck hinterlassen<br>eine Gänsehaut kriegen<br>mir ist nicht wohl dabei zumute<br>das kannst du dir abschminken<br>dicke/reine Luft<br>das Herz in der Hose<br>hin und her gerissen sein<br>wie die Faust aufs Auge<br>mit etwas arbeiten<br>auf die Pelle rücken<br>darauf stehe ich besonders |

## Kinästhetisch

| Hauptwörter | Zeitwörter | | Eigenschaftswörter | |
|---|---|---|---|---|
| Ausdruck | abwägen | fühlen | abwimmelnd | schwer |
| Bauchschmerzen | anfassen | festhalten | aktiv | sensibel |
| Beklemmung | angreifen | flattern | ausgewogen | solide |
| Berührung | anhalten | gefallen | ausschließlich | spannend |
| Bewegung | annehmen | gehen | bahnbrechend | spürbar |
| Bindeglied | anpacken | greifen | bekömmlich | standhaft |
| Druck | anregen | halten | berührt | tief |
| Eindruck | anschneiden | handhaben | bestimmt | unangenehm |
| Fundament | anstrengen | hängen | dickköpfig | unbeweglich |
| Gefühl | aufnehmen | hineinbringen | einfühlsam | unfassbar |
| Griff | aufschneiden | in Anspruch nehmen | einprägsam | (un)sensibel |
| Grundlage | auseinander fallen | jucken | emotional | unstet |
| Hand | ausformen | kratzen | enervierend | verschlossen |
| Herzklopfen | ausführen | leiden | eng | wackelig |
| Kontakt | beeindrucken | nachfühlen | erbaulich | warm |
| Krampf | bewegen | nachspüren | erfüllt | warmherzig |
| Quertreiber | begreifen | packen | fest | weich |
| Schmerzen | behandeln | passen | flatterhaft | wohltuend |
| Schock | beherrschen | pressen | flauschig | zugänglich |
| Spannung | belegen | rauswerfen | fühlbar | zugeneigt |
| Standpunkt | berühren | reichen | füllig | |
| Stress | betasten | rubbeln | gebunden | |
| Verbindung | dafürhalten | schieben | gefühllos | |
| Verkrampfung | drängeln | schlagen | gefühlsmäßig | |
| | drehen | schwingen | gerührt | |
| | drücken | sensibilisieren | gestanden | |
| | durchdrehen | spüren | glatt | |
| | durchschlüpfen | sondieren | greifbar | |
| | durchführen | testen | griffig | |
| | durchhalten | umarmen | hart | |
| | durchlaufen | umdrehen | heftig | |
| | durchziehen | umfangen | heiß | |
| | einbinden | umgehen mit | kalt | |
| | einfangen | umwerfen | kompakt | |
| | einfinden | unterstützen | konkret | |
| | einfühlen | verbinden | kühl | |
| | einprägen | wachsen | lauwarm | |
| | einsteigen | zerschmettern | niederschmetternd | |
| | empfinden | zerstreuen | offen | |
| | entgegenstehen | zupacken | passend | |
| | entnehmen | zusammenfassen | packend | |
| | erdrücken | zusammenkommen | rau | |
| | (er)fassen | zwängen | reibungslos | |
| | erleben | zwicken | reichhaltig | |
| | erschlagen | | sanft | |
| | frösteln | | scharf | |

| **Ausdrücke und Redewendungen** | |
|---|---|
| ganz Ohr sein | in Harmonie leben |
| das klingt gut | das kommt mir spanisch vor |
| Anklang finden | auf der gleichen Wellenlänge |
| das hört sich gut an | viel Tamtam machen |
| Wort für Wort | große Töne spucken |
| der Vorschlag findet keine Resonanz | der Ton macht die Musik |
| da klingelt es in der Kasse | beim einen Ohr rein, beim anderen raus |
| unerhört! | die Ohren spitzen |
| die Zunge im Zaum halten | ein offenes Ohr haben |
| laut und deutlich | auf den Ohren sitzen |
| etwas in Einklang bringen | in den Ohren liegen |
| etwas stimmt hier nicht | unmissverständlich ausdrücken |
| die Seele aus dem Leib schreien | eine Audienz geben |
| mir brummt der Schädel | ein ausgesprochener Gegner |
| plötzlich macht es klick | die erste Geige spielen |
| laut und deutlich | nicht zu überhören |
| jemandem den Marsch blasen | gleich kracht es! |
| quatsch keine Opern | darauf pfeifen |

## Olfaktorisch/Gustatorisch

| **Hauptwörter** | **Zeitwörter** | **Eigenschaftswörter** | |
|---|---|---|---|
| Ausdünstung<br>Beigeschmack<br>Geruch<br>Gerücht<br>Geschmack<br>Gestank<br>Gusto<br>Mief<br>Nase<br>Parfum<br>Riecher<br>Wermutstropfen<br>Würze | gustieren<br>lecken<br>riechen<br>schlecken<br>schmecken<br>schnüffeln<br>schnuppern<br>stinken<br>versüßen<br>versalzen | abgestanden<br>bitter<br>blumig<br>duftend<br>fischig<br>frisch<br>gepfeffert<br>geschmacklos<br>geschmackvoll<br>lecker<br>muffig<br>parfümiert<br>saftig<br>salzig<br>sauer<br>schal<br>scharf<br>schmackhaft<br>schmalzig<br>süß<br>verschnupft<br>verraucht<br>wohlriechend<br>wohlschmeckend<br>würzig | |

| **Ausdrücke und Redewendungen** | |
|---|---|
| Lunte riechen<br>eine faule Sache<br>eine bittere Pille<br>ich kann ihn nicht riechen<br>auf den Geschmack kommen<br>das ist ganz nach meinem Geschmack<br>auf der Zunge zergehen lassen<br>eine gesalzene (gepfefferte) Rechnung<br>gesalzene Preise<br>das stößt mir sauer auf<br>die Suppe versalzen<br>nicht gut Kirschen essen<br>mit Speck fängt man Mäuse<br>den Hals voll genug kriegen<br>Gusto auf mehr haben<br>das ist allererste Sahne<br>frisch wie der Morgen | eine süße Person<br>ein beißender Kommentar<br>diese Sache schmeckt mir nicht<br>die Sache stinkt mir<br>die Nase darauf stoßen<br>die Nase rümpfen<br>unter die Nase reiben (halten)<br>die Nase in etwas stecken<br>Honig ums Maul schmieren<br>eine scharfe Figur<br>auf etwas scharf sein<br>den Braten riechen<br>das riecht nach<br>einen Riecher für etwas haben<br>das stinkt zum Himmel |

## Neutral/Auditiv-digital

| Hauptwörter | Zeitwörter | Eigenschaftswörter | |
|---|---|---|---|
| Angelegenheit<br>Ding<br>Gelegenheit<br>Möglichkeit<br>Sache<br>Zustand | denken<br>dürfen<br>entscheiden<br>erfahren<br>erinnern<br>erlauben<br>finden<br>gefallen<br>haben<br>handeln<br>können<br>lernen<br>machen<br>mitteilen<br>möchten<br>motivieren<br>müssen<br>sein<br>sich bewusst sein<br>sich sicher sein<br>sollen<br>suchen<br>tun<br>verändern<br>verbessern<br>vergewissern<br>verstehen<br>wahrnehmen<br>werden<br>wissen<br>wollen | eigenartig<br>genau<br>gut<br>interessant<br>phantastisch<br>sicher<br>schön<br>toll<br>wunderbar | |

| Ausdrücke und Redewendungen |
|---|
| das finde ich gut (interessant) |

# Literaturverzeichnis

*Bandler, Richard; Donner, Paul:* Die Schatztruhe – NLP im Verkauf, Paderborn 1995
*Bandler, Richard:* Veränderung des subjektiven Erlebens, Paderborn 1987
*Bandler, Richard:* Die Schatzkammer des Erfolgs, Paderborn 2004
*Besser-Siegmund, Cora; Siegmund, Harry:* Denk dich nach vorn, Düsseldorf/München 1999
*Braun, Roman:* Die Macht der Rhetorik, Wien/Frankfurt 2001
*Braun, Roman:* NLP – Eine Einführung, Wien/Frankfurt 1999
*Braun, Roman:* NLP für Chefs und alle, die es werden wollen, Wien/Frankfurt 2000
*Carvet, Shelle Rose:* Wort sei Dank, Paderborn 2001
*Deelen, Marjan:* NLP für VerkäuferInnen, Wien 1997
*Dilts, Robert:* Die Magie der Sprache, Paderborn 2001
*Feldmann, Heinz:* Trotz Fehlern in den Verkaufsolymp, Wien 2004
*Feldmann, Heinz:* Preisverhandlungen leicht gemacht, Heidelberg 2005
*Hall, Michael; Bodenhammer, Bob:* Figuring out People, Carmathen/Williston 2003
*Hopkins, Tom:* Einfach verkaufen, Zürich 1995
*James, Tad; Woodsmall, Wyatt:* Timeline – NLP Konzepte, Paderborn 1998
*James, Tad; David Shephard:* Die Magie gekonnter Präsentation, Paderborn 2002
*Köhler, Hans-Uwe L.:* Love Selling, Regensburg/Düsseldorf 1998
*Maaß, Evelyne; Ritschl, Karsten:* Coaching mit NLP, Paderborn 1999
*Norretranders, Tor:* Spüre die Welt – Die Wissenschaft des Bewusstseins, Hamburg 2000
*Richardson, Linda:* Sales Coaching, New York 1996
*Robbins, Anthony:* Das Robbins Power Prinzip, München 1994
*Robbins, Anthony:* Grenzenlose Energie – Das Power Prinzip, München 1991
*Tracy, Brian:* Thinking Big, Offenbach 2001
*Tripolt, Niklas:* Spitzenverkaufserfolge, München 2005
*Webster, Russel:* Super Selling! With NLP, Pembury 1998
*Wenger, Wim; Poe, Richard:* Der Einstein Faktor, Kirchzarten 2001
*Woodsmall, Marilyne und Wyatt:* People Pattern Power, USA 1998

# Kontaktadresse

Für weitere Fragen erreichen Sie den Autor unter:

Roman Kmenta
VBC VerkaufsberaterInnencolleg
Altmannsdorfer Straße 76A/11/4/12B
1120 Wien
Österreich

Tel.: + 43/1/5 95 34 81
Fax: + 43/1/5 95 34 81-20
E-Mail: kmenta@vbc.at
Internet: www.vbc.at